경기도
부동산의 힘

경기도 부동산의 힘

초판 1쇄 | 2025년 1월 1일

지은이 　 | 김학렬, 스마트튜브

펴낸곳 　 | 에프엔미디어
펴낸이 　 | 김기호
편집 　　 | 상현숙, 양은희
기획관리 | 문성조
디자인 　 | 채홍디자인

신고 　　 | 2016년 1월 26일 제2018-000082호
주소 　　 | 서울시 용산구 한강대로 295, 503호
전화 　　 | 02-322-9792
팩스 　　 | 0303-3445-3030
이메일 　 | fnmedia@fnmedia.co.kr
홈페이지 | http://www.fnmedia.co.kr

ISBN 　　| 979-11-94322-03-0
값 　　　| 29,000원

경기도 부동산의 힘

서울을 넘어설 잠재력, 기회의 땅에 주목하라

김학렬 · 스마트튜브 지음

에프엔미디어

기회의 땅을 선점하라!

품질 좋은 물건을 사려면 어떻게 해야 할까? 비싼 것을 사면 된다. 물론 백 퍼센트 정답은 아니다. 정확히 똑같은 상품인데도 가격이 천차만별인 경우를 수없이 본다. 무턱대고 아무거나 골라잡는 경우는 제외하자. 어느 정도의 시장조사를 한 뒤 최소한의 안목이 생겼다면, 비슷해 보이는 것들 가운데서는 그래도 가격이 더 나가는 것이 실제로 더 나은 상품일 확률이 높다.

부동산은 어떨까? 부동산도 상품이다. 마찬가지로 가격이 높은 데는 그만한 이유가 있다. 실패할 확률을 낮추려면 입지 좋은 곳으로 가서 확실한 상품을 택하면 된다. 그러나 그럴 수 있는 구매자는 몇이나 될까? 대부분이 가능하면 적은 비용으로 가능하면 좋은 상품을 사고 싶어 한다. 당연하다. 그래서 안목을 키우기 위해 끊임없이 공부하는 것이다.

사과 한 알 사는 데도 가성비를 따진다. 더 품질 좋은 것을 더 낮은 가격에 사고 싶어 한다. 부동산에서는 더 말할 것도 없다. 수백만 원, 수천만 원, 아니 수억 원이 한순간의 판단에 의해 이익이 되기도 하고 손해가 되기도 한다.

그런 점에서 경기도는 현재 대한민국에서 단연 가성비 최고 지역이다. 왜 그럴까?

경기도에 주목해야 할 3가지 이유

첫째, 경기도는 인구가 가장 많은 곳이다.

6쪽의 표는 2024년 10월 현재 17개 광역 지자체의 인구 통계다.

경기도 인구는 1,368만 6,731명으로 17개 광역 지자체 중에서 가장 많다. 2위인 서울보다 434만 3,427명이 더 많고, 인구가 가장 적은 세종특별시의 35배가 넘는 규모다. 전국 인구의 26.7%를 차지한다.

세대수도 경기도가 가장 많다. 604만 9,474세대로 서울보다 무려 150만 세대 이상 많고 세종시 대비 37배 규모. 부동산에서 가장 중요한 요소 중 하나가 인구와 세대수다. 결론적으로 경기도는 대한민국에서 가장 중요한 부동산 지역이다.

둘째, 경기도는 도시 면적이 가장 넓은 곳이다.

사실 광역 지자체 자체 면적으로 보면 경상북도가 가장 넓다. 2위는 강원특별자치도, 3위는 전라남도, 4위는 경상남도, 그리고 5위가 경기도다. 전체 면적으로는 경기도가 최상위권이 아니라는 의미다. 그런데 도시 지역만 놓고

광역 지자체별 인구 분포

인구 순위	행정구역	총인구수	세대수	세대당 인구	남자 인구수	여자 인구수	남녀 비율
	전국	**51,238,450**	**24,105,045**	**2.13**	**25,511,290**	**25,727,160**	**0.99**
1	경기도	13,686,731	6,049,474	2.26	6,879,539	6,807,192	1.01
2	서울특별시	9,343,304	4,484,218	2.08	4,511,734	4,831,570	0.93
3	부산광역시	3,271,062	1,570,658	2.08	1,592,440	1,678,622	0.95
4	경상남도	3,231,132	1,536,683	2.10	1,628,096	1,603,036	1.02
5	인천광역시	3,017,928	1,371,450	2.20	1,507,849	1,510,079	1.00
6	경상북도	2,535,971	1,292,031	1.96	1,282,754	1,253,217	1.02
7	대구광역시	2,364,892	1,103,045	2.14	1,160,429	1,204,463	0.96
8	충청남도	2,136,010	1,050,910	2.03	1,095,772	1,040,238	1.05
9	전라남도	1,790,421	912,468	1.96	903,270	887,151	1.02
10	전북특별자치도	1,740,753	864,295	2.01	866,902	873,851	0.99
11	충청북도	1,590,704	786,482	2.02	809,530	781,174	1.04
12	강원특별자치도	1,519,545	764,838	1.99	764,109	755,436	1.01
13	대전광역시	1,440,094	687,677	2.09	717,893	722,201	0.99
14	광주광역시	1,410,548	657,981	2.14	696,227	714,321	0.97
15	울산광역시	1,098,540	494,846	2.22	565,011	533,529	1.06
16	제주특별자치도	670,837	314,812	2.13	335,625	335,212	1.00
17	세종특별자치시	389,978	163,177	2.39	194,110	195,868	0.99

자료: 행정안전부, 2024년 10월 기준

광역 지자체별 면적과 도시화 비율

면적 순위	지역	면적 합계	도시 지역		비도시 지역	
			면적	비율(%)	면적	비율(%)
	전국	**100,443,554,044**	**26,384,873,415**	**26.3**	**74,058,680,629**	**73.7**
1	경상북도	19,036,366,878	3,535,077,992	18.6	15,501,288,886	81.4
2	강원특별자치도	16,830,139,353	4,066,552,314	24.2	12,763,587,039	75.8
3	전라남도	12,360,515,289	2,354,460,928	19.0	10,006,054,361	81.0
4	경상남도	10,541,727,568	1,815,629,933	17.2	8,726,097,635	82.8
5	경기도	10,199,543,692	4,282,965,209	42.0	5,916,578,483	58.0
6	충청남도	8,247,212,532	1,685,199,893	20.4	6,562,012,639	79.6
7	전북특별자치도	8,073,175,719	1,393,224,730	17.3	6,679,950,989	82.7
8	충청북도	7,407,399,477	1,435,492,556	19.4	5,971,906,921	80.6
9	제주특별자치도	1,850,227,684	1,516,733,820	82.0	333,493,864	18.0
10	인천광역시	1,067,044,894	507,641,942	47.6	559,402,952	52.4
11	울산광역시	1,062,833,514	646,186,126	60.8	416,647,388	39.2
12	대구광역시	885,222,225	695,847,905	78.6	189,374,320	21.4
13	부산광역시	771,325,967	717,373,286	93.0	53,952,681	7.0
14	서울특별시	605,208,165	605,208,165	100.0	–	–
15	대전광역시	539,668,552	539,668,552	100.0	–	–
16	광주광역시	501,024,311	501,024,311	100.0	–	–
17	세종특별자치시	464,918,224	86,585,753	18.6	378,332,471	81.4

자료: 행정안전부, 2024년 10월 기준

보면 경기도가 면적이 가장 넓다. 부동산 가치 분석에서 중요한 요소 중 하나가 도시화 정도인데, 결국 경기도는 대한민국에서 도시화된 면적이 가장 넓은 곳이라는 의미다. 단순한 면적이 아니라 도시 지역으로서 체계적으로 발달된 곳으로 치면 경기도야말로 입지 면에서 대단히 훌륭하다.

셋째, 경기도는 일자리가 가장 많은 곳이다.

대한민국 일자리 2,500만 개 중에서 610만 개가 경기도에 있다. 아마도 이 숫자는 매년 더 증가할 것이다. 경기도에서는 여전히 많은 산업단지가 개발 중이고 새로운 사업체가 창업되고 있기 때문이다. 이로 인해 지방 인구가 계속 경기도로 유입되는 중이다.

부동산 입지 분석에서 가장 기준이 되는 것은 주요 일자리의 유무다. 주요 일자리는 지금도 중요하지만 미래 일자리까지 포함한 개념이다. 결국 향후 몇십 년간 일자리가 물리적으로 증가할 수밖에 없는 산업군이 있는 곳이 중요하다. 지방에서도 일자리가 증가하는 곳이 있겠지만 확실성과 양에서 가장 압도적인 곳은 경기도다.

광역 지자체별 일자리 분포

지역	사업체(개)	종사자(명)
전국	**6,139,899**	**25,217,392**
경기도	1,514,951	6,103,375
서울특별시	1,180,025	5,795,425
부산광역시	400,565	1,554,664
경상남도	397,699	1,529,683
경상북도	333,276	1,255,597
인천광역시	317,133	1,250,232
충청남도	266,577	1,092,392
대구광역시	279,223	1,014,996
전라남도	236,470	862,369
충청북도	197,158	838,629
전북특별자치도	232,695	795,275
강원특별자치도	203,375	727,559
대전광역시	164,664	695,570
광주광역시	170,894	675,251
울산광역시	115,784	547,788
제주특별자치도	96,334	320,419
세종특별자치시	33,076	158,168

자료: 통계청(전국 사업체 조사)

《김학렬의 부동산 투자 절대 원칙》을 비롯한 여러 곳에서 이미, 대한민국 부동산에 정답이 있다면 서울이 그 답에 가장 가까울 것이라고 설명한 바 있나. 그러나 서울은 이제 물리적인 확장이 불가능하다. 게다가 서울로 진입하려는 대기 수요층 때문에 계속해서 압도적인 위상이 유지된다. 그래서 서울은 시세가 높고, 경제적인 능력이 부족하면 진입 자체가 어렵다.

이런 서울의 장점과 단점을 완벽하게 보완하는 곳이 바로 경기도다. 경기도는 여전히 확장이 가능하다. 도시 지역 내에서도 확장이 가능하고, 비도시 지역까지 포함하면 당분간 무한 성장이 가능하다. 그리고 실제로 가장 왕성하게 성장하는 지역이기도 하다.

경기도 중에서도 이미 서울의 웬만한 지역보다 시세가 높고 수요도 많은 곳은 서울 상위권 지역의 위상을 가지고 있다. 하지만 여전히 경기도의 꽤 많은 지역이 진입하기 괜찮은 가격대를 유지한다. 미래 가치는 훨씬 더 높아질 것이 확정적인데도 말이다.

《경기도 부동산의 힘》 100% 활용법

경기도가 왜 기회의 땅인지 그 이유를 다각적으로 이해하는 것이 이 책을 읽는 목표가 되어야 할 것이다. 그리고 최종적으로는 이 기회의 땅에서 나는 어떤 곳을 골라 선점할 것인지 결정하기 바란다. 자, 그럼 이 책을 통해 어떤 것들을 터득해야 할지 살펴보자.

첫째, 경기도 부동산시장을 전반적으로 이해해야 한다. 특히 경기도 부동산시장의 핵심 요소라고 할 수 있는 교통을 파악하는 것이 중요하다. 경기도 부동산시장이 급성장한 가장 큰 이유가 GTX 노선과 같은 대규모 교통인프라 확충이다. GTX-A, B, C 노선이 개통하면 경기도 내 주요 도시에서 서울 도심까지의 이동 시간이 크게 단축된다. 파주 운정, 남양주 왕숙, 양주옥정, 평택 지제 등은 이 노선의 수혜를 입고 서울 접근성이 크게 개선되며 이로 인해 출퇴근 수요가 급증할 것이다. GTX 개통은 경기도 내 부동산시장에 큰 변화를 불러올 호재로, 교통망 개선에 따른 장기적 시세 상승을 기대할 수 있는 지역들이 늘어나고 있다. 따라서 교통 호재를 중심으로 한 투자는 경기도 부동산의 핵심 전략 중 하나다.

1부에서는 지하철과 철도망, 개통 예정인 GTX 노선을 비롯해 고속도로망까지 거시적인 시각으로 경기도의 교통을 조망할 것이다. 또한 경기도에 분포한 산업단지와 첨단연구단지를 정리하니 이를 통해 경기도 부동산이 지닌 잠재력을 이해하기 바란다.

둘째, 교통 호재와 신도시 개발을 중심으로 지역별 투자 전략을 세워야 한다. 경기도 부동산시장의 큰 축을 담당하는 것은 교통 인프라와 신도시 개발이다. GTX-A, B, C 노선이 지나는 지역과 3기 신도시 개발 예정 지역은 특히 중장기적으로 투자 가치가 높다. 2부에서는 경기도를 크게 남부와 북부, 동부와 서부로 나누어 지역별 신축 아파트 공급 계획과 주요 개발 프로젝트를 살펴본다.

남부는 수원, 용인, 화성, 평택 안성을 들여다보고 북부는 의정부, 양주, 남양주, 구리, 파주, 고양에 중점을 둔다. 특히 관심이 많은 수원, 용인, 고양은 좀더 세밀하게 구별로 나누어 분석한다. 동부는 성남, 하남, 광주를 주요 지역으로 검토하고 서부는 부천, 안양, 시흥, 안산, 광명을 분석하면서 각 지역의 투자 포인트를 짚어본다. 자신이 관심을 둔 지역의 개발 계획과 교통망 확충 상황을 대입해서 비교하고 분석하면 좋을 것이다.

셋째, 재건축·재개발 투자 전략을 이해해야 한다. 재건축·재개발은 경기도 부동산시장에서 특히 주목받는 투자 분야다. 1기 신도시를 중심으로 노후된 아파트 단지들이 재건축과 재개발을 추진하고 있고, 이는 투자자들에게 큰 기회가 될 수 있다.

3부에서는 재건축·재개발 투자의 성공 사례와 실패 사례를 분석하고 재건축 투자 전략을 제시한다. 분당, 일산과 같은 1기 신도시와 그 외 재건축 가능성이 높은 지역을 중심으로, 해당 지역이 가진 재건축 잠재력을 깊이 있게 들여다볼 것이다.

재건축 투자는 장기적인 시각이 필요하다. 재건축 단지의 용적률과 재건축 진행 상황을 꼼꼼히 따져보고, 재건축 가능성이 높은 아파트의 정보를 꾸준히 업데이트해야 한다. 책에서 제공하는 지역별 재건축 가능성에 대한 구체적인 정보를 유심히 살펴볼 것을 권한다.

넷째, 신도시에 대한 종합적인 자료를 얻어야 한다. "경기도 부동산은 신도시다"라고 해도 틀린 말이 아니다. 정부에서 발표한 신도시 거의가 경기도에 있는 만큼 경기도 신도시는 숫자도 많고 1기, 2기, 3기를 거치며 특징도 제각각이다. 4부에서는 원조 신도시부터 3기 신도시까지 총 26개 주요 신도시를 차례로 분석한다. 각 신도시의 특성과 개발 현황을 파악한 뒤 해당 지역에 맞는 투자 포인트를 짚어보고 투자 전략을 제시한다. 특히 투자 목표를 단기, 중기, 장기의 기간별로 나누고 수요층별로도 나누어 상세하고 구체적으로 살펴보니 관심 지역뿐만 아니라 주변 지역까지 폭넓게 알아두기 바란다.

모르는 사람에게는 이 지역이 저 지역 같고 이 신도시가 저 신도시와 다를 바 없어 보일 수도 있다. 그러나 사람의 모습이 다 거기서 거기 같아도 미묘한 차이로 뚜렷한 개성을 가지듯, 다 같은 신도시지만 각각의 개별성이 엄존한다. 그 가운데서 관심 지역을 좁히고, 결국에는 내게 꼭 맞는 한 곳을 골라내는 것이야말로 이 책을 덮는 마지막 순간에 여러분이 해야 할 일이다.

다섯째, 미래를 예측하고 대비하자. 경기도는 앞으로도 지속적으로 인구 구조 변화와 주택 수요 변화를 겪을 것이다. 고령화, 1~2인 가구 증가, 주택 공급 부족 등의 요소들은 부동산시장에 중요한 영향을 미친다.

5부에서는 정부의 규제 정책과 함께 경기도 부동산시장의 미래 전망을 다루고, 변화하는 인구 구조와 주택 수요를 예측하고 대비하는 방법을 설명한다. 이를 통해 미래 투자 기회를 포착하고, 변화에 따라 투자 전략을 어떻게 조정해야 할지 공부하자. 소형 아파트와 임대 수익형 부동산은 특히 1~2인 가구 증가와 고령화 추세에 맞춰 성장할 수 있다. 주택 수요 분석을 통해 미래 수익을 극대화할 방법을 찾아야 한다.

여섯째, 실제 투자자들의 성공 사례와 실패 사례에서 배우자. 부록 [1]에서는 실제 투자자들의 성공 사례와 실패 사례를 구체적으로 소개한다. 성공 투자 전략을 통해 교훈을 얻고, 실패 투자를 통해 회피해야 할 리스크를 배울 수 있다. 사례별로 자신과 유사한 투자 성향을 찾아보고 그들의 전략을 타산지석으로 삼아 자신의 투자 전략에 반영하면 좋을 것이다.

실패 사례에서 얻을 수 있는 가장 큰 교훈은 리스크 관리다. 투자할 때는 정확한 정보를 바탕으로 신중하게 결정하고 다양한 투자 포인트를 검토하는 것이 중요하다. 실패 사례 말미에 첨부한 리스크 관리 방안도 주의 깊게 검토하고 기억하기 바란다.

마지막으로 "질문과 답변"을 폭넓게 활용하자. 부록 [2]에는 스마트튜브 이용자들에게 던진 사전 질문을 바탕으로 독자들이 궁금해할 만한 실제 투자 질문과 답변을 수록하여 실질적인 고민 해결을 도와주려고 한다. 청약 전략, 임대 수익 분석, 지역별 투자 타이밍 등 실질적인 투자 노하우가 담겨 있다. 자신의 상황에 맞는 질문과 답변을 통해 투자에 대한 확신을 얻고, 구체적인 실천 전략을 세우는 데 활용할 수 있을 것이다. 각 질문은 경기도 내 주요 투자 포인트를 중심으로 구성했다. 투자를 고민하는 지역과 관련 있는 질문과 답변을 적극적으로 참고하여 현장 경험을 익히는 데 활용하기 바란다.

《경기도 부동산의 힘》은 경기도 부동산시장의 현재와 미래를 종합적으로 다루었다. 이 책을 통해 지역별 투자 전략, 재건축 및 신도시 개발의 중요성, 미래 주택 수요 변화 등을 이해하고 실질적인 투자 계획을 세울 수 있다. 특히 경기도 부동산 투자에서 리스크 관리와 장기적인 안목의 중요성을 충분히 알게 될 것이다.

부동산 투자는 언제나 준비된 자의 몫이다. 이 책을 통해 경기도 부동산을 체계적으로 이해하고 실질적인 투자 전략을 쌓아 경기도에서 성공적인 투자자로 우뚝 서기를 기대한다. 이 책 한 권으로 경기도 부동산 공부를 끝낼 수 있도록 다양한 정보와 전략을 담았다.

이제 경기도 부동산시장에 대한 새로운 시각과 노하우를 가지고 투자에 들어가보자! 이미 경기도는 여러분의 것이다!

스마트튜브 부동산조사연구소

대표 저자 김학렬 소장

목차

3부 현명한 투자 전략

4부 핵심 투자 지역

5부 규제와 전망

부록

---

* 일러두기

1. 책 출간 이후 정책이 바뀔 수 있지만 경기도 부동산의 큰 흐름을 이해하는 데는 문제가 없을 것이다.
2. 규제와 완화 정책은 지속적으로 바뀔 수 있으니 이로 인한 단기적인 등락에는 신경 쓰지 않아도 된다.
3. 3기 신도시와 GTX-D는 거의 확정되었거나 추진될 가능성이 높다고 가정하고 집필했다. 그러나 만약 계획 자체가 취소되면 이로 인한 프리미엄 감소만 고려하면 된다.
4. 이후 변경되거나 추가되는 정책은 네이버 블로그 '빠숑의 세상 답사기'와 유튜브 '스마트튜브TV'에서 실시간으로 업데이트할 예정이니 구독을 권한다.

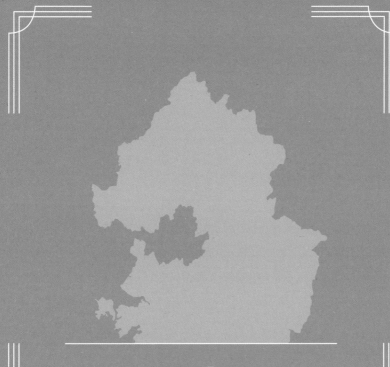

1부
경기도를 알아보자

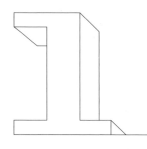

위치와 교통

대한민국 영토의 넓이는 대략 10만 제곱킬로미터다. 그 가운데 서울은 600제곱킬로미터이고, 경기도는 1만 제곱킬로미터다. 서울과 맞닿은 경기도는 서울, 인천과 함께 대한민국의 중추로서 정치, 경제, 문화, 교육 등 모든 면에서 매우 중요한 역할을 하고 있다. 경기도의 위치적 특징과, 서울로 가는 관문으로서 경기도를 둘러싼 교통 환경을 살펴보자.

위치

경기도는 대한민국의 수도권에 속하며 서울을 둘러싼 중심 지역으로, 지리적 위치가 매우 중요한 특성을 지닌다. 동쪽으로는 강원도, 서쪽으로는 황해와 인천광역시, 남쪽으로는 충청북도와 충청남도, 북쪽으로는 휴전선을 따라 북한과 접해 있다. 서울과 가까워서 수도권 전역에 대한 접근성이 뛰어나며 대한민국 인구의 4분의 1 이상이 거주하고 있다.

경기도의 위치와 행정구역

자료: 경기도청

서울 근접성

경기도는 서울과 맞닿아 있어 직장, 교육, 문화 등 다양한 생활 인프라를 서울에 의존하는 경향이 강하다. 경기도의 많은 거주민이 서울로 통근하는 형태로 생활하고 있고 이러한 지리적 이점은 경기도의 부동산시장에서 중요한 요소로 작용한다. 특히 경기도 남부 지역(과천, 성남, 용인 등)은 서울 강남 접근성이 매우 우수하여 고소득층과 전문가들이 선호하는 주거지로 자리 잡았다.

다양한 지리적 환경

경기도는 평야와 산악 지형이 조화롭게 어우러져 있다. 남쪽으로는 평택과 안산 등이 서해안과 인접하고, 북쪽으로는 북한과 경계를 이루는 고지대가 있다. 동쪽에는 산악 지대가 펼쳐져서 자연경관이 우수하며, 청정 자연환경을 기반으로 한 휴양지와 관광 명소가 발달했다. 가평과 양평 등 동부 지역은 한적한 주거 환경을 선호하는 이들과 별장을 찾는 수요가 많다.

교통

경기도는 전국에서 교통 인프라가 가장 발달한 지역 중 하나다. 경기도 내 다양한 지역이 서울과 수도권과 연계된 교통망을 기반으로 발전하고 있기 때문이다. 교통 인프라가 경기도 부동산시장에 미치는 영향은 지대하며, 주요 교통망 확충 계획과 실제 건설은 경기도 아파트 투자에 핵심적인 요인으로 작용한다.

철도

경기도의 철도망은 서울과 수도권을 연결하는 대중교통의 중심이다. 각 노선이 경기도의 주거지와 산업단지, 서울 중심부를 이어주며 출퇴근 시간을 단축하고 생활권을 확장하고 있다. 경기도 이용

객의 입장에서 서울 지하철부터 수도권광역급행철도(GTX)까지 경기도 주요 철도 노선들을 살펴보자.

서울 지하철

- 1호선: 충남 천안시에서 시작해 경기도 수원시를 거쳐 서울 중심부를 지나고 의정부시, 양주시, 동두천시, 연천군까지 이어지는 노선이다. 주요 경유지는 수원역, 안양역, 의정부역, 동두천역 등이다. 경기도 남북을 가로지르는 대표

수도권 지하철과 철도망

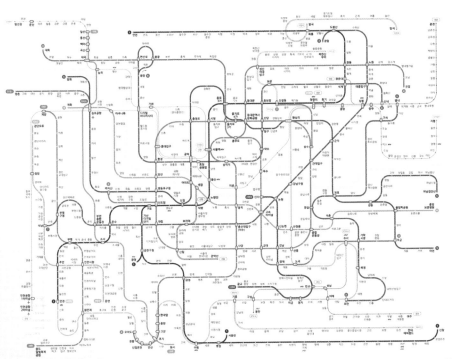

적인 노선으로서 서울 도심뿐만 아니라 인천과도 연결된다. 특히 수도권 남부에서 서울로 출근하는 직장인이 많이 이용한다.

- 2호선: 서울 내에서 운행하고, 경기도와는 연계되지 않는다.
- 3호선: 고양시에서 시작해 서울 중심부를 거쳐 오금까지 이어지는 노선으로 주요 경유지는 대화역, 백석역, 삼송역이다. 고양시 일산 주민들이 서울 강남권으로 출퇴근할 때 자주 이용한다. 3기 신도시 개발과 함께 일산신도시의 가치 상승을 이끌고 있다. 경기도 하남시와 남양주시로 연장될 계획이 있다.
- 4호선: 경기도 안산시, 안양시, 군포시, 과천시를 지나서 서울을 관통하고 남양주시까지 이어지며 주요 경유지는 산본역, 안산역, 한대앞역, 정왕역이다. 경기도 남부에서 서울로 출퇴근하는 직장인에게 생활권 확대를 제공하고 안산시와 수원시 주민의 서울 접근성을 높여준다.
- 5호선: 하남시와 서울을 연결하는 노선으로 경기도 동부에서 서울 중심부로 이어진다. 주요 경유지는 미사역, 하남검단산역이다. 하남시 미사강변 등 신규 개발 지역에서 서울로 출퇴근하기 쉽게 해주고 특히 강동구와 여의도로 출퇴근하기가 편리해졌다. 경기도 김포, 인천 서구로 연장될 계획이 있다.
- 6호선: 서울 내에서 운행되고, 경기도와는 연계되지 않는다.
- 7호선: 부천시, 광명시를 경유해 서울 강남, 동북권, 의정부시로 이어지며 주요 경유지는 부천시청역, 상동역, 광명사거리역이다. 부천과 광명에서 서울 강남권으로 출퇴근하는 직장인이 주로 이용한다. 양주시, 포천시까지 연장될 예정이어서 앞으로 더 많은 경기도 지역이 포함될 예정이다.
- 8호선: 성남시에서 서울 동남부를 지나 구리시, 남양주시까지 연결되며 주요 경

유지는 모란역, 산성역, 별내역, 구리역이다. 성남에서 강동구와 연결되어 출퇴근 수요가 높다. 8호선 연장선이 완공되면 판교까지 접근성이 개선될 수 있다.

- 9호선: 현재 서울 내에서만 운행되며, 하남시와 남양주시로 연장할 계획이 있다.

공항철도

인천국제공항과 김포공항, 서울을 연결하는 노선으로 경기도 일부 지역과도 연계되며 주요 경유지는 김포공항역, 계양역이다. 김포공항과 인천공항에 빠르게 접근할 수 있어서 여행객에게 필수적인 교통수단이다.

경의중앙선

파주에서 시작해 서울을 가로지르고 양평, 용문까지 이어지는 노선으로 주요 경유지는 파주역, 덕소역, 양평역이다. 파주와 고양 주민들이 서울로 출퇴근하고 남양주와 양평까지 이동할 수 있는 중요한 노선이다. 서울로의 접근성이 뛰어난 반면, 일부 구간에서 배차 간격이 길어 불편함이 있지만 추가 배차가 이루어질 계획이다.

경춘선

춘천에서 남양주를 거쳐 서울로 이어지는 노선으로 주요 경유지는 별내역, 퇴계원역, 마석역이다. 남양주와 춘천에서 서울로의 접근성을 높여주며 주말에는 춘천 관광객이 많이 이용한다. 특히 경춘선 복선화로 출퇴근 시간대에도 많이 이용된다.

수인분당선

서울 청량리에서 성남시, 수원시를 거쳐 인천까지 이어지는 노선으로 주요 경유지는 수원역, 정자역, 죽전역이다. 수원, 성남, 용인 주민들이 서울 강남권과 인천으로 이동하는 데 주요 역할을 한다. 분당선과 수인선이 연결되면서 경기도 남부 지역의 교통 편의성이 크게 향상되었다.

신분당선

수원 광교에서 서울 강남을 연결하는 급행 노선으로 주요 경유지는 광교중앙역, 정자역, 판교역이다. 고속철도급 이동 시간이 특징이며 광교신도시와 판교 테크노밸리 주민이 주로 이용한다. 수원 호매실로 연장될 계획이 있다.

경강선

여주에서 시작해 성남을 거쳐 강릉까지 이어지게 될 노선으로 주요 경유지는 이천역, 여주역이다. 이천과 여주 주민들이 서울로 출퇴근하는 데 중요한 역할을 한다. GTX와 연계되면 향후 더 큰 발전 가능성이 있다.

서해선

안산에서 부천을 거쳐 김포공항을 지나 일산까지 이어지는 노선으로 주요 경유지는 시흥시청역, 원시역, 대곡역이다. 안산, 시흥, 고양에서 김포공항과 서울 강서구로 출퇴근하는 직장인들이 주로 이용한다. 충청남도 홍성까지 연결될 계획이 있다.

에버라인

용인시 내에서 운행되는 경전철 노선으로, 주요 경유지는 기흥역, 에버랜드역이다. 에버랜드를 비롯한 관광지와 연결되며 서울로의 접근성을 높인다.

의정부경전철

의정부시 내에서 운행되는 경전철 노선으로 주요 경유지는 의정부역, 회룡역이다. 지하철 1호선과 연결되며, 의정부에서 서울로의 접근성을 개선하는 데 중요한 역할을 한다.

김포골드라인

김포시 내에서 운행되는 경전철 노선으로 김포공항역과 연결되며 주요 경유지는 김포공항역, 풍무역이다. 김포 주민들이 서울 강서구로 출퇴근하는 데 필수적인 교통수단이다. 최근 혼잡도가 이슈가 되고 있어 GTX-D 노선 연장에 대한 기대가 크다.

GTX 노선

GTX 노선은 경기도 부동산시장에 다른 어떤 교통편보다도 큰 영향을 미칠 것으로 예상된다. GTX는 서울과 수도권 주요 지역을 빠르게 연결하는 광역급행철도로, 서울 접근성을 획기적으로 개선해 수도권 부동산의 가치를 근본적으로 변화시킬 수 있기 때문이다. GTX가 부동산에 미치는 주요 영향은 크게 네 가지로 나누어 살펴볼 수 있다.

첫 번째는 서울 접근성 개선이다. GTX 노선은 평균 시속 약 100km로 운행되어 경기도와 서울 간의 이동 시간을 대폭 단축한다. 예를 들어 GTX-A 노선을 이용하면 파주 운정에서 서울 삼성역까지 약 20분 만에 이동할 수 있다. 기존 지하철과 광역버스로는 상상하기 힘든 빠른 속도다.

이렇게 출퇴근 시간이 대폭 줄어들면서 서울로 출퇴근하는 직장인 수요가 경기도로 확대될 것이며, 이로 인해 서울 주거 수요가 경기도로 분산될 가능성이 높다. GTX 노선 덕분에 경기도 외곽도 서울 중심부 접근성이 크게 향상되니, 서울과 가까운 지역뿐만 아니라 멀리 떨어진 경기도 지역도 직주근접이 가능해진다. 서울 출퇴근이 어려웠던 지역들도 주거지로서의 매력이 크게 높아지며, 광역적인 주거지 확장과 함께 부동산 가치 상승이 예상된다.

두 번째는 경기도 지역 경제 활성화와 인구 유입이다. GTX 노선이 개통되면 서울 접근성이 개선된 경기도에서 상업·업무지구가 더욱 활성화될 가능성이 크다. 교통 인프라 개선은 기업 유치와 상업 시설 확대를 촉진하며 지역 경제 활성화로 이어진다. 대규모 상업·업무지구가 GTX 역세권을 중심으로 개발되면 지역의 자족 기능이 강화되고 고소득 일자리를 창출할 수 있다. GTX 노선으로 경기도는 서울 접근성이 좋은 거주지로 인식되며, 서울의 높은 주거 비용을 피해 경기도로 이주하는 인구가 증가할 것이다. 특히 서울의 1인 가구와 젊은 세대, 신혼부부 등은 경기도를 주거지로 선호할 가능성이 크다.

세 번째는 GTX 역세권 개발과 부동산 가치 상승이다. GTX 역세권은 다른 교통수단 역세권보다 프리미엄이 크게 형성될 가능성이 높다. 서울 생활권을 누리면서 상대적으로 저렴한 주거 비용을 제공하기 때문이다. 따라서 신축 아파트, 상업시설, 오피스텔 등의 개발이 집중될 것이며 이들 부동산은 높은 수요와 함께 가격 상승이 예상된다.

GTX 노선은 장기적으로 지속적인 부동산 가치 상승을 이끌 요소다. 특히 GTX 계획 발표와 착공, 개통의 단계마다 부동산 가격 상승세가 나타날 수 있다. GTX 노선 개통 이후에도 역세권은 안정적인 주거 수요와 함께 지속적인 시세 상승을 기대하기에 유망한 투자처가 될 것이다.

네 번째는 부동산 선택 폭 확대와 부동산시장 안정화다. GTX 노선 덕분에 기존에는 서울 접근성이 떨어졌던 경기도 지역도 서울과 가까운 거주지로 변모할 것이다. 이로 인해 서울 출퇴근을 전제로 한 경기도 외곽의 부동산 투자가 가능해진다. 투자자들은 비교적 저렴한 가격에 서울 접근성이 좋은 부동산을 매입할 기회를 얻으며 투자 지역을 다변화할 수 있다.

GTX 노선은 수도권 전체의 주거 수요 분산을 도와 서울과 수도권의 부동산시장 안정화에 기여할 수 있다. 서울 집중 현상을 완화하고 경기도의 부동산시장을 활성화해서 균형 있는 발전을 촉진할 것이다. 투자자는 서울 외 지역에서도 안정적인 투자 수익을 기대할 수 있으며, 부동산 투자의 선택의 폭이 넓어질 것이다.

이렇듯 GTX 노선의 개발을 고려해 부동산 투자 전략을 세우면 장기적인 시세 상승과 안정적인 자산 증식을 목표로 하는 투자에 성공할 수 있다. 그러나 반드시 주의할 점이 있다. GTX 노선 가운데 A 노선은 일부 구간 개통 상태이고, B와 C 노선은 건설 중이며, 이 외의 노선은 현재 추진 중이다. 추진 중인 사업은 아직 확정된 것이 아니므로 여러 면에서 변동 사항이 발생할 수 있다. 계속 관심을 가지고 진행 상황을 확인해야만 한다.

GTX 각 노선의 경유지와 영향권이 미치는 지역을 살펴보면 다음과 같다.

- GTX-A: 파주 운정에서 삼성역을 거쳐 화성 동탄까지 연결되는 노선으로 주요 경유지는 운정역, 서울역, 삼성역, 동탄역이다. 파주, 고양, 화성 동탄 주민

수도권광역급행철도(GTX) 노선도

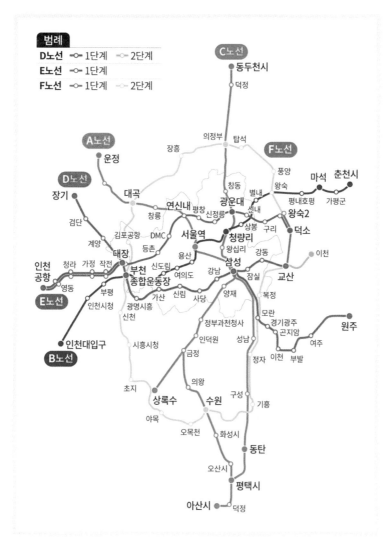

자료: 국토교통부. GTX-D, E, F 노선은 미확정

들이 서울로 출퇴근할 때 소요 시간이 획기적으로 줄어들 수 있다.

- GTX-B: 인천 송도에서 남양주 마석, 춘천까지 연결되며 서울 주요 구역을 통과한다. 주요 경유지는 송도역, 서울역, 마석역이다. 남양주와 인천 주민들이 서울로 빠르게 출퇴근할 수 있게 되며, 경기도 동부권의 교통 개선에 기여할 예정이다.

- GTX-C: 양주 덕정에서 삼성역을 거쳐 수원역까지 연결되는 노선으로, 주요 경유지는 수원역, 삼성역, 덕정역이다. 수원, 의정부, 양주 주민들이 서울로 출퇴근하는 시간을 대폭 줄여줄 예정이다. 이후 평택 지제까지 연결될 기대가 있다.

- GTX-D*: 김포 장기와 인천국제공항에서 각각 출발해 교산, 팔당 방면과 곤지암, 여주 방면으로 연결되는 노선으로 주요 경유지는 장기역, 대장역, 강남역, 삼성역, 잠실역이다. 김포, 부천, 광주, 여주 주민들이 서울로 이동하는 시간을 줄여줄 것이다.

- GTX-E*: 인천공항에서 부천 대장지구를 거쳐 남양주 덕소까지 연결되는 노선으로 주요 경유지는 인천공항역, 연신내역, 광운대역, 구리역이다. 인천과 구리, 남양주 왕숙2지구 주민들의 서울 접근성을 높여줄 것이다.

- GTX-F*: 의정부, 김포공항, 수원, 덕소 등 수도권 교외 지역을 연결하는 순환 노선으로서 주요 경유지는 대곡역, 수원역, 교산역, 왕숙역이다. 경기도 북부인 의정부부터 부천, 시흥, 안산, 수원, 하남, 남양주까지 아우르는 노선이므로, 개통하면 이 지역 주민들의 교통 편의성이 크게 높아진다.

(*현재 미확정 노선)

경기도 철도망은 서울과 수도권을 연결하는 중요한 교통 인프라로서 서울로의 출퇴근 편의성을 크게 향상시킨다. GTX 노선과 각종 경전철 노선이 완공되면 경기도는 더 많은 교통 편의를 제공하는 주거지로서 경쟁력을 갖추게 될 것이다.

고속도로와 도로망

경기도는 서울을 중심으로 방사형으로 확장된 고속도로와 도로망이 매우 잘 갖춰져 있다. 서울과 수도권 주요 지역을 연결하는 수많은 고속도로가 경기도를 관통한다. 경기도에 거주하거나 통행하는 이용자의 입장에서 현재 운영 중인 주요 고속도로와 개통 예정인 고속도로를 정리해보면 다음과 같다.

운영 중인 주요 고속도로
- 경부고속도로(서울-부산): 서울과 부산을 잇는 대한민국의 대표 고속도로다. 서울 강남권에서 출발해 과천, 수원, 오산, 평택 등을 거쳐 경기도 남부 이하로 빠르게 이동할 수 있어서 출퇴근과 물류 이동이 활발한 구간이다.
- 제2경인고속도로(안양-인천): 안양과 인천을 연결하는 고속도로로 인천에서 서울로 들어가는 대체 경로 역할을 한다. 안양과 광명 주민들이 인천공항과 인천항, 서울 남부로 빠르게 접근할 수 있으며 교통량 분산에 중요한 역할을 하고 있다.

- 서해안고속도로(서울-목포): 안산, 화성, 평택 등 경기도 서부 지역을 지나 서울에서 서해안 남부까지 이어지는 노선이다. 안산, 시흥, 화성에서 서울과 인천으로 연결되며 서해안으로 이동할 때 많이 이용된다. 특히 평택항 물류 수송에도 중요한 역할을 하고 있다.

- 수도권제1순환고속도로(구 서울외곽순환고속도로): 서울을 둘러싼 경기도 외곽을 순환하는 고속도로로 일산, 성남, 의정부, 부천 등 수도권 전역을 연결한다. 경기 북부와 남부를 연결하는 교통의 핵심 축이며 출퇴근 시간대에 서울로의 교통 정체를 피하고자 이용하는 차량이 많다. 광역 이동에도 매우 중요한 노선이다.

- 중부고속도로(하남-음성): 하남시에서 충북 음성군까지 이어지면서 하남과 광주 등 경기도 동부 지역을 연결한다. 경기도 동남부에서 충청도로 이동할 때 주요 고속도로로 사용되며 물류 이동에도 중요한 경로다.

- 영동고속도로(인천-강릉): 수원과 용인 등을 거쳐 경기도 동부에서 강원도 강릉까지 연결되는 고속도로다. 수원과 용인 주민이 인천과 강원도로 이동할 때 많이 이용하고 주말에는 강원도 여행객이 많다. 관광과 물류 이동이 모두 활발하다.

- 평택제천고속도로: 평택시에서 충청북도 제천시를 잇는 고속도로로서 경기도 남부를 관통한다. 평택과 인근 지역에서 충청권으로의 접근성을 높이며, 특히 삼성전자 반도체 공장 인근의 물류 이동과도 연계되어 매우 중요한 고속도로다.

- 구리포천고속도로: 구리시에서 포천시까지 이어지는 고속도로로 경기도 북

동부를 연결한다. 남양주, 포천 등 북동부 지역에서 서울 동부로 이동하는 데 중요한 역할을 하며, 교통 체증 해소에 크게 기여하고 있다.

- 제2중부고속도로: 경기도 남부 지역에서 경기도 동남부를 지나 충청도로 이어지는 고속도로다. 이천과 광주에서 충청도와 교류하기 쉽게 해주는 중요한 노선이다.
- 봉담-송산 고속도로: 화성시 봉담에서 송산신도시를 연결하는 고속도로로 2021년 개통했다. 화성 서부권의 교통 흐름을 개선하고, 송산신도시와 주변 산업단지로의 접근성을 높일 것으로 기대한다.

개통 예정 고속도로

- 수도권제2순환고속도로: 인천, 파주, 양주, 양평, 용인, 동탄, 화성 등 수도권 지역을 아우르는 고속도로로 일부 구간은 개통했고 2030년에 전 구간이 개통될 예정이다. 수도권제1순환고속도로의 교통량을 분산하고 경기 북부와 서부를 연결해 김포, 파주 등의 교통 편의가 크게 개선될 것이다.
- 서울-세종 고속도로(구리-안성 구간): 구리-안성 구간은 2024년 말 개통 예정이며 구리시에서 안성시를 거쳐 세종시까지 연결된다. 경기도 동부와 남부에서 세종시로 빠르게 이동할 수 있는 중요한 도로이니 개통하면 서울로의 교통 흐름도 원활해질 것이다.

경기도는 서울과 인접한 지역으로서 교통 수요가 꾸준히 증가하고 있다. 기존 고속도로망 외에도 수도권제2순환고속도로 같은 신

전국 주요 도로망

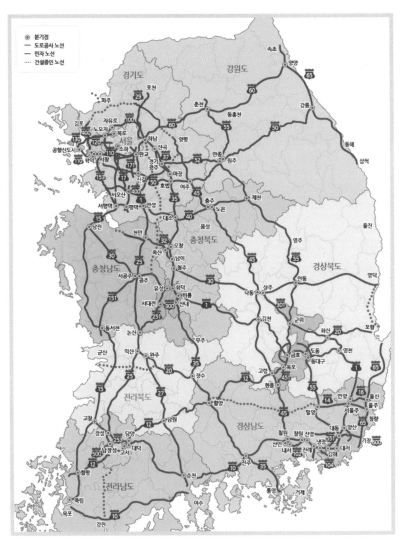

자료: 국토교통부

규 고속도로가 개통하면 서울로의 접근성뿐만 아니라 경기도 내부 교통도 크게 개선된다. 주거지 이동성이 높아지고 산업단지와 신도시 개발도 촉진된다. 또한 출퇴근 시간 단축, 교통 체증 해소, 관광지 접근성 개선 등을 가져와 더 나은 교통 환경을 제공할 것으로 기대된다.

광역버스와 공항 접근성

경기도는 각 지역에서 서울로 출퇴근을 지원하는 광역버스망이 잘 구축되어 있다. 광역버스는 주요 철도망과 도로망을 보완하는 역할을 하며, 서울로의 접근성을 높여 부동산 가치를 상승시키는 요인으로 작용한다.

또한 경기도는 인천국제공항과 김포국제공항과 인접해서 국제 교류와 물류의 중심지 역할을 한다. 이러한 공항 접근성은 특히 국제 비즈니스가 많은 지역(분당, 판교, 평택 등)에 부동산 투자 수요를 더욱 증대하는 요소로 작용한다.

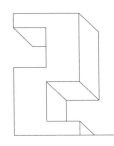

개발과 성장의 씨앗

경기도는 서울과 인접하지만 독자적인 경제 기반을 형성했다. 경기도 내에서 다양한 산업단지와 첨단연구단지를 개발하고 있고, 이러한 성장 인프라는 경기도 부동산시장에 중요한 영향을 미친다.

산업단지

경기도에는 서울과의 지리적 인접성, 우수한 교통 인프라, 전국적인 물류망을 활용해 다양한 산업단지가 개발되어 있다. 첨단 제조업, 자동차, 반도체, 전자기기 등을 중심으로 한 산업단지들이 경기도 경제 성장의 핵심 동력이다.

대규모 산업단지가 조성된 도시는 평택, 파주, 화성, 안산 등이다. 특히 평택은 삼성전자의 반도체 공장이 위치한 중요한 산업 중심지이고 글로벌 기술 기업들이 활발히 활동하고 있다. 이러한 산업단지는 해당 지역의 인구 유입과 주택 수요 증가를 촉진해 부동산 가치 상승에 기여한다.

또한 여러 산업단지가 지속적으로 개발되고 있어서 앞으로도 첨단 산업과 4차 산업혁명에 중요하게 기여할 것으로 기대된다. 경기도의 주요 산업단지와 개발 중인 산업단지를 살펴보자.

운영 중인 산업단지

반월시화 국가산업단지(안산시, 시흥시)

경기도 남서부에 위치한 반월시화 국가산업단지는 대한민국에서 가장 큰 산업단지 중 하나로서 제조업과 자동차 부품, 기계 장비 등 다양한 중소기업들이 밀집되어 있다. 특히 시흥 스마트허브를 중심으로 한 첨단 산업이 발전했다. 자동화 설비와 스마트팩토리가 도입되면서 반월시화 산업단지는 첨단 제조업으로 전환하고 있다. 4차 산업혁명 시대에 맞춰 산업 구조가 빠르게 변모할 것으로 예상된다.

평택 포승 국가산업단지

평택항과 인접해서 물류와 자동차 산업 중심으로 발전하고 있다. 또한 자동차 부품과 화학 산업 관련 기업이 많이 입주해 있다. 평택항의 물류 인프라 확장이 지속되니 글로벌 물류 허브로서의 역할을 강화할 것으로 기대된다. 또한 삼성전자 반도체 공장 확장에 따른

평택 포승산업단지 조감도   자료: 경기주택도시공사

고부가가치 산업 유입도 예상된다.

파주 LCD 산업단지

　디스플레이 산업의 메카로 불리고 LG디스플레이를 중심으로 첨단 전자와 디스플레이 산업이 발전하고 있다. OLED 같은 고급 디스플레이 기술을 활발하게 개발하는 중이다. 파주 LCD 산업단지는 향

후 5G 통신망과 스마트 기기의 수요 증가에 맞춰 세계적인 디스플레이 산업 중심지로 자리매김할 것으로 예상된다.

화성 향남 산업단지

경기도 서부에 위치한 향남 산업단지에는 자동차 부품 제조업체와 철강, 기계 산업 관련 업체들이 입주해 있다. 화성은 제조업의 허브로 발전하는 중이며, 특히 자동차 산업과 자율주행차 기술의 발전과 함께 관련 부품 산업도 성장할 가능성이 높다.

개발 중인 산업단지

평택 고덕국제화계획지구 산업단지

삼성전자 반도체 공장이 위치한 평택 고덕국제화계획지구 산업단지는 첨단 반도체 산업과 전자 부품 제조를 중심으로 발전 중이다. 고덕국제신도시와 연계되어 산업과 주거가 조화롭게 발전한다. 세계 최대 규모의 반도체 생산 단지로 성장할 예정이며, 반도체 중심의 첨단 IT 산업이 지속적으로 유입될 것으로 보인다. 특히 5G, 인공지능(AI), 자율주행 같은 첨단 기술과 연계된 산업들이 발전할 것이다.

남양주 진접2 산업단지

남양주 진접지구에 새롭게 개발하고 있고 주로 첨단 산업과 물류 산업을 중심으로 성장할 예정이다. GTX-B 노선과 경춘선 연계로 서울 접근성이 우수하다.

산업단지의 미래

경기도의 산업단지는 첨단 기술과 스마트 제조업을 중심으로 한 4차 산업혁명을 선도할 수 있는 기반을 갖추었다. 특히 반도체, 디스플레이, 자동차 부품 등 글로벌 수요가 높은 산업들이 발전하고 있고, 동시에 스마트팩토리와 AI 기술 도입을 통한 산업 구조 고도화가 진행될 것이다.

- 첨단 IT 산업: 평택 고덕, 용인 반도체 클러스터 등에서 5G, AI, 자율주행 기술이 포함된 산업이 발전할 예정이다.
- 스마트 제조업: 스마트팩토리가 경기도 전역에 도입되면서 고효율 생산 체계가 갖춰질 것이다.
- 물류와 유통 산업: GTX 노선과 철도망 확충으로 물류 산업의 접근성이 개선되어 경기도가 글로벌 물류 허브로 자리매김할 것이다.

경기도는 향후 글로벌 첨단 산업과 스마트 제조업의 중심지로 성장할 것으로 기대되며, 이는 부동산 투자자들에게도 중요한 기회를 제공한다. 산업단지 인근의 주거지와 상업용 부동산은 고소득 근로

자와 첨단 기술 관련 기업의 수요로 인해 큰 발전 가능성을 지니고 있다.

첨단연구단지

경기도 내 첨단연구단지는 첨단 기술 개발, 연구 및 개발(R&D), 산학 협력을 중심으로 한 다양한 산업들이 자리 잡고 있다. 특히 반도체, 정보통신(IT), 바이오, 자동차 등 4차 산업혁명 관련 분야가 집중되어 있으며, 경기도는 첨단 연구 인프라를 통해 글로벌 경쟁력을 갖춘 기술 개발을 목표로 한다. 경기도에서 주요 첨단 연구 기능을 수행하는 연구단지들을 살펴보자.

판교 테크노밸리(성남시)

IT 산업의 중심지로서 소프트웨어 개발, 게임 산업, 정보통신 기업이 많이 입주해 있다. 네이버, 카카오, NHN 등 대표적인 IT 기업들이 입주했고 산학 협력을 통해 연구와 개발을 동시에 진행한다. 또한 다양한 스타트업과 벤처 기업이 모여 있으며, 대한민국의 실리콘밸리라고 불릴 만큼 첨단 기술과 혁신적인 연구가 활발하게 이루어진다.

또한 제2판교 테크노밸리와 제3판교 테크노밸리가 개발 중이고 AI, 빅데이터, 자율주행 등 첨단 기술 연구소들이 입주할 예정이다. 앞으로도 대한민국 첨단 연구의 메카로 자리 잡을 것이다.

제3판교 테크노밸리 개요도
자료: 경기도

광교 테크노밸리(수원시)

바이오 산업과 IT 기술 중심의 연구단지로 첨단 의료 기술과 제약 관련 연구가 활발하게 진행되고 있다. 광교신도시와 연계된 주거지와 연구단지가 함께 조성되어 연구 환경과 주거 환경이 최적으로 결합했다. 경기바이오센터와 차병원 그룹 등 다양한 의료·바이오 기업들이 자리 잡았고 삼성전자 연구개발센터 또한 여기에 있어서 IT 연구의 중심지 역할도 한다.

광교는 바이오헬스와 제약 산업이 주도하는 첨단연구단지로서 특히 AI 기반 의료 기술과 첨단 의료기기 연구의 허브로 성장할 것으로 기대된다.

고덕 국제화계획지구(평택시)

삼성전자의 반도체연구소와 생산 공장 등 반도체 연구단지가 위치한 고덕 국제화계획지구는 반도체 산업의 첨단 기술 개발과 연구를 주도하는 핵심 지역이다. 첨단 반도체 제조 기술과 관련된 글로벌 R&D 시설이 구축되어 있고 향후 5G, AI 기술과 연계한 연구가 진행될 예정이다.

세계 최대 규모의 반도체 생산 클러스터로 발전할 예정이며, 첨단 반도체 연구와 AI 반도체 개발을 중심으로 한 세계적 연구단지가 될 것이다.

용인 반도체 클러스터

SK하이닉스를 비롯한 주요 반도체 기업들이 첨단 반도체 연구를 주도하고 있다. 첨단 반도체 제조 공정과 R&D 시설을 갖추고 자율주행, AI 기술과 결합된 반도체 연구가 활발하게 이루어진다. 용인 반도체 클러스터는 글로벌 반도체 허브로 성장할 예정이며, 반도체와 IT 기술의 융합을 통해 4차 산업혁명을 이끌어가는 중요한 연구단지가 될 것이다.

이천 테크노밸리

경기도 동남부에 위치한 이천 테크노밸리는 첨단 제조업과 정보통신 기술 연구 중심지이며 스마트팩토리와 자동화 설비가 중요한 연구 분야다. 산업단지와 연구단지가 결합된 형태로 첨단 IT 장비와 전자 부품을 연구한다. AI 기반 제조와 로봇공학 기술의 연구 중심지로 발전하고 스마트팩토리와 관련된 기술 개발이 활발히 이루어질 것으로 예상된다.

K-반도체 벨트 개념도

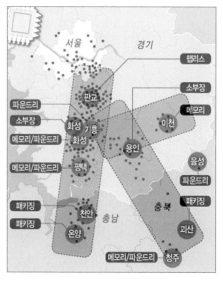

자료: 산업통상자원부, 뉴시스

2부
경기도 아파트시장

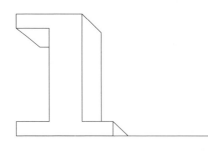

가격 변동

경기도 아파트의 가격은 다양한 요인에 따라 변동한다. 경제적, 정책적, 지역적 특성 등 여러 요인이 있으니 아파트 가격 상승과 하락의 주요 원인을 구체적으로 살펴보자.

오르는 이유

아파트 가격이 상승하는 이유는 다양하지만 수요 증가와 공급 부족이 주된 원인이다. 거기에 금리, 정부 정책, 교통과 개발 호재 등의 요인들이 결합해 가격을 끌어올린다.

각 요인을 자세히 살펴보자.

수요 증가

- 인구 유입: 경기도는 서울과 가깝고 집값이 서울보다 저렴해 많은 사람이 경

기도로 이사를 온다. 특히 신혼부부와 젊은 세대가 상대적으로 저렴한 경기도의 아파트를 선호한다. 이로 인해 아파트 수요가 꾸준히 증가하면서 가격이 오른다.

- 교통망 확충: 경기도에는 GTX 같은 교통망이 빠르게 확장되고 있다. 예를 들어 GTX-A, B, C 노선이 개통하면 경기도 외곽도 서울 중심부로 빠르게 이동할 수 있으니 이 지역의 아파트 수요가 크게 증가한다. 교통이 편리해지면 더 많은 사람이 그 지역으로 이사 오려 하므로 아파트 가격이 상승하는 경향이 있다.

공급 부족

- 한정적인 추가 공급: 사람들이 살고 싶어 하는 지역에서 아파트 공급이 부족하면 수요가 상대적으로 많아진다. 예를 들어 경기도의 광교, 판교와 같은 신도시는 이미 사람이 많이 거주하는 지역으로 추가 공급이 한정적이기 때문에 가격이 계속 오를 수 있다.

- 재개발·재건축 제한: 정부가 재개발과 재건축을 규제하면 오래된 아파트를 새롭게 짓는 것이 어려워진다. 그러면 신규 아파트 공급이 부족해지고 이로 인해 기존 아파트 가격이 올라가는 경우가 많다.

정부 정책

- 저금리 정책: 금리가 낮으면 대출 이자가 적으니 많은 사람이 대출을 받아 아파트를 구매하려고 한다. 이로 인해 아파트 수요가 늘어나고 자연스럽게

가격이 상승한다. 경기도는 서울보다 대출 규제가 상대적으로 덜해 많은 사람이 대출을 통해 아파트를 구매하는 경향이 있다.

- 부동산 규제 완화: 정부가 부동산 규제를 완화하면, 특히 대출 규제와 세금을 완화하는 정책을 시행하면 투자자 진입이 쉬워진다. 이로 인해 아파트 매매가 활발해지고 가격이 오를 가능성이 커진다.

개발 호재

- 신규 개발 계획: 신도시 개발, 산업단지 조성, 교통망 확충 등 대규모 개발이 예정된 지역은 미래 가치가 높아질 가능성이 크다. 예를 들어 동탄신도시와 고덕신도시처럼 산업단지와 주거단지가 함께 개발되면 지역 경제가 활성화되고 인구가 유입되면서 아파트 가격이 오를 가능성이 크다.
- 교통 인프라 개선: 특히 GTX 노선 개통이나 주요 도로의 확장 등 교통 인프라가 개선되면 서울로의 접근성이 좋아지고 그만큼 해당 지역의 아파트 수요가 늘어나 가격이 상승한다.

광역 지자체별 아파트 평균 단가(만 원/3.3제곱미터)와 경기도 시·군별 아파트 평균 단가를 표로 만들어 비교했다. 전국 평균은 3.3제곱미터당 2,110만 원이고, 서울특별시는 2배에 가까운 4,127만 원을 기록했다. 경기도는 전국보다 약간 낮은 1,881만 원이었다. 경기도 내부에서는 과천시가 3.3제곱미터당 5,265만 원으로 서울 평균보다 높았고, 아파트 가격이 가장 낮은 연천군은 448만 원을 기록했다.

광역 지자체와 경기도 시·군의 아파트 평균 시세

순위	광역 지자체	평단가		순위	경기도 시·군	평단가
1	서울특별시	4,127		1	과천시	5,265
2	제주도	2,124		2	성남시	3,564
	전국	2,110		3	하남시	2,812
3	**경기도**	**1,881**		4	광명시	2,628
4	세종특별시	1,766		5	안양시	2,416
5	부산광역시	1,500		6	구리시	2,250
6	인천광역시	1,357		7	의왕시	2,019
7	대전광역시	1,294		8	수원시	1,933
8	대구광역시	1,179		9	용인시	1,817
9	울산광역시	961		10	부천시	1,810
10	경상남도	898		11	군포시	1,795
11	광주광역시	896		12	화성시	1,758
12	충청남도	877		13	고양시	1,698
13	충청북도	815		14	안산시	1,624
14	전북특별자치도	800		15	광주시	1,467
15	강원특별자치도	737		16	김포시	1,438
16	경상북도	704		17	시흥시	1,435
17	전라남도	674		18	남양주시	1,404
				19	의정부시	1,299
				20	파주시	1,233
				21	오산시	1,192
				22	평택시	1,158
				23	이천시	981
				24	양평군	926
				25	양주시	894
				26	안성시	812
				27	여주시	756
				28	동두천시	747
				29	포천시	742
				30	가평군	622
				31	연천군	448

떨어지는 이유

아파트 가격이 상승하는 요인이 다양한 것처럼 아파트 가격이 하락하는 요인도 다양하다. 수요 감소, 공급 증가, 정부 규제 등이 주요 요인이지만 경제 상황 불안정이 가격 하락을 불러오는 경우도 있다. 각 요인을 상세히 알아보자.

수요 감소

- 인구 감소: 서울에 대한 접근성이 떨어지거나 산업단지가 멀리 있는 경우 인구가 줄어들면서 아파트 수요도 감소한다. 그러면 자연스럽게 가격이 떨어지게 된다.

- 이전 수요 감소: 서울 접근성이 좋았던 지역일지라도 교통망이 확장되지 않거나 새로운 개발 호재가 없다면 사람들의 관심이 다른 지역으로 이동할 수 있다. 예를 들어 신규 교통망이 다른 지역에 들어서면 기존 지역의 수요가 줄어 가격이 하락할 수 있다.

공급 과잉

- 과도한 공급: 특정 지역에 새 아파트가 너무 많이 지어지면 공급이 수요보다 많아져서 가격이 하락할 수 있다. 예를 들어 평택 고덕신도시와 같은 대규모 신도시가 한꺼번에 많은 아파트를 공급하면서 일시적으로 공급이 넘치는 경우다.

- 신규 아파트 공급: 오래된 아파트가 많은 지역에 새 아파트가 대거 들어서면, 상대적으로 신규 아파트를 선호하는 경향이 있으니 기존 아파트의 가격이 하락할 가능성이 있다.

정부 규제

- 부동산 대출 규제: 정부가 대출을 엄격하게 규제하면 사람들이 대출을 받아 집을 사는 것이 어려워진다. 이는 경기도에도 동일하게 적용되며, 대출 규제가 심해지면 수요가 줄어 아파트 가격이 하락할 수 있다.
- 세금 인상: 보유세와 양도세 등의 세금이 인상되면 아파트를 보유한 사람들이 부담을 느껴 매도를 서두르게 된다. 이로 인해 매물이 많아지고, 수요보다 공급이 많아지면 아파트 가격이 하락할 수 있다.

금리 인상

- 고금리: 금리가 올라가면 대출 이자가 높아지므로, 대출을 받아 아파트를 사려는 사람들이 줄어든다. 특히 경기도는 대출에 의존하는 수요자가 많기 때문에, 금리가 올라가면 아파트를 사기 어려워져 수요가 감소하고, 이로 인해 가격이 하락할 수 있다.

경제 불안정

- 경기 침체: 경기가 침체되면 산업단지나 주요 기업들의 일자리가 줄어들고, 사람들이 아파트를 구매하려는 수요가 감소한다. 사람들이 부동산 투자에

신중해지며 결과적으로 아파트 가격이 하락할 수 있다.

- 소득 감소: 소득이 줄어들면 주거 비용의 부담이 커져서 아파트 구매 수요가 감소할 수 있다. 경기도는 중산층과 서민층이 많이 거주하니 소득 감소가 아파트 수요에 큰 영향을 미친다.

경기도 아파트 가격을 결정하는 핵심 요인들을 다시 정리해보면 다음과 같다.

- 상승 요인: 교통망 확충(특히 GTX), 인구 유입, 정부의 저금리 정책, 신규 개발 호재, 대규모 신도시 건설 등
- 하락 요인: 금리 인상, 경기 침체, 인구 감소, 대출 규제, 공급 과잉 등

경기도 아파트 가격은 다양한 요인에 영향을 받지만 특히 교통망 확충과 정부 정책이 중요한 역할을 한다. 또한 경기도 내에서 지역별로 다르게 적용되는 특성을 파악하는 것이 필요하다.

전용 면적 84제곱미터 아파트 중에서 2023년 11월 1일~2024년 10월 31일 기간에 가장 비싸게 매매된 아파트 10개를, 경기도 전체와 연천군으로 나누어 비교해보았다.

경기도 전체와 연천군의 시가 상위 10개 아파트

구분	순위	아파트명	입주 연도	위치	가격(만 원)
경기도 전체	1	과천푸르지오써밋	2020	과천시 중앙동	229,000
	2	과천위버필드	2021	과천시 원문동	220,000
	3	봇들8단지휴먼시아	2009	성남시 분당구 삼평동	220,000
	4	과천자이	2021	과천시 별양동	216,000
	5	주공8단지	1983	과천시 부림동	215,000
	6	파크뷰	2004	성남시 분당구 정자동	201,000
	7	과천센트럴파크푸르지오써밋	2020	과천시 부림동	199,000
	8	백현6단지휴먼시아	2009	성남시 분당구 백현동	197,000
	9	백현5단지휴먼시아	2009	성남시 분당구 백현동	196,000
	10	래미안에코팰리스	2007	과천시 중앙동	195,000
경기도 연천군	1	1호선전곡역제일풍경채리버파크	2024	연천군 전곡읍	38,184
	2	e편한세상연천웰스하임	2023	연천군 연천읍	31,500
	3	연천전곡코아루더클래스	2020	연천군 전곡읍	29,000
	4	석미모닝파크	2006	연천군 전곡읍 전곡리	25,000
	5	전곡예일세띠앙	2006	연천군 전곡읍 전곡리	23,000
	6	전곡석미	2002	연천군 전곡읍 전곡리	20,000
	7	로하스	2015	연천군 전곡읍 현가리	18,300
	8	명정	1995	연천군 전곡읍 전곡리	14,500
	9	조흥	1992	연천군 전곡읍 전곡리	12,500
	10	백의아느칸빌	2006	연천군 청산면 백의리	11,500

경기도 전체와 연천군의 아파트 가격 최고 순위(2023/11/01~2024/10/31, 전용면적 84m² 기준)   자료: 아실

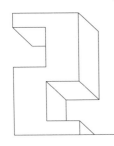

지역별 개발 프로젝트

경기도에서 신축 아파트 공급이 활발한 지역과 개발 프로젝트들은 투자자들에게 중요한 기회로 작용한다. 특히 교통망 확충과 대규모 신도시 개발이 이어지는 지역은 아파트 공급과 함께 수요가 증가하며 이에 따라 투자 가치를 높일수 있다. 지역별 신축 아파트 공급 계획과 주요 개발 프로젝트들을 구체적으로 살펴보고 그에 따른 투자 포인트를 알아보자.

경기도 남부

경기도 남부 지역은 GTX-A와 GTX-C 노선, 수도권제2순환고속도로 등 교통망이 확충되어 서울로의 접근성이 좋아지고 있으며, 대규모 신도시와 산업단지가 함께 개발되어 아파트 수요와 공급이 꾸준히 증가한다. 주요 지역은 수원, 용인, 화성, 평택, 안성이다.

경기도 남부

수원

권선구

- 신규 아파트 공급: 권선동 일대와 호매실지구에 신규 아파트 공급이 활발하다. 특히 호매실지구는 신분당선 연장 노선의 수혜로 서울 접근성이 크게 개선될 예정이다.

- 개발 호재: 신분당선 노선이 호매실을 경유할 예정이고 서수원은 교통망 확충과 함께 대규모 상업시설 개발도 예정되어 있다.
- 투자 포인트: 신분당선 개통과 함께 호매실지구 일대 아파트의 시세 상승이 기대되며 실거주와 투자 모두 매력적이다.

팔달구

- 신규 아파트 공급: 팔달구 인계동과 매교동 일대에 재건축과 재개발 프로젝트가 진행 중이다. 특히 수원역과 가까운 지역은 초역세권으로 주목받는다.
- 개발 호재: 수원역 복합환승센터가 개발 중이며 KTX, SRT(수서고속철도)와 연결되는 교통 허브로 거듭날 예정이다.
- 투자 포인트: 역세권 개발과 수원역 복합환승센터 개발로 팔달구 일대 아파트의 가치 상승이 기대된다. 특히 수원역 인근은 상업지구와 주거지가 결합된 핵심 투자처다.

영통구

- 신규 아파트 공급: 광교신도시와 영통동 일대에 신축 아파트 공급이 계속되고 있다. 특히 광교는 수원의 대표적인 고급 주거지로 자리 잡았다.
- 개발 호재: 광교 테크노밸리와 경기융합타운이 개발 중이며 이와 연계해 상업시설과 주거시설이 확장되고 있다.
- 투자 포인트: 광교신도시는 고급 주거단지로 자리 잡았고 광교 테크노밸리 같은 첨단산업단지가 함께 발전하면서 고소득 수요층이 증가하고 있다.

장안구

- 신규 아파트 공급: 정자동 일대에 재개발 사업이 진행 중이며 신규 아파트 공급이 활발히 이루어질 예정이다.
- 개발 호재: 북수원 중심의 개발 계획이 있고 특히 삼성전자와 인접한 지역에서 주거 수요가 꾸준히 발생한다.

수원시 행정구역도

자료: 수원시청

- 투자 포인트: 삼성전자와 인접한 지역은 임대 수익이 꾸준히 유지될 수 있으니 장기 투자처로 매력적이다.

용인

처인구

- 신규 아파트 공급: GTX-A 노선 영향권이고 원삼면, 이동읍 일대에 신규 아파트가 공급되고 있다. 특히 용인 반도체 클러스터와 가까운 지역이 주목받고 있다.
- 개발 호재: 용인 반도체 클러스터가 본격적으로 개발되면서 인근 지역의 인구 유입과 함께 주거 수요가 크게 증가할 예정이다.
- 투자 포인트: 첨단산업단지와 인접한 지역에서 산업 종사자들을 타깃으로 한 임대 투자가 유망하다.

기흥구

- 신규 아파트 공급: 구갈동과 기흥역 주변에 신축 아파트가 공급되고 있고, 신갈역 인근은 GTX-A 노선의 수혜로 대규모 아파트 단지가 계획되어 있다.
- 개발 호재: GTX-A 노선과 함께 경부고속도로와 인접해서 서울 접근성이 매우 우수하다. 또한 기흥 ICT 밸리와 인접한 지역에서는 첨단 산업과 주거지의 연계가 활발하다.
- 투자 포인트: GTX-A가 개통하면 서울 강남권으로 빠르게 이동할 수 있어

서울 접근성을 중요시하는 투자자에게 매력적인 지역이다.

수지구

- 신규 아파트 공급: 신분당선 연장선의 수혜를 받고, 신분당선 역 주변에서 신규 아파트 공급이 계속되고 있다.
- 개발 호재: 신분당선 연장선이 용인을 거쳐 수원까지 연결될 예정이며 신분당선 역 주변 개발이 활발히 이루어지고 있다.

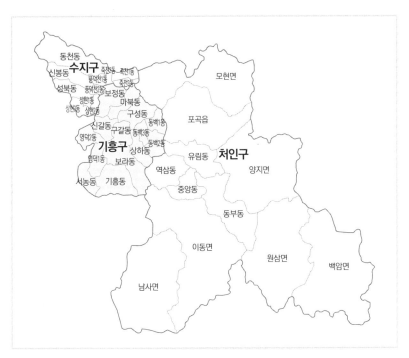

용인시 행정구역도

자료: 용인시청

- 투자 포인트: 신분당선 연장과 함께 수지구의 서울 접근성이 더욱 개선될 예정이니 역세권 아파트의 가치 상승이 기대된다.

화성

- 동탄2신도시: 경기도에서 가장 주목받는 신도시 중 하나다. GTX-A 노선과 SRT 동탄역을 통해 서울 접근성이 대폭 개선된다. 상업, 교육, 주거 인프라가 완벽히 갖춰져 있으며 향후 추가 신축 아파트 공급이 예정되어 안정적인 투자처로 평가된다.
- 화성 송산그린시티: 송산그린시티는 신도시 개발이 진행 중인 지역으로서 서해안고속도로와 인접했고, 송산포구를 중심으로 상업지구와 주거지구가 함께 개발되고 있다. 아직 개발 초기 단계지만 장기적인 투자 가치가 크다.
- 투자 포인트: 동탄2신도시는 교통, 교육, 상업 인프라가 완벽해서 서울로의 출퇴근 인구가 꾸준히 유입되고 있고 향후 공급 물량도 많아 중장기 투자에 적합하다. 송산그린시티는 개발 초기이므로 저가에 매입하면 장기적인 시세 차익을 기대할 수 있다.

평택

- 고덕국제신도시: 삼성전자 반도체 공장이 인접한 고덕국제신도시는 대규모 산업단지와 주거지 개발이 동시에 이루어지고 있다. 특히 GTX-A 노선과

화성 송산그린시티
자료: 네이버 지도

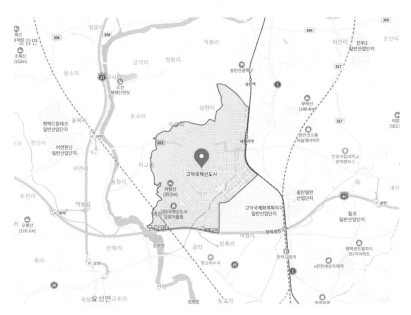

평택 고덕국제신도시
자료: 네이버 지도

SRT가 지나가 서울 접근성이 크게 향상되었다. 또한 평택항과 인접해서 물류 산업도 활발하다.

- 포승지구: 대규모 물류단지와 산업단지가 개발 중이며, 서해선 복선전철이 개통되어 서울 접근성이 더욱 좋아졌다.
- 투자 포인트: 고덕국제신도시는 삼성전자 등 대기업의 주거 수요가 꾸준하며 교통망 확충과 함께 신축 아파트 공급이 활발해 장기적 가치 상승이 기대된다. 평택항과 포승지구는 물류 허브로 발전할 가능성이 커서 중장기 투자 가치가 높다.

안성

- 신규 아파트 공급: 안성은 상대적으로 신규 아파트 공급이 적었지만 공도지구와 안성시청 인근에서 대규모 주거단지가 계획 중이다.
- 개발 호재: 서울-세종고속도로가 개통하면 서울 접근성이 크게 향상된다.
- 투자 포인트: 교통망 확충에 따른 미래 가치 상승을 기대할 수 있으니 장기적 관점의 투자가 유망하다.

경기도 북부

　의정부, 양주, 남양주, 구리, 파주, 고양을 주요 지역으로 하는 경기도 북부는 서울 접근성을 크게 개선할 교통망 확충과 신도시 개발이 진행 중이며, 다양한 신규 아파트 공급이 활발히 이루어지고 있다. 각 지역의 신규 아파트 공급 계획과 개발 호재, 투자 포인트를

경기도 북부

살펴보자. 고양시는 구별로 살펴보겠다.

의정부

- 신규 아파트 공급: 재개발과 재건축 프로젝트가 활발히 진행되고 특히 의정부역과 인접한 지역에서 주거지 개발이 이루어지고 있다. 역세권을 중심으로 신축 아파트 단지가 계속 공급될 예정이다.
- 개발 호재: GTX-C 노선이 의정부를 경유할 예정이어서 서울 접근성이 크게 향상될 전망이다. 또한 의정부경전철과 지하철 7호선 연장선이 연결되어 교통망이 더욱 강화될 것이다. 개발이 진행 중인 의정부 복합문화융합단지는 의정부의 주거와 상업 활성화에 크게 기여할 것으로 보인다.
- 투자 포인트: GTX-C 개통과 7호선 연장이 완료되면 의정부는 서울로의 출퇴근 시간이 크게 줄어들어 실거주 수요가 증가할 것이다. 역세권 개발과 함께 재개발 지역에 대한 장기 투자도 유망하다.

양주

- 신규 아파트 공급: 양주신도시는 현재 대규모 신규 아파트 공급이 이루어지는 대표적인 신도시 중 하나다. 회천지구는 GTX-C 노선이 개통하면 서울과의 교통망이 크게 개선된다.
- 개발 호재: GTX-C 노선이 양주시를 경유할 예정이며 서울 접근성이 크게

향상될 전망이다. 또한 이미 조성된 7개 산업단지 외에 4개 산업단지 개발이 예정되어 일자리 증가와 인구 유입이 기대된다.

- 투자 포인트: 양주신도시는 신도시 개발이 완료되면 인구 유입이 크게 증가할 것으로 예상되고, GTX-C 노선 개통 이후 출퇴근이 용이한 신도시로 자리 잡을 것이다. 중장기적 시세 상승이 기대되는 지역이다.

남양주

- 신규 아파트 공급: 남양주 왕숙신도시는 3기 신도시 중 하나로서 대규모 아파트 단지가 공급될 예정이다.
- 개발 호재: GTX-B 노선이 남양주를 통과할 예정이고 춘천속초선도 진행되고 있어서 서울 동북부 접근성이 대폭 개선될 것이다. 또한 왕숙신도시는 자족 기능을 갖춘 신도시로 개발될 예정이다.
- 투자 포인트: 왕숙신도시와 진접지구는 교통망 개선과 함께 서울 접근성이 뛰어나 중장기적으로 시세 상승이 기대된다. 특히 GTX-B 노선 개통 후 실거주 수요가 크게 증가할 것으로 예상된다.

구리

- 신규 아파트 공급: 갈매지구를 중심으로 신축 아파트가 공급되고, 8호선 역세권을 포함한 지역에서 신규 분양이 활발하게 이루어지고 있다.

- 개발 호재: GTX-B 노선이 구리를 통과할 예정이니 서울 접근성이 더욱 개선될 것이다. 또한 지하철 8호선 연장선이 구리로 연결되어 서울 동부권으로의 출퇴근이 더 용이해졌다.
- 투자 포인트: 갈매지구와 같은 역세권은 교통망 확충에 따른 시세 상승이 기대되며, GTX-B 노선 개통 후 서울 접근성이 크게 향상되므로 장기 투자처로 유망하다.

파주

- 신규 아파트 공급: 운정신도시는 GTX-A 노선이 지나가는 대규모 신도시이며 신규 아파트가 계속 공급되고 있다. 운정3지구도 신규 아파트 공급이 활발하다.
- 개발 호재: GTX-A 노선이 파주를 경유해 서울 접근성이 크게 향상될 예정이다. 또한 파주출판도시와 LCD 산업단지가 함께 발전하고 있어 일자리 증가와 인구 유입이 예상된다.
- 투자 포인트: 운정신도시는 GTX-A 개통 후 서울로의 출퇴근 시간이 크게 단축되며 서울 대체 주거지로서의 가치가 더욱 높아질 것이다. 운정신도시 같은 경우는 중장기적인 시세 상승이 기대된다.

고양

일산동구

- 신규 아파트 공급: 마두동 일대를 중심으로 노후계획도시 재건축이 진행 중이고, 장항공공주택지구 공급이 활발하다.
- 개발 호재: GTX-A 노선이 통과할 예정이니 서울과의 교통망 개선이 이루어질 것이다.
- 투자 포인트: 킨텍스 역세권 중심으로 다양한 개발을 통해 시세 상승이 예상되며 GTX-A 개통으로 인한 출퇴근 수요가 크게 증가할 것이다.

일산서구

- 신규 아파트 공급: 일산동과 주엽동 일대에서 재건축 프로젝트가 진행되고 있고 신규 아파트 단지가 공급될 예정이다.
- 개발 호재: 일산테크노밸리 개발과 함께 지하철 3호선이 파주시까지 연장될 계획이다.
- 투자 포인트: 서울 접근성이 크게 개선되며 실거주와 투자 가치가 높아질 지역이다.

덕양구

- 신규 아파트 공급: 삼송지구와 지축지구에 신규 아파트가 개발되어 있다. 특히 삼송역과 인접한 지역에 창릉신도시가 대규모로 개발되고 있다.

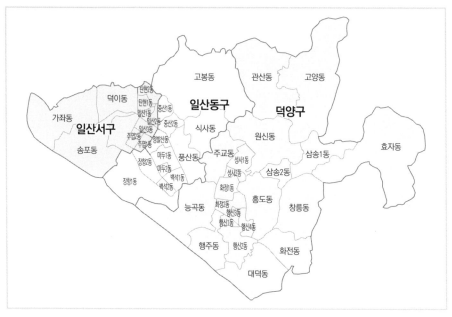

고양시 행정구역

자료: 고양시청

- 개발 호재: 창릉신도시는 입주와 동시에 GTX-A 노선의 수혜를 입을 예정이다.
- 투자 포인트: 삼송역 인근은 서울 접근성이 매우 뛰어나며 연신내역 GTX-A 개통 후 주거 수요가 크게 증가할 것으로 예상되는 핵심 투자처다.

투자 포인트

경기도 북부는 GTX-A, B, C 노선과 같은 교통망 확충이 가장 큰 호재로 작용한다. 각 지역의 신도시 개발과 역세권 재개발이 활발히 이루어지며 서울 접근성이 개선되면 주거 수요와 투자 가치가 크게 증가할 것으로 기대된다.

- 의정부, 양주, 남양주는 GTX 개통에 따른 중장기적 시세 상승이 기대되고 실거주 수요가 꾸준히 발생할 것이다.
- 구리와 파주는 역세권 개발과 교통망 확충을 통해 서울 접근성이 더욱 개선되며 장기적 투자처로 주목할 만하다.
- 고양은 구별 개발 호재에 맞춰 투자할 가치가 있는 지역이 많고 특히 삼송지구와 일산은 교통 호재로 인한 시세 상승 가능성이 크다.

경기도 동부

경기도 동부에 있는 성남, 하남, 광주는 서울과 가까워 교통망 발달과 함께 신규 주택 공급이 활발히 이루어지고, 첨단 산업과 신도시 개발 등 개발 호재가 다양하다. 성남을 구별로 나누어 살펴보고, 하남과 광주의 신규 아파트 공급 계획과 개발 호재, 투자 포인트를 정리해보자.

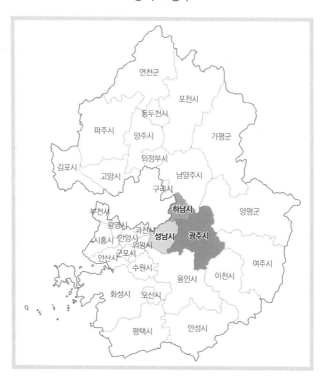

성남

분당구

• 신규 아파트 공급: 재건축과 리모델링 사업이 활발하게 진행되고 특히 서현동, 정자동, 수내동 일대에 신규 아파트 공급이 이루어지고 있다.

• 개발 호재: GTX-A 노선이 수서역과 연계되어 서울 접근성이 더욱 개선될

예정이다. 또한 분당 테크노파크와 판교 테크노밸리가 인접하여 IT 산업 중심의 주거 수요가 꾸준히 발생하고 있다.

- 투자 포인트: 판교 테크노밸리의 확장으로 분당구 일대의 주거 수요가 더욱 증가할 전망이다. 특히 재건축 아파트는 개발 완료 후 시세 상승이 기대된다.

수정구

- 신규 아파트 공급: 위례신도시 일대를 중심으로 신규 아파트 공급이 계속되고 고등지구에도 신축 아파트가 공급될 예정이다.
- 개발 호재: 위례신사선과 위례트램이 개통하면 서울 접근성이 더욱 개선된다. 또한 위례신도시는 서울과 성남을 잇는 자족형 신도시로서 상업과 주거 시설이 함께 발달하고 있다.
- 투자 포인트: 위례신도시는 교통망이 개선되면 주거 수요가 꾸준히 증가할 지역이다. 특히 신사선 개통 이후 시세 상승이 예상되는 위례신도시 내 역세권 아파트가 매력적인 투자처로 평가된다.

중원구

- 신규 아파트 공급: 재개발과 재건축이 활발히 진행되고 특히 모란역 인근에서 신규 아파트가 공급된다.
- 개발 호재: 모란역과 분당선이 교차하는 역세권이며 인근에서 주거와 상업 시설 개발이 활발하다.
- 투자 포인트: 모란역 인근은 역세권으로서 가치가 높고 재개발·재건축 아파

성남시 행정구역   자료: 성남시청

트가 많아서 향후 시세 상승 가능성이 크니 장기 투자 관점에서 유망하다.

하남

- 신규 아파트 공급: 미사강변도시와 감일지구 이외에 하남 교산신도시 등 신
규 아파트 공급이 계속된다. 특히 미사강변도시는 서울과의 교통 편리성을 갖
추어 인기가 높다.

- 개발 호재: 지하철 5호선 연장선이 개통하면서 서울 접근성이 크게 개선되었다. 3호선 연장선, GTX-D 노선이 개통하면 서울 강남으로의 출퇴근 시간이 더욱 단축된다. 감일지구는 대규모 상업시설과 주거단지가 함께 개발 중이며, 미사강변도시는 한강을 끼고 있어 쾌적한 주거 환경과 함께 교통망 확충의 혜택을 누린다.
- 투자 포인트: 미사강변도시는 이미 주거지로서의 안정성을 확보했고 3호선 연장선과 GTX-D가 개통하면 서울 접근성이 더 좋아지므로 중장기 투자 가치가 높다. 감일지구는 상업시설이 완공되면 생활 인프라가 더욱 강화되어 미래 가치가 높아질 것이다.

광주

- 신규 아파트 공급: 역세권 개발과 함께 오포읍, 곤지암읍을 중심으로 신규 아파트 공급이 진행되고 있다. 특히 태전지구와 경안2지구 등에 주거단지가 새롭게 조성되고 있다.
- 개발 호재: 경강선이 통과하고, 경기 동부권과 서울 강남권을 연결하는 교통망 개선이 이루어지고 있다. 또한 태전지구와 경안지구는 신도시 개발을 통해 주거 환경이 크게 개선될 예정이다. 추가 고속도로 같은 도로망 확충이 예정되어 서울 접근성이 더욱 개선될 것이다.
- 투자 포인트: 경강선 연계로 서울 접근성이 강화될 예정이며, 태전지구와 경안2지구 같은 신규 개발 지구는 중장기적인 시세 상승이 기대된다. 특히 역

세권 개발 지역의 투자 기회가 많다.

투자 포인트

- 성남시는 구별로 재개발과 재건축이 활발히 이루어지고 있고 위례신도시와 판교 테크노밸리 같은 신도시 개발과 첨단산업단지가 투자 포인트다.
- 하남시는 미사강변도시와 감일지구 중심으로 GTX-D 개통과 함께 서울 접근성이 더욱 개선될 예정이며 중장기 투자 가치가 높다.
- 광주시는 경강선과 고속도로 등 교통망 확충이 이루어지고 있고 태전지구와 같은 신도시 개발을 중심으로 중장기적인 성장 가능성이 크다.

경기도 서부

경기도 서부의 주요 지역은 부천, 시흥, 안산, 안양, 광명이다. 이들 지역의 신규 아파트 공급 계획과 개발 호재를 정리하고, 각 지역의 신규 아파트 공급과 교통망 확충, 재개발·재건축 등 주요 개발 계획을 중심으로 투자 포인트를 살펴보자.

경기도 서부

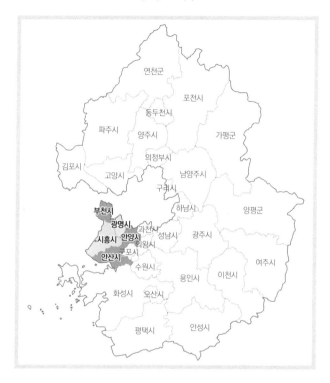

부천

원미구

- 신규 아파트 공급: 주로 재건축과 재개발이 진행 중이고, 상동과 중동 일대에서 신규 아파트 단지가 계획되어 있다.
- 개발 호재: GTX-B 노선이 부천을 경유할 예정이니 서울 접근성이 크게 향

상될 것이다. 또한 중동신도시의 재건축 프로젝트가 활발히 진행 중이다.

- 투자 포인트: GTX-B 노선이 개통하면 서울로의 출퇴근이 용이해지고 역세권 아파트의 가치는 크게 상승할 것이다. 재개발·재건축이 진행되는 지역에 장기적으로 투자할 가치가 있다.

소사구

- 신규 아파트 공급: 소사역을 중심으로 재개발과 재건축이 진행 중이고 소사역세권 일대에 신규 아파트 단지가 공급될 예정이다.
- 개발 호재: 서해선이 소사역을 경유하며 지하철 1호선 연장선도 개통될 예정이니 서울과의 연결성이 강화될 것이다.
- 투자 포인트: 소사역 인근의 역세권 개발이 진행되고 있으니 교통 호재를 활용한 주거지 투자가 유망하다. 서해선과 지하철 1호선 연장으로 서울 접근성이 크게 개선될 것이다.

오정구

- 신규 아파트 공급: 산업단지와 인접하고 재개발과 재건축을 통한 신규 주택 공급이 예정되어 있다.
- 개발 호재: 서해선과 경인고속도로가 지나며 상업시설과 주거시설이 활발하게 개발되고 있다.
- 투자 포인트: 산업단지와 인접한 오정구는 임대 수익을 노리는 투자자에게 유리한 지역이다. 교통망 확충과 함께 주거지 개발이 이루어져 장기적인 시

부천시 행정구역   자료: 부천시청

세 상승이 기대된다.

안양

만안구

- 신규 아파트 공급: 안양1번가와 안양역 인근에서 재건축과 재개발이 진행

  중이며, 신규 아파트 공급이 예정되어 있다.

- 개발 호재: 안양역세권지구 개발이 진행되면 상업과 주거가 결합된 복합단

안양시 행정구역도

지가 조성될 예정이다.

- 투자 포인트: 안양역세권은 서울 접근성이 매우 뛰어나고, 복합환승센터 개발이 완료되면 상업지구와 주거지가 결합된 지역으로 투자 가치가 높다.

동안구

- 신규 아파트 공급: 평촌신도시와 인덕원역 인근에서 재건축이 활발하게 이루어지고 있고 신규 아파트 단지가 공급될 예정이다.

- 개발 호재: GTX-C 노선이 인덕원역을 경유할 예정이니 서울 접근성이 더욱 개선될 것이다. 또한 평촌신도시 재건축이 진행 중이다.
- 투자 포인트: 인덕원역에 GTX-C 노선 개통 후 서울 접근성이 더욱 개선되면 평촌신도시와 인근 지역의 재건축 아파트가 중장기적으로 큰 투자 가치를 지닐 것이다.

시흥

- 신규 아파트 공급: 배곧신도시와 목감지구를 중심으로 신규 아파트가 계속 공급되고, 시화MTV 등 다양한 주거단지가 형성되고 있다.
- 개발 호재: 서해선과 신안산선이 시흥을 통과할 예정이어서 서울과 인근 지역과의 교통 접근성이 크게 개선될 것이다. 시화MTV와 배곧신도시는 자족형 신도시로서 다양한 상업시설과 주거시설이 함께 개발 중이다.
- 투자 포인트: 배곧신도시는 첨단산업단지와 함께 개발되며 서울로의 교통망이 개선되어 중장기적으로 시세 상승이 예상된다. 목감지구 역시 서해선 개통 이후 서울 접근성이 크게 개선되었으므로 실거주와 투자 모두 유망하다.

안산

- 신규 아파트 공급: 반월시화 산업단지와 인접한 지역에서 신규 아파트 공급이 진행 중이다. 특히 고잔동 일대에서 대규모 아파트 정비사업이 진행될 예

정이다.

- 개발 호재: 신안산선이 안산을 경유해 서울 여의도로 연결되면 서울 접근성이 크게 개선될 예정이다. 또한 반월시화 산업단지와 함께 첨단산업단지가 계속 확장되고 있어 인구 유입이 예상된다.
- 투자 포인트: 신안산선 개통 후 서울 접근성이 개선될 안산 고잔동 같은 지역은 장기적인 시세 상승이 기대된다. 반월시화 산업단지와 인접한 주거지는 임대 수익이 기대되는 투자처다.

광명

- 신규 아파트 공급: 광명뉴타운을 중심으로 재개발과 신규 아파트 공급이 활발하게 진행되고, 특히 광명역세권 일대에 신규 일자리가 계속 공급되고 있다.
- 개발 호재: 광명시는 월곶판교선과 신안산선의 수혜로 서울과의 교통망이 크게 개선될 예정이다. 또한 광명역은 KTX가 정차하는 중요한 교통 허브로 자리 잡았다.
- 투자 포인트: 광명뉴타운은 재개발이 완료되면 서울과 인접한 핵심 주거지로 자리 잡을 예정이며, 월곶판교선 개통 이후 서울 접근성이 더 개선될 것이다. 광명역세권은 교통과 상업시설이 함께 개발 중이므로 장기적 시세 상승이 기대된다.

투자 포인트

- 경기도 서부 지역은 서울로의 접근성을 강화하는 교통망 확충과 함께 신규 아파트 공급이 활발히 이루어지고 있다. 특히 월곶판교선과 신안산선 같은 주요 교통 호재가 해당 지역들의 주거 가치를 높이는 핵심 요소다.
- 부천과 안양은 재개발과 재건축이 진행 중이며, 월곶판교선 개통으로 서울 접근성이 더욱 개선될 예정이다.
- 시흥과 안산은 서해선과 신안산선 개통으로 중장기적 시세 상승이 기대되며 자족형 신도시 개발이 활발하다.
- 광명은 광명뉴타운 개발과 신안산선의 수혜로 장기적인 투자 가치가 높다. 광명역세권과 뉴타운 재개발 지역은 핵심 투자처로 주목받고 있다.

경기도 부동산의 차별점

경기도는 서울, 인천, 지방과는 다른 고유한 부동산 투자 전략과 장점을 가지고 있다. 서울과의 지리적 인접성과 교통망 확충, 신도시 개발을 통해 독립적인 경제권을 형성하면서도, 여전히 서울과 밀접하게 연결된 주거지라는 장점이 있다. 서울·인천·지방과 차별화된 경기도 부동산의 투자 장점을 정리해보면 다음과 같다.

서울과의 차별점

상대적으로 저렴한 주택 가격

서울에 비해 경기도의 주택 가격이 상대적으로 저렴하고 신축 아파트 공급이 활발해서 서울의 고가 아파트 부담을 덜어줄 대안으로 자리 잡았다. 특히 신도시 개발 지역과 역세권 아파트는 서울 접근성을 유지하면서도 가격 경쟁력이 있는 투자처로 주목받는다.

교통망 확충을 통한 서울 접근성 강화

GTX 노선(A, B, C)과 신안산선, 서해선 등의 광역 교통망이 경기도 전역에 걸쳐 확장되면서 서울로의 출퇴근 시간이 크게 단축되고 있다. 특히 GTX 개통 지역은 서울 대체 주거지로 자리매김하면서 서울 도심과 경기도를 연결하는 고속 교통망이 형성되고 있다.

이러한 교통망 확충은 출퇴근 수요가 높은 실거주자와 임대 수요에 기반한 장기적 투자에 유리한 요소로 작용한다.

자족형 신도시와 첨단산업단지

경기도는 단순히 서울 배후 주거지라는 역할을 넘어서 자족형 신도시를 중심으로 한 경제 허브로 성장하고 있다. 판교 테크노밸리, 광교 테크노밸리, 평택 고덕신도시, 용인 반도체 클러스터 등은 첨단산업단지와 주거지가 결합된 미래형 도시로 고소득 전문직 종사자들이 늘어나는 핵심 투자처다. 이러한 첨단산업단지와 주거지가 결합된 지역은 임대 수요와 시세 상승 가능성이 매우 높아서 중장기적 투자 가치가 크다고 평가된다.

재건축·재개발의 투자 기회

경기도는 서울에 비해 재개발과 재건축 투자의 기회가 넓게 열려 있다. 분당과 같은 1기 신도시는 현재 재건축 대상이 되어 향후 개발 이익이 기대되며, 부천과 안양 등 도시 재개발이 활발한 지역도 재건축 아파트에 투자할 기회가 많다. 재개발 지역은 장기적 시세 상승이 가능하므로 미리 선점하는 전략이 매우 중요하다.

인천·지방과의 차별점

서울 접근성을 유지한 독립적 경제권

인천은 인천국제공항과 항만이 있어 국제 교류 중심으로 특화되었지만 서울 접근성 면에서는 경기도보다 다소 불리하다. 반면에 경기도는 서울과 지리적으로 가깝고 GTX, 지하철, 고속도로 등 교통망이 촘촘히 연결되어 서울로 출퇴근하기 쉬운 지역이 많다. 경기도는 서울과 밀접한 관계를 유지하면서도 독립적인 산업단지와 자족형 신도시가 발달해 경제적 독립성을 점차 강화하고 있다.

다양한 주거 유형과 신축 아파트 공급

지방은 특정 지역의 부동산 경기에 따라 투자 기회가 제한될 수 있지만 경기도는 남부, 북부, 동부, 서부 등 다양한 지역에서 신도시 개발과 신축 아파트 공급이 활발하게 이루어지고 있다. 이는 저가 주택부터 고급 주거지까지 다양한 주거 형태를 제공하여 투자자가 선택할 폭을 넓혀준다. 그리고 지방은 대규모 아파트 공급이 한정적이지만 경기도는 신도시마다 대규모 주거단지가 형성되어 임대 수익을 노리는 투자자에게도 매력적이다.

인프라와 교통망 확충의 지속적 성장성

인천은 특정 지역에서 공항과 항만 중심의 산업이 발달했지만, 경기도는 첨단 산업과 주거지 개발이 균형 있게 이루어지고 있다. 특히 첨단산업단지와 교통망이 꾸준히 확장되고 있어 미래 성장 가능성이 매우 크다. 지방에서는 교통 인프라 확충이 제한적일 수 있지만, 경기도는 서울로의 연결성을 강화하기 위한 광역 교통망이 꾸준히 확장되어 지속적인 성장이 기대된다.

경기도의 재건축·재개발

경기도 내 재건축과 재개발 이슈는 최근 노후계획도시 정비 및 지원에 관한 특별법(이하 노후계획도시특별법)을 중심으로 급격히 변화하고 있다. 특히 선도지구 지정을 통해 재건축·재개발을 가속화하려는 움직임이 경기도 전역에서 활발히 진행되며 1기 신도시의 정비사업이 큰 기대를 모으고 있다. 이러한 정책 변화는 경기도 아파트시장에서 새로운 투자 기회를 창출하고 있다.

노후계획도시특별법은 20년 이상 된 노후 신도시를 체계적으로 재정비하고 주거 환경을 개선하기 위한 법안이다. 경기도의 1기 신도시들이 대상이며, 주요 목적은 노후화된 지역을 재개발·재건축하

1기 신도시

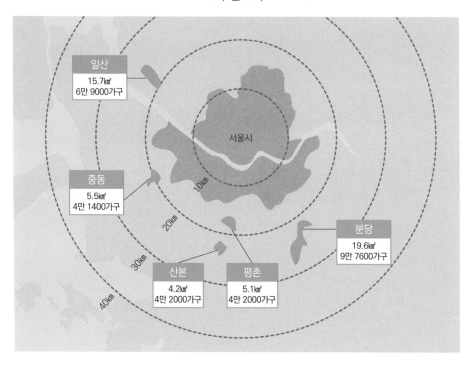

자료: 국토해양부, 한국토지주택공사

여 주거 환경을 개선하고 신도시의 새로운 역할을 부여하는 것이다.

1기 신도시는 1990년대 초반에 계획되고 개발된 분당, 일산, 평촌, 산본, 중동 등 5개 신도시를 말한다. 당시 인구 과밀을 해소하고 주거 문제를 해결하기 위해 대규모로 계획되었지만 현재는 주택과 인프라가 노후화되고 인구 고령화 문제가 대두되고 있다.

1기 신도시는 주거 환경이 크게 개선되지 않았고, 건설 당시 사용된 기술과 자재의 한계로 아파트 노후화가 심각한 수준에 이르렀다. 또한 도로와 상하수도 등 기반시설 역시 오래되어 종합적인 재정비가 시급하다.

2023년 9월, 정부는 1기 신도시 재개발의 일환으로 선도지구를 지정하기 시작했다. 선도지구는 노후된 1기 신도시 지역에서 재건축·재개발 사업을 먼저 시작할 수 있는 지역을 뜻하며, 이곳에는 재건축 안전진단 완화, 용적률 상향, 층수 규제 완화 등의 혜택이 주어진다. 선도지구로 지정되면 개발 속도가 빨라지고 투자 가치는 매우 높아질 것으로 예상된다.

1기 신도시 선도지구 선정 기준

	합계	분당	일산	평촌	중동	산본
선정 기준물량(a)	2.6만호	8천호	6천호	4천호	4천호	4천호
공모 대상 구역 수	162개소	67개소	47개소	19개소	16개소	13개소
접수 구역 수 (세대수, b)	99개소 (15.3만호)	47개소 (5.9만호)	22개소 (3.0만호)	9개소 (1.8만호)	12개소 (2.6만호)	9개소 (2.0만호)
기준물량 대비 신청 규모(b/a)	5.9	7.4	5.0	4.4	6.6	4.9

국토부 제시 표준 평가기준(5.22 발표)	신도시별 주요 평가기준(6.25 발표)
(신청자격) 구역 전체 50% 이상 동의 & 단지별 50% 이상 동의 (주민동의율) 95% 이상 60점(만점) (세대당 주차대수) 0.3대 미만 10점 (도시기능 활성화) 필요시 구성 10점 (규모) 3천 세대 이상 10점 (가점) 필요시 구성	(분당) 신청자격 추가(상가소유자 20% 이상 동의), 평가항목 세분화(소방활동 불편성, PC공법, 건축계획, 공공기여, 장수명주택 등 배점 구성) 신탁, 공공시행방식 등 가점 (중동) 주민동의 90% 이상 시 70점(만점) (산본) 공공시행방식 가점 * 일산, 평촌은 표준 평가기준과 동일

노후계획도시형 특별정비계획 패스트 트랙 절차(안)

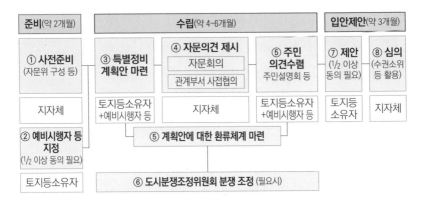

1기 신도시 정비 선도지구 선정 결과

	지역기준물량(+α)	선정 결과	선정 구역	세대 수
분당	8,000가구 (1.2만 가구 이내)	3개 구역 1만 948가구	샛별마을 동성, 라이프, 우방, 삼부, 현대	2,843
			양지마을1단지 금호, 양지마을2단지 청구, 양지마을3·5단지 금호한양, 양지마을5단지 한양, 양지마을6단지 금호청구, 양지마을6단지 한양	4,392
			시범단지 우성, 시범단지 현대, 장안타운건영3차	3,713
일산	6,000가구 (9,000가구 이내)	3개 구역 8,912가구	백송마을 1, 2, 3, 5단지	2,732
			후곡마을 3, 4, 10, 15단지	2,564
			강촌마을 3, 5, 7, 8단지	3,616
평촌	4,000가구 (6,000가구 이내)	3개 구역 5,460가구	꿈마을 금호, 한신, 라이프, 현대	1,750
			샘마을 임광, 우방, 쌍용, 대우·한양	2,334
			꿈마을 우성, 건영5, 동아·건영3	1,376
중동	4,000가구 (6,000가구 이내)	2개 구역 5,957가구	삼익, 동아·선경·건영	3,570
			대우동부, 효성쌍용, 주공1단지, 주공2단지	2,387
산본	4,000가구 (6,000가구 이내)	2개 구역 4,620가구	자이백합, 삼성장미, 산본주공11	2,758
			한양백두, 동성백두, 극동백두	1,862
합계	2.6만 가구 (3.9만 가구 이내)	선도지구 총 13개 구역 3만 5,897가구		

자료: 국토교통부

경기도 정비사업

1기 신도시를 포함해 경기도의 여러 노후 지역에서 재개발과 재건축 정비사업이 활발히 진행되고 있다. 특히 선도지구 지정과 노후계획도시특별법이 시행되면서 재개발·재건축 추진 속도가 빨라질 것으로 보이며 그에 따른 투자 기회가 크게 증가할 것이다.

분당신도시

분당은 경기도의 대표적인 1기 신도시로 현재 노후된 아파트 단지가 많다. 성남시 정자동, 서현동, 이매동 일대는 재건축 사업이 활발히 추진 중이며, 노후계획도시특별법이 적용되면 용적률 상향 등으로 인해 주거 공급이 크게 늘어날 것으로 보인다. 특히 선도지구로 선정된 샛별마을과 양지마을 등에 주목할 필요가 있다.

분당은 강남 접근성이 뛰어나며 재건축·재개발 사업이 본격화되면 신축 아파트 수요가 크게 증가할 것으로 예상된다. 초기 단계에서 선도지구로 지정된 곳을 노리는 투자가 효과적일 것이다.

일산신도시

일산은 1기 신도시 중에서도 규모가 크고 노후 아파트 비율이 매우 높다. 고양시 마두동, 일산동 일대는 현재 재건축 추진 중이며, GTX-A 노선 개통과 함께 서울 접근성이 대폭 개선될 예정이다. 또한 킨텍스 일대는 개발 호재와 맞물려 신축 아파트 수요가 크게 증가할 것으로 보인다. 교통 인프라가 개선되면 신도시 재개발 수요가 더욱 커질 것이다. 마두동과 일산동 같은 재건축 추진 지역에 선도적으로 투자할 것을 추천한다.

평촌신도시

평촌은 주로 주공아파트 중심의 노후 아파트 단지가 많고 이미 많은 단지에서 재건축 추진을 위한 협의가 진행 중이다. 재건축 후 주거 환경이 개선될 가능성이 높아 투자 가치가 클 것으로 기대된다. 서울 접근성이 좋고, 재건축이 이루어지면 신축 아파트 수요가 크게 증가할 테니 조기 재건축 단지에 투자하면 상당한 시세 차익을 기대할 수 있다.

중동신도시

중동은 부천에 위치한 1기 신도시로 현재 재건축 추진 단지들이 활발히 활동 중이다. 중동신도시는 GTX-B 노선이 통과할 예정이라서 교통 여건이 크게 개선되며 신축 아파트 수요가 증가할 전망이다. 따라서 재건축 사업과 맞물려 중장기적으로 큰 투자 가치를 지니니 신축 아파트 공급 전 초기 투자 전략이 유효할 것이다.

산본신도시

산본은 주공아파트 같은 대규모 단지가 재건축 대상으로 거론되고 있으며 일부는 선도지구로 지정되었다. 서울과 비교적 가까워 재개발·재건축 후 주거 선호도가 높아질 가능성이 있다. 상대적으로 저평가된 지역이어서 재건축 사업이 가속화되면 투자 가치가 높아질 것이다. 현재 재건축을 추진하는 단지에 투자 기회가 크다.

정비사업 투자 전략

선도지구 지정 지역에 대한 선제적 투자

선도지구로 지정된 지역은 다른 지역보다 빠르게 재건축·재개발이 추진되며 그에 따른 용적률 상향과 주택 공급 증가가 기대된다. 따라서 분당, 일산, 평촌 등에서 선도지구로 지정된 지역에 선제적으로 투자하는 것이 좋다. 초기 단계에 투자하면 큰 시세 차익을 기대할 수 있다.

재건축 안전진단 및 규제 완화 지역 주목

재건축 안전진단이 완화되면 많은 단지의 재건축 가능성이 높아진다. 경기도에서는 1기 신도시뿐만 아니라 의정부와 성남 구도심 등지에도 재건축 가능 단지가 많다. 이러한 단지들에 대한 투자는 향후 아파트 가격 상승에 중요한 기회가 될 수 있다.

용적률 상향과 개발 이익 극대화

노후계획도시특별법과 1기 신도시 재개발 정책에 따르면 용적률이 상향되어 재건축 단지의 개발 이익이 크게 증가할 가능성이 있다. 이로 인해 초기 재건축 추진 단계에서 투자 기회를 잡을 수 있고 재건축 후 아파트 가치 상승을 기대할 수 있다.

경기도 재건축 투자

경기도의 1기 신도시 재건축과 노후계획도시특별법은 경기도 전역에서 아파트 공급을 확대하고 주거 환경을 개선하는 중요한 정책이다. 특히 선도지구로 지정된 지역은 재건축 사업이 빠르게 진행될 가능성이 크며, 투자자들은 이러한 기회를 활용해 장기적인 수익을 기대할 수 있다.

1기 신도시 외에 고양시 덕양구 화정지구, 수원시 영통구 영통지구, 의정부 금오지구 같은 노후 지역의 재건축 투자 기회도 적극적

노후계획도시특별법 적용 대상 지역

노후계획도시 특별법 적용 대상 지역
51곳→108곳 확대

● 단일 100만m2 이상
● 단일 80만~100만m2
● 2개 이상 연접·인접 100만m2 이상

경기 (30곳)
● 고양일산 성남분당 부천중동
  안양평촌 군포산본 수원영통
  부천상동 광명하안 고양화정
  광명철산 의정부금오
  고양능곡 안양포일
  안산반월국가산단(배후지)
● 수원매탄1 수원정자 수원천천2
  용인수지 용인수지2 평택안중
  하남신장 고양중산 의정부송산
  오산운암 고양행신
● 구리 교문 토평 인창일대
  수원 권선 매탄일대
  용인 기흥일대
  평택 비전 합정일대
  평택 송탄일대

서울 (9곳)
● 개포 목동 고덕 상계
  중계 중계2 수서 신내
● 가양

강원 (5곳)
● 원주구곡 원주단관 강릉교동2
● 원주단계
● 춘천 퇴계 후평 석사일대

경상 (25곳)
● 부산해운대1,2 부산화명2
  대구칠곡 대구성서 대구칠곡3
  울산화봉 김해장유 김해내외
  김해북부 창원국가산단(배후지)
● 대구상인 대구대곡 대구동서변
  대구월배 대구시지 양산서창
● 부산 만덕 화명 금곡일대
  울산 태화 삼호 옥동일대
  부산 다대일대
  부산 개금 학장 주례
  대구 범물 지산 안심일대
  대구 용산 월성 송현일대
  구미 옥계 구평일대
  경산 사동 옥산 백천 임당일대
  김해 내동 구산

인천 (5곳)
● 인천구월 인천연수 인천계산
● 인천 만수일대
  인천 부평일대

충청 (15곳)
● 대전노은 대전둔산 대전둔산2
  대전송촌 청주용암 청주용암2
  오창과학일반산단(배후지)
● 대전중리 청주하복대 청주분평
● 청주 가경 복대 산남일대
  대전 관저 원내일대
  천안 쌍용 백석 청주 봉명 운천일대
  충주 금릉일대

전라 (16곳)
● 광주상무1 광주하남 광주문흥
  광주일곡 광주풍암 전주아중
  목포하당 여수문수여서
● 익산영등2 전주서신2
  대불국가산단(배후지)
● 전주 서신 서곡 일대
  군산 나운 조촌일대
  광주 상무 운남 금호일대
  전주 삼천 효자일대
  순천 조례 금당 연향일대

제주 (3곳)
● 제주일도
● 제주연동 서귀모서호

※지자체가 특별법상 노후계획도시 요건에 부합하는
지역을 대상으로 기본계획을 수립할 경우 특별법 적용가능

자료: 국토교통부, 뉴시스

으로 고려해볼 만하다.

노후계획도시는 주로 택지개발사업, 공공주택사업, 산업단지 배후 주거단지 조성사업 등으로 조성된 도시로 정의된다. 이러한 도시는 인접 택지, 구도심, 유휴부지를 포함해 100만 제곱미터 이상이어야 하며 안산 반월, 창원 국가산단 배후도시 등이 포함될 수 있다.

원래 51개 지역이 특별법 적용 대상이었으나 인접·연접한 지역을 포함해 최대 108개 지역이 적용받을 수 있게 되었다. 그래서 추가된 곳이 서울 가양, 고양 행신, 용인 수지, 수원 정자 등이다.

특별정비구역은 주거단지는 25미터 이상의 도로로 구획된 블록 단위로 통합 정비하며, 역세권은 철도역 반경 500미터 이내로 정의되어 고밀·복합 개발이 가능해진다.

용적률은 법정 상한의 150%까지 상향하고, 건폐율과 인동간격(집단 주택지에서 개인의 생활을 보호하기 위해 확보하는 간격)은 조례를 넘어 국토계획법과 건축법 상한까지 완화된다.

특별정비구역 내에서 통합 재건축 시 일정 비율 이상의 공공기여를 제공하면 안전진단이 면제될 수 있다. 이 조치는 노후계획도시의 재건축 속도를 높이는 데 기여할 것이다. 공공기여는 기준 용적률까지는 낮은 비율을 적용한다. 과도한 고밀 개발을 억제하고, 지자체가 기반시설 확충에 필요한 비용을 고려한 조치다.

지금까지 살펴본 경기도 재건축·재개발 투자의 포인트를 짚어보면 다음과 같다.

경기도 노후계획도시특별법 적용 대상 지역

	지구명	면적(m²)	준공 일자
1	고양 일산	15,735,711	1995-12-31
2	성남 분당	19,639,219	1996-12-31
3	부천 중동	5,455,778	1995-01-31
4	안양 평촌	5,105,904	1996-01-31
5	군포 산본	4,203,187	1995-12-31
6	수원 영통	3,260,534	1997-12-31
7	부천 상동	3,001,177	2003-03-31
8	광명 하안	2,077,545	1993-06-30
9	고양 화정	2,035,503	1995-12-31
10	광명 철산	1,365,045	1991-05-30
11	의정부 금오	1,288,877	2003-03-31
12	고양 능곡	1,261,851	1997-12-31
13	안양 포일	1,051,797	1985-07-19
14	안산 반월국가산단(배후지)	31,600,000	2002-06-01
15	수원 매탄 1	954,431	1988-09-22
16	수원 정자	953,054	2000-04-11
17	수원 천천 2	832,644	2001-08-05
18	용인 수지	948,730	1994-12-20
19	용인 수지 2	947,723	2002-12-30
20	평택 안중	942,938	1999-03-30
21	하남 신장	898,877	1994-12-31
22	고양 중산	850,902	1995-12-31
23	의정부 송산	844,749	2001-12-31
24	오산 운암	843,070	2001-01-02
25	고양 행신	968,953	1995-12-31
26	구리 교문 토평 인창 일대	2개 이상 인접 100만 이상	준공 후 20년 이상 경과
27	수원 권선 매탄 일대	2개 이상 인접 100만 이상	준공 후 20년 이상 경과
28	용인 기흥 일대	2개 이상 인접 100만 이상	준공 후 20년 이상 경과
29	평택 비전 합정 일대	2개 이상 인접 100만 이상	준공 후 20년 이상 경과
30	평택 송탄 일대	2개 이상 인접 100만 이상	준공 후 20년 이상 경과

- 노후계획도시정비특별법이 적용되는 지역들은 재개발과 재건축이 활발하게 진행될 수 있고, 규제 완화로 인해 용적률 상향과 고밀·복합 개발이 가능해진다. 이는 서울 근교의 주거지와 상업지 개발에 큰 영향을 미치며, 재건축 아파트와 노후 주거지에 대한 투자가 유망해질 수 있다.
- 특히 안전진단 면제는 재건축 속도를 높여 개발 기간 단축과 개발 이익 증가를 기대할 수 있다.

서울과 인접한 경기권 지역들에 이 법이 적용되면서 부동산 가치 상승이 예상되므로, 노후계획도시 내 역세권이나 재건축 구역에 투자할 전략을 세우는 것이 중요하다.

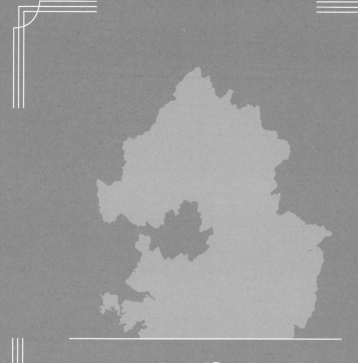

3부
현명한 투자 전략

투자 기간에 따라

부동산 투자에서 투자 기간에 따라 전략을 세우는 것이 매우 중요하다. 투자 기간을 단기, 중기, 장기 투자로 나누면 기간별로 주목해야 할 지역, 상품, 가격이 달라진다. 이러한 구분을 통해 투자자는 자신의 목표와 위험 성향에 맞는 전략을 수립할 수 있다.

단기 투자는 2년 이하의 기간에 수익을 내고, 중기 투자는 2~5년에 수익을 내며, 장기 투자는 5년 이상의 기간을 보고 투자한다. 단기, 중기, 장기의 기간별로 주목할 지역, 주목할 상품, 가격 전략을 구체적으로 살펴보자.

목표와 지역

단기 투자

주요 목표

- 시세 차익을 빠르게 실현하는 것이 목표다. 따라서 시장 변동성이 큰 지역과 상품을 선택해 빠르게 수익을 창출하는 전략을 취해야 한다.

주목해야 할 지역

- 역세권 개발 예정 지역: 교통망이 확충되거나 개발이 예정된 GTX, 신안산선, 서해선 등의 노선이 들어서는 지역은 짧은 기간 안에 가격 상승이 이루어질 가능성이 크다.
- 재개발·재건축이 진행 중인 지역: 정비사업이 진행 중인 지역은 개발 단계가 진전될수록 가격이 상승하므로, 초기에 매입하여 일정 부분 개발 이익을 실현하고 빠르게 매도하는 전략이 유리하다.
- 서울 인근 수도권 지역: 서울 접근성이 좋은 수도권(예: 광명, 부천, 안양 등)은 단기적인 시세 변동이 크기 때문에 빠르게 시세 차익을 실현할 수 있다.

주목해야 할 상품

- 소형 아파트: 투자 금액이 적고 거래 유동성이 높아서 단기적으로 시세 차익을 실현하기 유리하다.
- 재개발 구역 내 매물: 재개발 호재로 인해 단기적인 시세 상승이 예상되는 지역의 매물은 적절한 시기에 매도하여 수익을 창출할 수 있다.

가격 전략

- 저평가된 상품이 단기간에 가격이 상승하리라고 예상되면 매입하는 전략이 필요하다. 특히 신축 아파트의 초기 청약이나 분양권 매입은 단기 시세 차익을 노릴 수 있다.

중기 투자

주요 목표

- 가격이 안정적으로 상승해 3~5년 내 안정적인 수익을 실현하는 것을 목표로 한다. 지역 발전 계획이나 교통 인프라 확충이 중장기적으로 예정된 곳에 투자하는 전략이 유리하다.

주목해야 할 지역

- 신도시 개발 지역: 3기 신도시와 같이 대규모 주거단지가 개발되는 지역은 중기적으로 안정적인 수익을 기대할 수 있다. 대표적으로 남양주 왕숙신도시, 고양 창릉신도시, 하남 교산신도시 등이 있다.
- 교통 호재가 있는 지역: GTX 노선이 3~5년 내 개통 예정인 지역은 교통망 확충으로 인한 가격 상승이 예상되므로 중기 투자에 적합하다. 파주 운정, 화성 동탄, 남양주 별내 등은 GTX 개통 후 주거지 수요가 증가할 가능성이 크다.

주목해야 할 상품

- 중대형 아파트: 실수요층이 많은 중대형 아파트는 중기적으로 안정적인 상승이 기대되며 임대 수익과 자산 가치 상승을 동시에 기대할 수 있다.
- 미분양 아파트: 초기에는 저렴하게 구매할 수 있지만 2~5년 내에 수요 증가와 함께 가격이 오를 가능성이 높다. 신도시나 신축 아파트 단지에서 미분양 매물을 선점하는 것이 좋다.

가격 전략

- 시장 가격보다 낮은 매물을 찾아 중장기적인 가격 상승을 기대하는 것이 중요하다. 특히 신도시나 교통 인프라 확충 지역은 투자 초기에는 다소 가격이 낮을 수 있지만 장기적으로 안정적인 가격 상승을 보인다.

장기 투자

주요 목표

- 안정적인 자산 증가를 기대하고 부동산시장의 변동성을 견디면서 장기적인 시세 상승과 임대 수익을 목표로 한다. 장기적으로는 재개발이나 재건축 같은 개발 이익을 누리는 것이 목표다.

주목해야 할 지역

- 재건축·재개발 가능성이 높은 지역: 1기 신도시(분당, 일산, 평촌 등) 같은 지역은 재건축이나 재개발이 진행될 가능성이 높기 때문에 장기적으로 개발 이익을 얻을 수 있는 투자처다.
- 산업단지 인근 주거 지역: 평택 고덕신도시와 용인 반도체 클러스터 같은 산업단지와 인접한 지역은 임대 수익이 안정적이고 장기적으로 인구 유입이 지속될 가능성이 크다.
- 임대 수익형 부동산: 경기도 남부나 서울 외곽에서 임대 수익이 높은 중소형 주택에 장기적으로 투자하는 것도 좋은 전략이다. 주거 수요가 많고 장기적

으로 자산 가치 상승이 기대되는 곳을 선택한다.

주목해야 할 상품

- 재건축·재개발 아파트: 시간이 지나면 재건축이나 재개발이 확정될 아파트
  는 장기적으로 큰 개발 이익을 가져다줄 수 있는 상품이다.
- 토지: 개발 가능성이 있는 토지에 장기 투자하는 것도 좋은 전략이다. 신도시
  개발 예정지나 첨단산업단지 인근의 토지에 투자하면 장기적으로 큰 수익을
  기대할 수 있다.

가격 전략

- 저평가된 구도심의 매물을 찾아 장기적으로 재개발이나 재건축이 가능한 지
  역에 투자하는 것이 중요하다. 초기 투자 비용은 높을지 몰라도 장기적인 가
  격 상승과 재건축 이익을 기대할 수 있다.

기간별 투자 전략을 다시 정리해보자.

- 단기 투자: 빠르게 시세 차익을 실현할 수 있는 재개발·재건축 지역, 교통 호
  재 지역에서 소형 아파트나 저평가된 신축 아파트에 투자하는 것이 좋다.
- 중기 투자: 신도시 개발 지역이나 교통 인프라 확충 예정 지역에서 중대형
  아파트에 투자하면 안정적인 수익을 기대할 수 있다.
- 장기 투자: 재건축·재개발 가능 지역이나 산업단지 인근 주거 지역에서 임

대 수익과 개발 이익을 동시에 기대하며, 장기적인 자산 가치 상승을 목표로 한다.

기간별로 전략을 세우고 투자자 자신의 목표에 맞는 부동산 상품과 지역을 선택하는 것이 성공적인 투자의 핵심이다.

입지, 상품, 가격 정하기

이번에는 경기도 부동산의 단기, 중기, 장기 투자 전략을 구체적인 입지, 상품, 가격으로 나누어 짜보자. 지역별 개발 호재, 가격 변화, 상품 특성에 따라 투자 방향이 달라진다. 다만 여기서 언급하는 것은 경기도의 모든 입지, 상품, 가격대가 아니라 일부의 예시임을 염두에 두어야 한다.

단기 투자

입지: GTX, 신도시 개발, 재개발·재건축 예정 지역

- 광명시 철산동: 광명뉴타운과 신안산선의 수혜 지역. 철산역 인근의 재건축 아파트는 가격 상승 가능성이 크다. 특히 철산주공아파트는 현재 재건축 추진 중이어서 단기 투자에 적합하다.
- 고양시 덕양구 삼송지구: 연신내역, 창릉역 등 GTX-A 노선이 연결될 예정

이며 삼송역 인근 신축 아파트는 단기적으로 시세 차익이 기대된다. 스타필드 슬리퍼 생활권인 삼송지구 동산마을 같은 아파트가 최근 가격 상승세를 보이고 있다.

- 의정부시 가능동·신곡동: GTX-C 노선이 의정부를 경유하고 가능동·신곡동 재개발·재건축 구역은 향후 개발 이익을 기대할 수 있어 단기 투자에 적합하다.

상품: 소형 아파트, 재건축 예정 아파트, 분양권

- 소형 아파트: 투자 진입 비용이 적고 가격 변동이 빠르기 때문에 단기적으로 매도할 기회가 많다.
- 재건축 예정 아파트: 단기적으로 재건축 계획이 진척되면서 가격이 빠르게 상승할 가능성이 있다.
- 분양권 매입: 단기 시세 차익을 노리기에 좋은 방법으로 광교, 동탄2 같은 신도시 분양권이 대표적이다.

가격 전략

- 광명뉴타운의 철산주공아파트는 시세보다 1~2억 원 정도 저평가된 매물을 공략해, 재건축 진척에 따라 빠른 시세 차익을 실현할 수 있다.
- 삼송지구의 준신축 아파트는 10억 원 미만에서 빠른 가격 상승을 기대할 수 있는 물건이 많다.

중기 투자

입지: 신도시 개발 예정지, 교통망 확충 지역

- 남양주시 왕숙신도시: 3기 신도시로 개발되고 있고 GTX-B 노선이 연결될 예정이다. 왕숙1지구와 왕숙2지구는 중기적으로 신규 아파트 공급이 지속되며 향후 시세 상승이 기대된다.
- 평택시 고덕신도시: 삼성 반도체 공장의 확장과 함께 GTX-A 노선이 지나갈 예정이다. 고덕신도시의 신축 아파트는 4~5년 내에 고소득 전문직 인구 유입과 함께 주거지 수요가 증가할 가능성이 크다.
- 하남시 미사강변도시: 지하철 3호선 연장과 GTX-D 노선이 계획되어 서울 접근성이 대폭 개선되니 중기적으로 가격 상승이 예상된다.

상품: 중대형 아파트, 분양 예정 아파트

- 중대형 아파트: 고소득층 실거주 수요가 많아서 중기적으로 안정적인 시세 상승을 기대할 수 있다.
- 분양 예정 아파트: 중기적으로 교통망 확충과 신도시 개발과 함께 가격 상승이 기대되며 초기 분양가 대비 3~5년 내 수익 실현이 가능하다.

가격 전략

- 왕숙신도시의 중소형 분양 아파트는 분양가가 3~4억 원대로 예상되며 개발이 진척되면 5~6억 원 수준으로 상승할 가능성이 크다.

- 평택 고덕국제신도시의 신축 중대형 아파트는 현재 5~7억 원대에 거래되고 있고, 향후 삼성 반도체 공장이 확장되면 7~9억 원 수준으로 상승할 것으로 예상된다.

장기 투자

입지: 재건축 가능 지역, 산업단지 배후 주거 지역

- 성남시 분당구: 1기 신도시 재건축이 본격화되니 분당구 정자동, 수내동 등은 장기적으로 재건축 이익을 기대할 수 있다. 분당 한솔마을의 아파트는 재건축 후 큰 시세 차익이 예상된다.
- 용인시 반도체 클러스터 인근: 용인 반도체 클러스터가 개발되면서 산업단지 인근 주거지로 주목받고 있다. 처인구 일대는 향후 임대 수요 증가와 장기적인 시세 상승이 기대된다.
- 의정부시 금오동: GTX-C 노선과 함께 지하철 7호선 연장선 연결이 예정되어 있으며 장기적으로 주거지 개발이 예상된다.

상품: 재건축 아파트, 토지, 임대 수익형 부동산

- 재건축 아파트: 시간이 지나 재건축 가능성이 커질수록 개발 이익이 커진다. 1기 신도시나 노후 주거지는 장기 투자에 적합하다.
- 임대 수익형 부동산: 서울 외곽이나 경기도 산업단지 인근에서 안정적인 임대 수익과 함께 장기적으로 자산 가치 상승을 기대할 수 있다.

가격 전략

- 분당 재건축 아파트는 현재 10~12억 원대에 거래되고 있고, 재건축이 완료되면 15억 원 이상으로 상승할 가능성이 크다.
- 용인 반도체 클러스터 인근의 토지는 현재 평당 400~500만 원대에 거래되고 있으며, 산업단지 개발이 진행됨에 따라 장기적으로 2배 이상 상승을 기대할 수 있다.

경기도 부동산에 대한 기간별 투자 포인트를 정리해보자.

- 단기 투자는 서울과의 교통망 확충이 예정된 지역(광명, 고양 덕양구, 의정부)에서 소형 아파트나 재건축 예정 아파트를 중심으로 빠른 시세 차익을 노리는 것이 유리하다.
- 중기 투자는 신도시 개발 지역(남양주 왕숙, 평택 고덕, 하남 미사강변)에서 중대형 아파트나 신축 아파트 분양권을 중심으로 안정적인 시세 상승을 기대할 수 있다.
- 장기 투자는 재건축 가능 지역(성남 분당, 용인 처인구)이나 산업단지 인근(용인 반도체 클러스터, 평택 고덕)의 임대 수익형 부동산에 투자하여 장기적인 개발 이익과 임대 수익을 동시에 기대하는 것이 좋다.

투자 기간에 맞는 구체적인 지역과 상품을 선택하고 경기도의 미래 개발 계획과 교통망 확충을 최대한 활용한 투자 전략을 세우는 것이 성공적인 부동산 투자의 핵심이다.

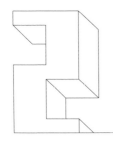

투자 목적에 따라

경기도 부동산을 대할 때는 실거주가 목적인지 투자가 목적인지에 따라 매우 다른 접근법이 필요하다. 실거주는 내 가족이 안정적으로 거주할 공간을 찾는 것이 목적이라면, 투자는 최대한 높은 수익을 얻을 수 있는 자산으로 부동산을 바라보는 것이 중요하다. 목적에 따라 의사결정 과정에서 고려해야 할 요소들이 다르므로 이를 정확히 구분하고 분석하는 것이 필수적이다. 실거주자와 투자자가 각각 어떤 점을 중점적으로 고려해야 하는지 살펴보자.

실거주 목적

실거주 목적의 부동산을 매수할 때는 내 가족의 생활과 안정성이 가장 중요하다. 경기도 내에서 실거주를 고려한다면 생활 인프라, 교통 편의성, 주거 환경 등이 주된 판단 요소가 된다. 가격 상승이나 시세 차익은 부수적인 요인이고, 오래 살고 싶은 환경을 찾는 것이 가장 큰 목표다. 실거주를 목적으로 할 때 주로 고려해야 할 사항들은 다음과 같다.

교육 환경

실거주를 고려하는 사람들은 교육 환경이 최우선 요인 중 하나다. 경기도 내에서는 교육 환경이 좋은 지역의 수요가 매우 높은데 그런 지역으로는 분당, 용인 수지, 광교가 꼽힌다.

분당은 명문 학교가 많고 교육 환경이 잘 갖추어져 자녀 교육을 중요시하는 실거주자들이 선호한다. 용인 수지구는 강남 접근성이 좋으면서 학군이 우수해 신혼부부나 자녀를 둔 가정이 많이 찾는다. 광교는 광교 테크노밸리 같은 첨단 인프라와 함께 교육시설이 잘 갖춰져 있어 가족 단위 거주자가 선호한다.

교통 접근성

실거주자에게는 출퇴근 시간과 편리한 교통이 중요한 요소다. 특히 경기도에서 서울로 출퇴근하는 사람이 많기 때문에 서울 접근성이 좋은 지역을 선택하는 것이 일반적이다. 그런 지역은 고양 일산, 남양주 별내, 의정부 등이 있다.

고양 일산은 GTX-A 노선이 개통하면 서울역까지 20분 이내에 도착할 수 있어 교통 편리성이 크게 개선된다. 또한 대규모 쇼핑몰과 다양한 생활 인프라가 구축되어 실거주에 매우 적합한 지역이다. 남양주 별내신도시는 강북권 접근성이 뛰어나며, GTX-B 노선이 개통하면 서울 도심으로 빠르게 이동할 수 있다. 의정부는 GTX-C 노선이 개통하면 서울 강남권까지의 이동 시간이 대폭 단축되니 교통 편리성을 중요시하는 실거주자에게 매력적인 선택지가 될 것이다.

생활 인프라

편리한 생활에는 병원, 쇼핑몰, 공원 등 생활 인프라가 잘 갖추어진 지역이 중요하다. 실거주자는 이사 후 오랜 기간 거주할 수 있어야 하니 생활 인프라가 완비된 지역을 우선 고려해야 한다. 광명, 평촌, 수원 영통이 대표적인 예다.

광명은 서울 접근성이 뛰어나면서 대규모 쇼핑몰과 생활 인프라가 잘 갖춰져 있어 생활 편리성이 뛰어나다. 평촌신도시는 안정적인 주거 환경과 다양한 쇼핑·문화 인프라가 구축되어 있어 실거주 만족도가 높다. 수원 영통구는 삼성디지털시티와 가깝고 역시 쇼핑과 생활 인프라가 잘 마련되어 있어 자녀를 둔 가정에 인기가 많다.

자연환경과 주거 쾌적성

실거주자는 주거 환경의 쾌적성도 중시해야 한다. 경기도는 서울보다 넓은 녹지와 자연환경을 잘 활용한 주거지가 많아서 실거주자들에게 매력적인 선택지가 된다. 환경이 우수한 지역으로 양평, 가평, 남양주를 꼽을 수 있다.

양평과 가평은 서울과 적당한 거리에 있으면서도 자연환경이 뛰어나 실거주지로 인기다. 청정 자연 속에서 여유로운 삶을 추구하는 사람이 많이 찾는다. 남양주는 수도권과 가까우면서도 산과 강을 끼고 있어 쾌적한 주거 환경을 제공하며, 교통망 확충과 함께 실거주 인구가 꾸준히 유입되고 있다.

투자 목적

투자는 시세 차익과 수익률 제고가 가장 중요한 목표다. 투자자는 주거 환경과 인프라보다는 향후 가치 상승 가능성이 높은 지역을 찾고, 시장 동향과 개발 호재에 따라 빠르게 움직여야 한다. 입지, 개발 계획, 수익성이 투자 결정을 좌우하는 중요한 요소이며, 투자를 목적으로 할 때 고려해야 할 사항은 다음과 같다.

향후 개발 호재

부동산 투자는 미래의 가치를 선점하는 것이 핵심이다. 현재는 저평가되어 있지만 개발 계획이 있거나 교통 호재가 있는 지역에 투자하면 높은 수익을 기대할 수 있다. 파주 운정신도시, 평택 고덕신도시, 남양주 왕숙신도시를 예로 들어보자.

파주 운정신도시는 GTX-A 노선 개통으로 서울 접근성이 대폭 개선될 예정이다. 아직 개발 초기 단계로 GTX 개통 이후 대규모 수요가 유입될 가능성이 커 선제적 투자가 효과적이다. 평택 고덕신도시는 삼성전자 반도체 공장과 인접하고 SRT와 GTX-A의 교통망 확충도 예정되어 있다. 산업단지 근처여서 직주근접 수요가 높고 미래 가치가 클 것으로 예상된다. 남양주 왕숙신도시는 3기 신도시 중 하나로서 GTX-B 노선 개통 후 서울 도심 접근성이 크게 개선될 것이다. 아직 가격이 낮은 초기 단계에 진입하면 큰 시세 차익을 기대할 수 있다.

재건축·재개발

투자자는 재건축·재개발이 예정된 지역에 주목해야 한다. 오래된 아파트나 노후 지역은 재건축이 본격화되면 시세가 급격히 상승하는 경향이 있다. 그럼 점에서 주목해야 할 곳은 분당, 일산, 평촌 등이다.

분당신도시는 노후계획도시특별법에 의해 가장 많은 물량이 선도지구로 지정되었고, 재건축 후 용적률 상향과 함께 신축 아파트 수요가 급증할 것이다. 일산신도시는 GTX-A 노선이 지나가고 재건축과 재개발 수요가 많아 투자 가치가 크다. 초기 재건축 추진 단지에 투자하여 장기적 시세 차익을 기대할 수 있다. 평촌은 1기 신도시 중에서도 재건축이 활발히 논의되고 있으며 서울 접근성이 좋은 만큼 신축 아파트 수요가 높을 것이다.

임대 수익 가능성

부동산 투자에서는 임대 수익도 중요한 고려 사항이다. 서울 접근성이 좋고 대학가나 산업단지와 가까운 지역은 안정적인 임대 수익을 기대할 수 있다. 수원, 용인, 광교 등이 임대 수익을 고려해볼 만한 곳이다.

수원은 삼성디지털시티와 인접해서 IT 업계 종사자가 많으며 직주근접 임대 수요가 높다. 특히 수원역세권은 임대 수익률이 높은 지역 중 하나다. 용인 역시 삼성 반도체 공장과 가까운 기흥구나 처인구는 안정적인 임대 수익을 기대할 수 있다. GTX-A 노선 개통 후 임대 수요가 더욱 증가할 것으로 보인다. 광교는 광교 테크노밸리와 경기융합타운 등이 들어서며 직장인 임대 수요가 꾸준히 발생할 지역이다.

단기 투자와 장기 투자

단기 시세 차익을 노릴지, 장기적인 가치 상승을 기대할지에 따라 투자 지역과 방법을 다르게 설정해야 한다. 단기 투자는 교통 호재가 임박한 지역에 집중하는 것이 좋다. 예를 들어 GTX 개통 직전이

목적에 따른 부동산 선택

	실거주 목적	투자 목적
최우선 고려 사항	주거 환경, 교육, 교통, 생활 인프라	시세 차익, 개발 호재, 임대 수익, 재개발 가능성
주요 지역	· 교육 환경이 좋은 지역: 분당, 영통 · 교통이 좋은 지역: 일산, 덕양	· 개발 예정지: 운정신도시, 왕숙신도시 · 재건축·재개발 지역: 분당, 일산
주요 전략	가족이 오래 거주할 수 있는 안정적인 주거지 선택	개발 초기 단계 지역에 선제적 투자, 호재 발생 전 매입

나 대규모 개발이 완료되기 직전에 투자한 후 단기간에 차익을 실현하는 방식이다. 장기 투자는 재개발·재건축 초기 단계에 투자해 재건축이 완료될 때까지 기다리거나, 신도시 개발 초기에 진입해 향후 개발 완료 후 가치 상승을 기대하는 방식이다.

실거주와 투자 목적에 따라 고려해야 할 요소와 접근 전략이 크게 다르다. 실거주는 장기적인 안정성과 삶의 질을 우선시하고, 투자자는 미래 가치와 수익률에 집중해야 한다.

3 평형대별 투자 가치

평형대별 수요

아파트는 소형, 중형, 대형 평형대별로 주거 목적, 경제 상황, 가족 구조에 따라 선호하는 수요층이 다르다. 이를 기반으로 한 부동산 투자 전략도 각각의 특성을 반영해야 한다.

소형 평형대는 전용 면적 60m² 미만, 중형 평형대는 60~85m², 대형 평형대는 85m² 초과를 말한다. 평형대별 수요층 차이와, 이를 바탕으로 한 구체적인 투자 전략을 살펴보자.

소형

주요 수요층

- 1인 가구: 독신, 사회 초년생, 대학생, 직장인 등으로 거주 공간에 대한 요구가 적고 가격 부담이 적은 곳을 선호한다.
- 신혼부부: 경제적으로 부담이 적으면서도 교통 편의성이 좋은 지역의 소형 아파트나 신축 오피스텔을 선호한다.
- 고령층: 은퇴 후 자녀들이 독립한 가구나 노부부는 더 이상 큰 평수가 필요하지 않으므로 관리가 쉬운 소형 아파트로 다운사이징하려는 수요가 많다.

특징

- 가격 접근성: 진입장벽이 낮아 상대적으로 경제적 부담이 적다.
- 임대 수요: 임대 수요가 풍부해 공실 위험이 적다. 대학가 근처와 역세권 등에서는 임대료 상승 가능성도 크다.
- 고객층: 1~2인 가구가 많고 생활 편리성을 중시하는 수요층이 선호한다.

투자 전략

- 임대 수익 투자: 대학가, 산업단지 인근, 역세권 지역에서 오피스텔, 소형 아파트에 투자해 안정적인 임대 수익을 기대할 수 있다.(예: 서울 관악구 신림동, 수원 영통, 부천 중동)
- 재개발·재건축 지역: 소형 평형대는 재건축 후 고가 아파트로 바뀔 가능성이

높다. 강북권이나 수도권 외곽의 소형 평형 아파트를 선점한 후 재건축을 통해 시세 차익을 노리는 전략이 효과적이다.(예: 서울 은평구 대조동, 광명 뉴타운 재개발 지역)

- 초기 분양: 신도시 분양 아파트에서 소형 평형대는 경쟁이 치열하지만, 청약 가점이 낮은 투자자도 진입할 수 있는 장점이 있다. 분양권 매입 후 단기 매도로 프리미엄을 노릴 수 있다.(예: 파주 운정신도시, 평택 고덕신도시)

중형

주요 수요층

- 중산층 가구: 2~3인 가구나 아이를 계획하는 신혼부부, 초등학교 자녀가 있는 가정이 주 수요층이다.
- 직장인 가구: 직장과 가까운 지역이나 교통이 편리한 지역의 중형 아파트는 안정적 주거 환경을 원하는 실거주 수요가 많다.
- 실수요 중심: 실거주 중심의 수요가 강하며, 내 집 마련을 원하는 가족 단위의 가구들이 주된 타깃이다.

특징

- 안정적인 수요: 중산층 가구의 주거 선호도가 높은 만큼 가격 변동성이 적고 안정적인 수요가 지속된다.
- 거주지 편의성: 교통, 교육, 편의시설이 갖춰진 지역, 직장 근접성이 좋은 지

역에서 인기가 많다.

- 가격 대비 수익: 대형 평형대에 비해 가격 상승률은 다소 낮지만 가성비가 좋아서 안정적인 투자가 가능하다.

투자 전략

- 교통 호재 지역: GTX 노선 개통 예정 지역의 중형 아파트는 서울 접근성이 강화되면서 실거주 수요가 크게 증가할 것이다. 교통망이 개선되면 가격 상승도 기대할 수 있다.(예: 고양 덕양구 삼송지구, 평택 고덕신도시)
- 학군 지역: 학군이 좋고 교육 환경이 우수한 지역에서 중형 아파트는 항상 수요가 높다. 특히 강남 대체 학군으로 평가받는 성남 분당구, 용인 수지구의 중형 아파트는 실거주와 함께 투자 가치도 높다.(예: 성남 분당구 정자동, 용인 수지구 성복동)
- 중심상업지구 인근: 상업·업무 중심지와 인접한 중형 아파트는 직장인 수요가 많아서 안정적인 수익을 기대할 수 있다. 수도권 2기 신도시에서도 상업지구와 인접한 중형 평형대는 주거 수요가 높다.(예: 광교신도시, 판교 테크노밸리 인근)

대형

주요 수요층

- 고소득층: 소득 수준이 높은 가구가 주요 수요층이다. 특히 대기업 임원, 전

문직 종사자 등이 주거 편의성과 공간의 넉넉함을 중시한다.

- 자녀가 있는 대가족: 자녀가 2명 이상인 가족은 넓은 평형대를 선호하며, 주로 고급 주거지나 주거 환경이 우수한 신도시를 찾는다.
- 은퇴한 부유층: 자녀들이 독립한 이후에도 생활 수준 유지와 넉넉한 공간을 원하는 부유한 은퇴층이 선호한다.

특징

- 가격 상승률: 공급이 적기 때문에 가격 상승 폭이 크고 특히 고급 주거지에서는 프리미엄을 붙여 매매가 가능하다.
- 주거 만족도: 넓은 실내 공간과 고급스러운 생활 편의시설을 제공하는 아파트는 주거 만족도가 매우 높다. 강남권, 판교, 광교 등 고급 주거지에서 대형 평형대는 부유층 사이에서 인기가 많다.
- 한정된 공급: 최근 소형·중형 아파트에 비해 대형 평형대의 공급이 감소하는 추세지만 고급 주거를 원하는 수요는 꾸준히 있다.

투자 전략

- 고급 주거지: 강남권, 과천, 분당, 판교 등 고급 주거 지역에서 대형 평형대는 한정된 공급으로 인해 프리미엄이 붙기 쉽다. 고소득층을 겨냥한 대형 아파트는 시세 상승과 함께 안정적인 수익을 기대할 수 있다.(예: 판교 알파돔시티, 광교호수공원 인근 대형 아파트)
- 신도시 내 대형 아파트: 신도시에서도 상대적으로 공급이 적지만, 넓은 공간

을 선호하는 고소득층 가구가 선호하는 만큼 가격 상승 가능성이 크다.(예:
동탄2신도시, 남양주 별내신도시)

• 재건축 대형 아파트: 재건축 예정 대형 아파트는 개발이 완료되면 초고가 아
파트로 변모할 가능성이 높다. 강남구, 서초구, 분당구의 대형 아파트는 향후
재건축 이익을 기대할 수 있다.(예: 서울 대치동 은마아파트, 분당구 구미동 주공아
파트)

평형대별 투자 전략을 다시 한번 정리해보자.

• 소형 평형대는 임대 수익과 재건축 투자가 적합하고 역세권과 개발 예정 지
역의 투자가 유망하다.
• 중형 평형대는 실거주 중심이므로 교통 호재, 교육 환경, 상업지구 접근성이
중요한 선택 기준이다. 중산층 수요가 많아 안정적인 시세 상승을 기대할 수
있다.
• 대형 평형대는 고소득층과 부유층을 대상으로 한 고급 주거지 투자에 적합
하며, 재건축 이익과 프리미엄 시세 상승을 노린 장기 투자가 유리하다.

따라서 평형대별 수요층의 특성을 이해하고 입지와 상품에 맞춰
전략을 세우는 것이 성공적인 부동산 투자에 필수적이다.

평형대별 인기 지역

경기도는 평형대별로 각기 다른 수요층을 타깃으로 한 인기 지역들이 존재한다. 지역마다 교통 편의성, 개발 호재, 주거 환경 등의 요인에 따라 수요가 집중되는 곳들이 있다. 경기도의 소형, 중형, 대형 평형대별로 인기 있는 지역들을 정리해보자.

소형

주요 수요층

- 1인 가구, 신혼부부, 은퇴 후 소형 주택을 선호하는 고령층
- 임대 수요가 많으니 교통 편의성, 생활 인프라가 갖춰진 지역에서 인기가 높다.

인기 지역

수원 영통구(영통동, 망포동)

- 특징: 영통역과 망포역을 중심으로 교통이 편리하고, 주변에 대학가와 산업단지가 있어 임대 수요가 풍부하다.
- 주요 아파트: 벽적골마을 소형 아파트들

광명시(광명뉴타운)

- 특징: GTX-B 노선 예정 지역으로 서울 접근성이 뛰어나다. 재개발·재건축이 활발하게 진행 중이다.
- 주요 아파트: 광명 철산주공, 광명 하안주공

부천시(중동, 송내동)

- 특징: 지하철 7호선과 1호선이 연결된 지역으로 서울 접근성이 좋아 소형 평형대 수요가 많다.
- 주요 아파트: 부천 은하마을 소형 아파트들

하남시(미사강변도시)

- 특징: 지하철 5호선 연장선과 GTX-D 노선 계획으로 교통 편리성이 높아지고 있으며 주거 환경도 우수하다.
- 주요 아파트: 미사강변 리버뷰자이, 미사 더샵센트럴포레

중형

주요 수요층

- 2~3인 가구, 중산층, 자녀를 둔 가족
- 학군, 편의시설, 교통망이 중요한 요소로 작용하며, 실거주 수요가 많은 지역에서 인기를 끌고 있다.

인기 지역

성남시 분당구(정자동, 수내동)

- 특징: 분당선과 신분당선을 중심으로 교통이 편리하고 우수한 학군과 주거 환경이 매력적이다.
- 주요 아파트: 정자동 파크뷰, 한솔마을

용인시 수지구(성복동, 죽전동)

- 특징: 학군이 우수하고 교통망이 잘 갖춰졌고 특히 성복역 인근은 분당·판교 접근성이 뛰어나다.
- 주요 아파트: 성복역 롯데캐슬골드타운, 죽전 힐스테이트

고양시 일산동구(백석동, 마두동)

- 특징: 지하철 3호선과 고양선의 GTX-A 노선이 예정된 지역으로 주거 편의성이 뛰어나다.
- 주요 아파트: 백석동 요진와이시티, 킨텍스원시티

광교신도시(수원시 영통구, 용인시 기흥구 경계)

- 특징: 광교 테크노밸리와 경기융합타운 인근으로 직주근접이 가능하고 호수 공원 등 주거 환경이 우수하다.
- 주요 아파트: 광교 중흥S클래스, 광교 힐스테이트

대형

주요 수요층
- 고소득층, 대가족, 고급 주거 환경을 선호하는 가구
- 고급 주거지에서 수요가 많고 넓은 주거 공간과 쾌적한 생활 환경을 중시한다.

인기 지역
판교신도시(성남시 분당구)
- 특징: 판교 테크노밸리가 인접해 고소득 직장인이 많이 거주하고 고급 주거 단지가 많다.
- 주요 아파트: 판교 푸르지오, 판교 더샵퍼스트파크

광교신도시(용인시 기흥구, 수원시 영통구)
- 특징: 광교호수공원 인근으로 주거 환경이 우수하고 고급 아파트 단지가 많아 대형 평형대가 인기를 끌고 있다.
- 주요 아파트: 광교 에일린의뜰, 광교 아이파크

평택시 고덕국제신도시
- 특징: 삼성 반도체 공장 인근으로 고소득 직장인이 많이 거주하며 넓은 평형대의 신축 아파트가 많다.
- 주요 아파트: 고덕 아이파크, 고덕 파라곤

용인시 기흥구(동백지구)

- 특징: 용인 기흥역과 에버라인을 중심으로 교통이 편리하며, 주거 환경이 우수한 대형 아파트 단지가 많다.
- 주요 아파트: 동백 아이파크, 동백 대우푸르지오

평형대별 인기 지역을 다시 정리하면 다음과 같다.

- 소형: 교통이 편리하고 임대 수요가 높은 곳에서 인기를 끌고 있다.(수원 영통, 광명 뉴타운, 부천 중동, 하남 미사강변도시)
- 중형: 학군이 좋고 교통망이 발달한 곳에서 높은 실거주 수요를 보인다.(성남 분당, 용인 수지, 고양 일산, 광교신도시)
- 대형: 고소득층을 타깃으로 한 고급 주거지에서 인기가 많다.(판교신도시, 광교신도시, 평택 고덕신도시, 용인 동백지구)

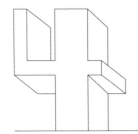

초보 투자자를 위하여

부동산 투자는 초보 투자자에게도 큰 기회를 제공할 수 있지만 지역 선택이 매우 중요하다. 경기도는 서울과 가깝고 교통망과 인프라가 발달해 많은 부동산 투자자에게 매력적인 지역이다. 그러나 어떤 지역을 선택하느냐에 따라 투자 성패가 결정될 수 있다. 일자리, 교통, 학군, 상권, 환경 등 다양한 요소를 고려하여 지역을 선정해보자.

일자리(직주근접 수요)

부동산 투자의 핵심 요소 중 하나는 일자리와 가까운 주거지, 즉 직주근접이다. 직장과 가까운 지역은 안정적인 주거 수요를 보장받을 수 있고 특히 대기업과 산업단지가 인접한 지역은 직장인 임대 수요가 꾸준히 발생한다. 이는 안정적인 임대 수익뿐만 아니라 시세 상승의 중요한 요인이 된다.

지역 선정 팁

- 삼성전자 평택캠퍼스와 인접한 평택 고덕신도시: 평택 고덕국제신도시는 삼성 반도체 공장이 인접해 있어 직장인들의 임대 수요가 매우 높다. 또한 GTX-A 노선이 개통하면 서울로의 접근성도 좋아져 직주근접과 교통 편리성을 모두 갖춘 투자처다.
- 판교 테크노밸리와 인접한 성남 판교: 판교는 대한민국의 대표적인 IT 산업단지인 판교 테크노밸리가 있어서 고소득 직장인이 많이 거주한다. 판교는 고급 주거지로 자리 잡았고 실거주 수요가 지속적으로 발생한다.
- 수원 삼성디지털시티와 인접한 수원 영통구: 수원 영통구는 삼성디지털시티와 가깝고 주변의 광교 테크노밸리까지 직장인 수요가 많다. 수원역과 인접한 주거 지역은 임대 수익과 시세 상승 모두를 기대할 수 있다.

투자 팁

- 대기업과 산업단지 인근은 임대 수요가 높고 안정적인 수익을 기대할 수 있다.
- 직주근접을 원하는 고소득층이 선호하는 지역은 고급 주거지로 성장할 가능성이 크다.

교통(서울 접근성과 GTX)

교통 인프라는 부동산 투자에서 가장 중요한 요인 중 하나다. 특히 경기도는 서울 접근성이 매우 중요한데, 최근 GTX 개통 소식으로 많은 지역의 부동산 가치가 크게 상승하고 있다. 교통 인프라가 개선되면 출퇴근 시간이 단축되고 주거 수요가 증가하여 가격 상승을 유도한다.

지역 선정 팁

- GTX-A 노선과 인접한 운정, 동탄: GTX-A 노선은 파주 운정신도시와 화성 동탄신도시를 연결하는 주요 교통 호재다. 이 지역들은 서울까지 이동 시간이 크게 줄어들어 서울 출퇴근 수요가 급증할 것으로 예상된다. 아직 개발 초기 단계이므로 투자 가치가 높다.
- GTX-C 노선과 인접한 의정부, 양주: 의정부와 양주신도시는 GTX-C 노선 개통으로 서울 강남까지의 접근성이 대폭 개선될 예정이다. 교통망 확충에 따른 수요 증가가 예상되며, 아직 저평가된 지역으로 선점 투자가 가능하다.
- 신분당선 연장 인근인 광교, 용인 수지: 광교와 용인 수지구는 신분당선 연장으로 서울 강남까지 빠르게 이동할 수 있으니 교통 호재에 따른 가격 상승이 기대된다. 특히 신혼부부와 자녀를 둔 가정의 수요가 많다.

투자 팁

- GTX 개통 예정 지역과 신분당선 연장 지역은 교통 호재로 인해 장기적인 시세 상승을 기대할 수 있다.
- 서울로의 출퇴근이 편리한 지역은 주거 선호도가 높아 가격 상승 가능성이 크다.

학군(명문 학교와 교육 인프라)

학군은 실거주 수요를 결정짓는 중요한 요소다. 자녀 교육을 중시하는 가정은 학군이 좋은 지역을 선호하며, 이러한 지역은 꾸준한 주거 수요를 바탕으로 시세가 안정적으로 유지되거나 상승하는 경향이 있다.

특히 명문 학교가 밀집한 지역은 고소득층이 많이 거주하고, 학군 수요에 따른 가격 상승이 계속될 가능성이 크다.

지역 선정 팁

- 분당: 명문 학군으로 잘 알려져 있고 서현동, 이매동 일대는 자녀 교육을 중시하는 부모들이 선호한다. 학군 덕분에 실거주 수요가 매우 안정적이고, 재건축과 재개발 호재까지 맞물려 시세 상승 가능성이 높다.
- 용인 수지구: 강남 접근성이 좋으면서도 학군이 우수해서 고소득 가정이 선호하는 주거지다. 자녀를 둔 가정의 수요가 많고 특히 중대형 아파트의 수요가 꾸준하다.
- 광교: 광교신도시는 학군이 우수하고 주변에 광교호수공원과 상업지구가 잘 조성되어 있어 자녀 교육을 중시하는 실수요자들에게 인기가 많다.

투자 팁

- 명문 학군이 있는 지역은 실거주 수요가 꾸준히 발생하므로 장기적인 가격

상승이 기대된다.

- 교육 환경을 중요시하는 지역은 고소득층 수요가 많아 안정적인 투자처로 적합하다.

상권(생활 편의성)

상권은 주거지에서 생활 편의성을 결정하는 중요한 요소다. 상업 지구가 잘 발달한 지역은 생활 인프라가 잘 갖춰져 있어 실거주 수요가 높아지는 경향이 있으니 초보 투자자에게 적합하다. 또한 상권이 발달하면 지역 경제가 활성화되면서 자연스럽게 부동산 가격도 상승하는 경향이 있다.

지역 선정 팁

- 부천: 롯데백화점, CGV, 이마트 등 대형 상업시설이 밀집해서 생활 편의성이 뛰어나다. 특히 부천종합운동장역 주변은 GTX-B 노선이 지나가면서 상권이 더욱 활성화될 전망이다.
- 광명: 광명역 주변에 이케아, 코스트코, 롯데아울렛 등 상업시설이 많고 서울 접근성도 매우 좋다. 상업지구와 주거지가 조화롭게 발전한 지역으로 젊은 층 실거주자와 투자자 모두에게 매력적인 선택지다.
- 수원 영통구: 삼성디지털시티와 인접해서 직주근접이 가능하고, 갤러리아백화점과 다양한 상업시설이 갖춰져 있어 실거주와 투자 모두에 적합하다.

투자 팁

- 대형 상업시설이 밀집한 지역은 생활 편의성이 높아 실거주자와 임대 수요가 꾸준히 발생한다.
- 상업지구 확장과 상권 발전이 이루어지는 지역을 선점하면 중장기적 시세 상승을 기대할 수 있다.

환경(자연환경과 주거 쾌적성)

주거지의 환경은 특히 장기 실거주를 원하는 사람들에게 매우 중요한 요소다. 자연환경이 잘 보존된 지역이나 공원이 많은 지역은 쾌적한 생활을 원하는 사람들에게 인기가 많다. 특히 최근에는 친환경 주거지에 대한 관심이 높아지고 있어, 이러한 지역은 장기적으로 부동산 가치가 상승할 가능성이 크다.

지역 선정 팁

- 양평: 서울에서 비교적 가까우면서 자연환경이 우수하다. 남한강과 산이 어우러져 있어 자연 속에서 생활하고자 하는 사람들이 선호하며 전원주택 수요도 많다.
- 광교신도시: 광교호수공원이 조성되어 쾌적한 주거 환경을 제공한다. 자연환경을 중요시하는 실거주자에게 인기가 많고 서울과도 가까워 직주근접이 가능하다.

- 남양주 다산신도시: 왕숙천과 동구릉이 가까워 환경이 쾌적하고 교통망도 확충되어 자연환경과 교통 편리성을 동시에 누릴 수 있다.

투자 팁
- 자연환경이 우수한 지역은 장기 실거주자들이 선호하며, 쾌적한 주거 환경을 원하는 수요가 많아 안정적인 부동산 가치를 유지할 수 있다.
- 공원과 녹지가 잘 조성된 신도시는 쾌적한 환경과 더불어 중장기 투자 가치도 높다.

초보 투자자를 위한 지역 선정 노하우를 정리해보자.

- 일자리: 대기업과 산업단지 인근에서 직주근접 수요가 높은 지역을 선택하면 안정적인 임대 수익을 기대할 수 있다.
- 교통: GTX·신분당선 연장 등 교통 호재가 있는 지역은 단기 시세 상승 가능성이 크다.
- 학군: 명문 학군이 형성된 지역은 실거주 수요가 꾸준히 발생해 장기적인 가격 상승을 기대할 수 있다.
- 상권: 상업시설이 발달한 지역은 생활 편의성이 높아 실거주자와 임대 수요가 많다.
- 환경: 자연환경이 우수하고 주거 환경이 쾌적한 지역은 장기적으로 안정적인 투자처가 된다.

이러한 요소들을 종합적으로 고려해서 지역을 선정하면 안정적이면서도 높은 수익을 기대할 수 있다.

부동산 정보 찾기

경기도 부동산 투자와 관련된 정보들을 얻기 위해서는 정부 사이트, 부동산 전문 플랫폼, 시세 조회 사이트를 비롯한 여러 정보처를 활용하는 것이 좋다. 부동산 정보를 얻는 다양한 방법과 사이트는 다음과 같다.

정부 사이트

- 국토교통부(www.molit.go.kr): 국토교통부는 부동산 정책과 각종 부동산 관련 통계를 제공하는 정부 기관이다. 신도시 개발 계획, GTX 노선 정보, 부동산 규제 정책 등 정부 차원의 부동산 관련 정보가 등재된다. 토지이용 규제 정보 서비스도 제공하므로 토지 및 개발 제한 등 구체적인 규제 상황을 확인할 때 이용한다.

- 한국부동산원(www.reb.or.kr): 아파트 실거래가, 매매·전세 시세, 주택 가격 동향 등을 제공한다. 각 지역의 아파트 실거래가와 매매가 변동률 등을 확인하면 시세 분석에 유용하다. 주택시장 분석 보고서도 제공하므로 주택 수요와 공급 분석을 위한 자료로 활용할 수 있다.

- LH 한국토지주택공사(www.lh.or.kr): 신도시 개발 계획, 택지지구 분양 정보,

공공 주택 공급 계획 등을 알려준다. 3기 신도시 개발 정보와 분양 일정 등 신도시 투자에 유용한 정보를 제공한다.

- 정부24(www.gov.kr): 부동산 관련 정책 정보와 함께 부동산 등기부등본, 토지대장 등의 서류 발급을 지원한다. 부동산 소유 현황과 지분 구조를 확인할 수 있다.

- 경기도청(www.gg.go.kr): 개발 계획과 도시 재생 프로젝트, 교통 계획 등의 정보를 제공한다. 특히 각 시·군의 개발 소식을 빠르게 확인할 수 있다.

부동산 전문 플랫폼

- 직방(www.zigbang.com): 아파트 매매와 전세 시세, 실거래가 조회, 주변 아파트 비교 분석이 가능한 플랫폼이다. 지역별 시세 변동이 한눈에 파악되어 투자할 때 매입 가격과 임대 수익을 분석하는 데 유용하다.

- 네이버 부동산(land.naver.com): 네이버 부동산 사이트에는 아파트와 주택, 상가 등 다양한 부동산 매물이 등록되어 있고 실거래가 정보, 아파트 단지 정보, 시세 변동 추이 등이 제공된다. 지역별 아파트 시세와 실거래가 데이터를 빠르게 확인할 수 있다.

- KB 부동산(kbland.kr): KB 시세를 제공하며 아파트의 매매와 전세 시세를 조회할 수 있다. 주택 가격 변동 추이와 매매지수 같은 통계를 제공해서 시장 상황을 분석하는 데 도움을 준다.

실거래가와 시세 조회 사이트

- 아실(아파트 실거래가)(www.asil.kr): 아파트 실거래가를 확인하는 플랫폼이다. 아파트 단지별로 최근 매매와 전세 실거래가를 제공하고 신규 분양 정보도 제공한다. 단지별 가격 추이, 거래량, 실거래가 변동 그래프 등이 쉽게 파악되어 투자 판단에 도움이 된다.

- 호갱노노(www.hogangnono.com): 아파트 시세, 실거래가, 입주 예정 아파트 정보 등을 제공한다. 아파트 시세 추이와 투자자들의 리뷰, 단지별 매매와 전세 가격 변동을 쉽게 파악할 수 있기 때문에 시세 변동에 민감한 투자자에게 유용하다.

그 밖의 유용한 정보처

- 부동산 스터디 카페(cafe.naver.com/jaegebal): 네이버 카페로서 투자자들이 모여 부동산 투자 정보를 공유하는 대표적인 커뮤니티다. 경기도 아파트 투자와 관련된 최신 소식, 부동산 규제 변화, 청약 정보 등을 공유하며 투자 노하우를 배울 수 있다.

- 카카오맵(map.kakao.com): 교통 인프라, 학군 정보, 상권 등을 한눈에 파악할 수 있다. 특히 신규 교통 호재 지역과 역세권 아파트 투자를 고려할 때 유용한 사이트다.

- 유튜브 채널: 다양한 부동산 전문가들이 경기도 지역 분석을 중심으로 정보를 제공한다. GTX 노선 분석, 3기 신도시 개발 소식, 지역별 투자 전략 등을 다룬 채널이 많아서 최신 정보를 습득하는 데 유리하다. 스마트튜브

TV(https://www.youtube.com/@ppassong)를 추천한다.

• 부동산 관련 세미나와 강의: 경기도청이나 부동산 투자 커뮤니티가 주최하는 부동산 세미나에 참여하면 실시간 시장 정보와 투자 전략을 얻을 수 있다. 스마트튜브 경제아카데미(https://www.smarttube.kr/)의 오프라인 강의와 온라인 세미나에서 지역별 투자 정보를 심도 있게 배울 수 있다.

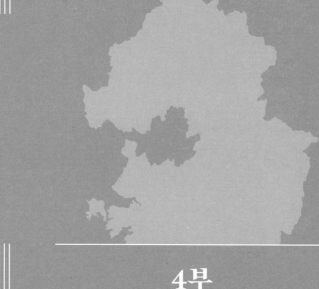

4부
핵심 투자 지역

0기 신도시

1기 신도시 이전, 서울의 주거 과밀 문제를 해소하기 위해 서울 외곽에 대규모 계획도시들을 개발했다. 1970~1980년대에 개발된 원조 신도시와 위성도시들은 0기 신도시로 불렸고 주요 주거지로 자리 잡아왔다.

0기 신도시인 과천, 성남, 안양, 부천, 의정부의 특징과 투자를 차례로 살펴보자.

과천

대한민국의 원조 위성도시인 과천은 서울의 과밀화를 해소하고 주거 문제를 해결하기 위해 1980년대 초반부터 본격적으로 개발되었다. 정부종합청사가 들어서며 행정 중심지로 자리 잡았고, 서울 강남과의 인접성 덕분에 많은 공무원과 고소득층이 거주했다.

현재 재건축 수요가 매우 높고 과천주공아파트를 중심으로 재건축이 활발히 논의되고 있다. 또 과천지식정보타운이 새롭게 조성되면서 첨단 산업 중심지로 변모하고 있다. GTX-C 노선이 개통하면

과천시 행정구역도

자료: 과천시

서울 접근성이 더욱 개선될 예정이고, 재개발·재건축과 첨단 산업 인프라의 조합으로 부동산 가치가 상승할 가능성이 크다.

주요 특성

뛰어난 서울 접근성

서울 지하철 4호선이 관통하여 서울 강남권 접근성이 뛰어나다. 서울과 가깝고 특히 서초구와 강남구를 오가는 시간이 짧아 많은 직장인이 선호한다. 또 과천대로와 경부고속도로 등을 통해 서울 도심과 빠르게 연결되니 교통 접근성에서 매우 우수한 입지를 자랑한다.

자연환경과 쾌적한 주거 환경

관악산과 청계산 등 녹지 공간이 풍부해 자연과 조화를 이룬 주거 환경이 형성되어 있다. 서울 대도시권에 인접해 있으면서도 자연환경이 우수해 주거지로서의 가치가 높다. 개발이 제한된 그린벨트로 보호된 지역이 많아서 상대적으로 조용하고 쾌적하다.

우수한 학군과 교육 환경

교육열이 높아서 명문 학군과 우수한 교육기관이 자리 잡고 있다. 특히 서울 강남권의 대체 학군지로 인식되면서 중산층 이상이 선호하는 교육 환경을 갖추었다. 과천고등학교, 문원중학교 등 명문 학교가 있어서 교육 여건이 매우 뛰어나다.

정부청사와 행정 중심지 역할

정부과천청사와 함께 법무부, 과학기술정보통신부 등 중앙 행정 기관들이 집중되어 있다. 과천시는 행정 중심지로서의 역할을 수행해서 정부 관련 기관 종사자의 수요가 많다.

개발 현황과 투자 포인트

재건축·재개발 사업

과천은 오래된 아파트 단지가 많아 재건축 사업이 활발하다. 특히 재건축 대상인 과천주공1~12단지는 최근 대형 아파트 단지로 변모하고 있다. 재건축 사업은 고급 주거지의 가치를 더욱 높여준다. 과천주공 12개 단지는 대우, GS, 삼성 등 1군 브랜드 아파트로 재건축되었고 지역 내 최고가 아파트로 자리 잡았다. 재건축 후 고급 주거단지로 변모하면서 프리미엄이 붙어 시세 상승이 이루어졌다.

과천지식정보타운 개발

과천은 과천지식정보타운 개발을 통해 첨단 IT 산업과 연구시설을 도입하고 자족 기능을 강화하고 있다. 지식정보타운은 과천시와 인접한 강남권 IT 산업과 연계하여 기술 허브로 성장할 가능성이 크

과천지식정보타운 조감도   자료: 과천시

다. 신축 아파트 분양도 활발하며 기업들의 입주가 예상되는 만큼 주거 수요가 늘어나고 있다.

교통 호재

과천을 통과하는 GTX-C 노선이 개통하면 서울 강남권 접근성이 더욱 강화될 예정이다. 이는 과천시 주거 수요를 크게 증가시키고 부동산 시세를 상승시킬 핵심 동력이 될 것이다. 또한 경부고속도로 지하화가 예정되어 과천과 서울을 연결하는 교통망이 더 편리해질 것이다.

과천 부동산 투자 전략

재건축 아파트 투자

과천주공 단지들은 최근 재건축이 진행되며, 재건축 이익이 크기 때문에 장기적인 시세 상승이 기대된다. 특히 1단지와 8단지 등은 고급 브랜드 아파트로 재건축이 완료되었고 투자 가치가 높다. 7단지 같은 재건축 초기 단계 아파트에 투자하면 향후 재건축 완료 후 프리미엄 시세 차익을 기대할 수 있다.

지식정보타운 신축 아파트 분양

과천지식정보타운은 첨단 IT 기업들이 입주할 예정인 자족형 신

휴먼웨이
문화복합지구 및 IC기점 계획

로컬웨이
대중교통 중심
지하도로 계획

경부간선도로 지하부 튜브형
2개 터널 관입

스피드웨이
완행
지면 40m 이하 대심도
차선별 목적통신 분리

급행

저류조
저류조
저류조
재난·홍수 방지를 위한 저류조

하행
상행

경부고속도로 지하화 개념도   자료: 서초구

도시로 개발되면서 신축 아파트가 지속적으로 공급되고 있다. 신
축 아파트는 프리미엄을 형성하고 기업 종사자들을 대상으로 한
임대 수요도 기대할 수 있다. 특히 지식정보타운 내 분양권은 향후
입주 시점에 맞춰 가격 상승이 예상되므로 중장기적인 투자 전략

에 적합하다.

GTX-C 노선 수혜 지역 투자

GTX-C 노선이 개통하면 과천은 서울 중심부와의 연결성이 더 강화될 예정이니 과천의 역세권 아파트 수요가 증가할 것이다. 과천역 인근의 아파트는 교통 호재로 인해 가격 상승이 기대된다. 과천지식정보타운과 GTX-C가 연계된 지역은 장기적으로 수익형 부동산 투자의 주요 대상으로 자리 잡을 수 있다.

매매가 상위 아파트 10곳

과천시의 매매가 상위 아파트 10곳은 오른쪽 표와 같다. 4부에서는 이와 같이 설명하는 지역의 매매가 상위 아파트 10곳의 목록을 제공한다. 부동산 웹사이트 '아실'을 참고해서, 해당 지역의 전용 면적 84제곱미터 아파트 중에서 2023년 11월 1일~2024년 10월 31일 기간에 가장 비싸게 매매된 아파트 10곳을 뽑고 아파트명, 입주 연도, 위치, 매매 가격을 명시했다. 관심 지역과 주변 지역의 시세를 파악하는 데 도움이 될 것이다.

순위	아파트명	입주 연도	위치	가격(만 원)
1	과천푸르지오써밋	2020	과천시 중앙동	229,000
2	과천위버필드	2021	과천시 원문동	220,000
3	과천자이	2021	과천시 별양동	216,000
4	주공8단지	1983	과천시 부림동	215,000
5	과천센트럴파크푸르지오써밋	2020	과천시 부림동	199,000
6	래미안에코팰리스	2007	과천시 중앙동	195,000
7	래미안과천센트럴스위트	2018	과천시 별양동	190,000
8	주공4단지	1983	과천시 별양동	179,500
9	래미안슈르	2008	과천시 원문동	173,000
10	과천푸르지오라비엔오	2021	과천시 갈현동	173,000

과천시 아파트 가격 최고 순위(2023/11/01~2024/10/31, 전용면적 84m² 기준)   자료: 아실

(구)성남

경기도 성남시는 구도심과 신도시로 나뉜다. 구도심 지역을 가리키는 (구)성남은 주로 수정구와 중원구를 포함하고, 신도시는 분당구와 판교를 중심으로 개발되었다. 성남 수정구와 중원구는 서울 인구를 분산하기 위해 1970년대에 서울의 베드타운으로 조성되었고 당시 이주민들의 주거지가 형성되었다.

현재 성남 구도심은 재개발 논의가 활발하다. 특히 중원구는 노후 주택이 많아 재건축·재개발 대상 지역으로 주목받는다. 성남시는 판교와의 연결성 덕분에 실거주자뿐만 아니라 투자자의 관심을 받고 있으며, GTX 같은 교통 호재도 부동산 가치 상승에 기여할 수 있다.

성남시 행정구역도   자료: 성남시청

주요 특성

뛰어난 서울 접근성

서울 지하철 8호선과 분당선, 다양한 버스 노선이 있어서 서울 강남권 접근성이 뛰어나다. 특히 수정구와 중원구는 서울 송파구와 인접해 출퇴근이 쉽다. 또 성남대로와 수도권제1순환고속도로 등을 통해 서울로 빠르게 이동할 수 있고 수도권 주요 지역으로의 접근

성도 좋다.

재개발·재건축

(구)성남 지역은 재개발과 재건축이 활발히 진행되고 있는 구도심이다. 성남시 원도심인 신흥동, 수진동, 중앙동 일대는 노후 주택들이 많아 재개발·재건축 사업이 활발히 이루어지고 있다. 원도심 지역의 현대화와 주거 환경 개선을 목표로 대규모 주거지 개발이 이루어지고 있으며, 이로 인해 지역의 가치 상승이 기대된다.

교육과 생활 인프라

성남시청과 성남종합운동장 등 공공시설이 잘 갖춰졌고 백화점, 대형 마트, 전통시장 등 다양한 생활 인프라가 자리 잡았다. 또한 우수한 학군을 자랑하는 학교가 많아서 실거주 수요가 꾸준히 높다.

개발 현황과 투자 포인트

수정구 재개발·재건축 사업

수정구는 성남시의 대표적인 구도심으로 신흥동과 수진동 일대에서 재개발 사업이 활발하다. 특히 신흥1구역은 대규모 재개발이 진행되며 향후 고급 아파트 단지로 탈바꿈할 예정이다. 위례신도시와 연접한 위례트램이 개통하면 수정구는 교통 접근성이 더욱 좋아지

위례트램 조감도　　　　　　　　　　　　　　　자료: 서울시

고 실거주 수요와 함께 투자 가치가 높아질 것이다.

중원구 재개발과 교통 호재

중원구는 하대원동과 상대원동 일대의 재개발이 활발히 진행되고 있다. 특히 하대원 재개발 구역은 교통망이 우수하고 분당과의 접근성이 좋아 중장기적인 시세 상승이 기대된다. 모란역 일대는 모란시장과 성남종합운동장 등 상업지구와 공공시설이 잘 갖춰져 있고, 최근 모란역 복합환승센터 개발 계획이 발표되어 교통 중심지로 발전할 가능성이 크다.

교통망 확충

8호선 연장선이 신흥역과 수진역에서 송파구로 연결되어 서울 접근성이 뛰어나다. 또한 위례트램과 경강선 연장 등 구도심의 교통 편의성이 더욱 높아질 예정이다. 이러한 교통 호재가 (구)성남의 주거지 가치를 더욱 높여서 실거주 수요와 투자 수요 모두에게 매력적인 지역이 될 것이다.

(구)성남 부동산 투자 전략

재개발 아파트 투자

재개발이 진행 중인 신흥동, 수진동, 하대원동 일대는 재개발 후 프리미엄이 붙어 시세 상승 가능성이 크니 재개발 초기 단계에 투자해 장기 시세 차익을 노리는 것이 좋다. 신흥1구역과 수진2구역 같은 대규모 재개발 단지들은 향후 대형 아파트 단지로 탈바꿈할 예정이다.

실거주 목적의 소형 아파트 투자

서울 송파구와 인접해 직주근접이 가능하고, 특히 소형 아파트는 실거주 수요가 꾸준히 많으며 신혼부부와 1인 가구 중심의 수요가 늘고 있다. 따라서 신흥동, 수진동 일대 소형 아파트는 안정적인 실거주 수요와 함께 가격 상승을 기대할 수 있다. 모란역 인근의 소형 아파트도 교통이 편리하고 생활 인프라가 잘 갖춰져 임대 수익을 기대할 수 있다.

교통 호재 지역 투자

위례트램이 개통하면 수정구의 교통 편의성이 더욱 개선되니 트램 역과 인접한 아파트 단지와 상업지구는 시세가 상승할 가능성이 크다. 모란역~판교역 8호선 연장 개발이 완료되면 모란역 주변 아파트는 교통 중심지로서의 장점이 강화되며 주거지 가치 상승이 기대된다.

구분	순위	아파트명	입주 연도	위치	가격(만 원)
수정구	1	위례센트럴자이	2017	성남시 수정구 창곡동	165,000
	2	산성역포레스티아	2020	성남시 수정구 신흥동	165,000
	3	위례래미안이편한세상	2016	성남시 수정구 창곡동	145,000
	4	위례역푸르지오5단지	2017	성남시 수정구 창곡동	143,000
	5	위례역푸르지오6단지	2017	성남시 수정구 창곡동	140,000
	6	위례역푸르지오4단지	2017	성남시 수정구 창곡동	140,000
	7	위례더힐55	2015	성남시 수정구 창곡동	135,000
	8	산성역헤리스톤	2027	성남시 수정구 산성동	121,054
	9	판교밸리호반써밋	2019	성남시 수정구 고등동	114,000
	10	산성역자이푸르지오	2023	성남시 수정구 신흥동	113,000
중원구	1	신흥역하늘채랜더스원3단지	2022	성남시 중원구 중앙동	123,000
	2	신흥역하늘채랜더스원1단지	2022	성남시 중원구 중앙동	120,000
	3	센트럴타운	2013	성남시 중원구 여수동	118,000
	4	e편한세상금빛그랑메종1단지	2022	성남시 중원구 금광동	108,000
	5	e편한세상금빛그랑메종5단지	2022	성남시 중원구 금광동	100,000
	6	e편한세상금빛그랑메종4단지	2022	성남시 중원구 금광동	98,000
	7	롯데캐슬	2012	성남시 중원구 중앙동	98,000
	8	힐스테이트2차	2012	성남시 중원구 중앙동	89,700
	9	중앙힐스테이트1차	2012	성남시 중원구 중앙동	86,300
	10	동분당포레스트아파트	2007	성남시 중원구 도촌동	85,000

성남시 수정구와 중원구 아파트 가격 최고 순위(2023/11/01~2024/10/31, 전용면적 84㎡ 기준)

(구)안양

안양시는 1970년대에 서울의 주거 과밀을 해소하기 위해 조성된 위성도시다. 안양동과 석수동 일대에 주거단지가 조성되었고 많은 인구가 이주했다.

(구)안양은 안양시의 구도심 지역을 의미하며 주로 만안구를 포함한다. 오래된 주거지와 상업지역이 밀집해서 현재 재개발과 재건

안양시 행정구역도   자료: 안양시청

축 사업이 활발히 진행되고 있다.

신도시는 동안구와 평촌신도시를 중심으로 개발되었다. 1기 신도시인 평촌은 재건축 가능성이 높아지고 있고, GTX-C 노선이 개통하면 서울 접근성이 크게 개선될 예정이다. 그중에서도 인덕원역 주변은 신안산선과 GTX-C의 교통 호재가 맞물리며 투자 가치가 높아지고 있다.

안양시는 현재도 실거주 수요가 꾸준히 발생하며 중장기적으로 재건축과 교통망 개선으로 인한 시세 상승을 기대할 수 있다.

주요 특성

뛰어난 서울 접근성

지하철 1호선의 안양역, 명학역, 관악역 등을 통해 서울과 경기도 남부로 출퇴근하기가 매우 쉽다. 서울 중심지인 서울역, 영등포 등으로 빠르게 연결되고 버스 노선도 잘 정비되어 대중교통 접근성이 매우 좋다. 서해안고속도로와 경부고속도로와 인접해서 자동차로 서울과 수도권으로 이동하기 좋다.

구도심의 재개발·재건축

과거에 산업과 상업이 발달했고 현재도 중소형 상가와 노후 주택들이 밀집해 있다. 구도심의 주거 환경 개선 요구가 높아서 재개발·

재건축이 활발히 이루어지고, 특히 안양역 일대를 중심으로 재개발이 진행되면서 새로운 주거지로 변모하고 있다.

상업 중심지로서의 기능

안양역을 중심으로 전통 상권이 발달했다. 특히 안양1번가가 대표적인 상업 지역으로서 상점과 식당이 많이 모여 상권 활성화를 이루었다. 안양역 인근에는 백화점, 마트, 전통시장 등 다양한 생활 편의시설이 있고 구도심이면서도 상업적으로 활발하다.

주거와 교육 환경

평촌신도시에 비해 주거 환경이 다소 낙후되었지만 재개발이 진행되면서 개선되고 있다. 특히 초중고 교육시설이 잘 갖춰져서 실거주 목적의 수요가 늘고 있다.

개발 현황과 투자 포인트

만안구 재개발·재건축 사업

만안구는 안양역을 중심으로 해서 구도심 재개발이 활발히 진행 중이다. 특히 안양역 주변 재개발 구역과 안양동 일대의 노후 주택들이 현대식 아파트 단지로 재건축되고 있다. 이 사업이 완료되면 안양역 주변은 대규모 주거지로 변모하면서 주거 환경이 개선됨과 함께 상업시설 확충도 기대된다.

안양역 복합개발

안양역 복합환승센터가 개발되고 있어서 교통 편리성이 대폭 개선될 예정이다. 지하철, 버스뿐만 아니라 상업시설과 주거시설을 포함하는 복합환승센터는 지역 내 상업 중심지로서 역할을 강화할 것이다.

따라서 안양역 일대는 상업 활성화와 주거 환경 개선이 함께 이루어지며, 실거주자뿐만 아니라 투자자에게도 매력적인 지역으로 평가받고 있다.

교통망 확충

1호선을 통해 서울과 연결된 (구)안양은 GTX-C 노선이 개통하면 교통망이 더욱 강화된다. GTX-C 노선은 금정역을 경유하며 (구)안양의 교통 편리성을 더욱 높여줄 것이다. 따라서 직주근접을 원하는 실거주자들의 수요가 더욱 증가할 것으로 예상된다.

(구)안양 부동산 투자 전략

재개발·재건축 아파트 투자

만안구는 재개발이 활발히 이루어지고 있어서 안양역 인근 재개발 구역에 투자하면 장기적인 시세 상승을 기대할 수 있다. 현재 안양동 일대는 재개발이 진행 중이거나 계획 중이어서 초기 단계의 매물을 선점하는 것이 투자 수익을 높이는 데 유리하다. 재건축 대상 아파트들도 향후 재건축 이익이 클 수 있고, 특히 노후된 아파트 단지에 대한 관심이 높아지고 있다.

소형 아파트와 상업시설 투자

(구)안양은 소형 아파트의 수요가 높다. 특히 안양역 주변은 교통 편리성 덕분에 임대 수요가 많아 임대 수익형 부동산 투자처로도 적합하다. 안양1번가와 같은 상업 중심지 인근에 투자하면 상업시설 확장과 함께 상가 투자 수익도 기대할 수 있다.

GTX-C 노선 개통에 따른 투자 기회

GTX-C 노선이 개통하면 (구)안양의 서울 접근성이 더욱 강화된다. 금정역과 가까운 지역에 중대형 아파트를 선점하면 장기적인 시세 상승을 기대할 수 있으며, 직주근접을 원하는 수요가 꾸준히 늘어날 것이다.

구분	순위	아파트명	입주 연도	위치	가격(만 원)
동안구	1	평촌더샵센트럴시티	2016	안양시 동안구 관양동	128,000
	2	평촌래미안푸르지오	2022	안양시 동안구 비산동	124,000
	3	향촌롯데	1993	안양시 동안구 평촌동	120,000
	4	향촌현대5차	1993	안양시 동안구 평촌동	116,000
	5	귀인마을현대홈타운	2002	안양시 동안구 평촌동	115,600
	6	평촌트리지아	2024	안양시 동안구 호계동	115,000
	7	평촌더샵아이파크	2019	안양시 동안구 호계동	114,000
	8	평촌센텀퍼스트	2023	안양시 동안구 호계동	113,000
	9	향촌현대4차	1992	안양시 동안구 평촌동	110,000
	10	인덕원마을삼성	1998	안양시 동안구 관양동	109,000
만안구	1	안양역푸르지오더샵	2024	안양시 만안구 안양동	116,600
	2	래미안안양메가트리아	2016	안양시 만안구 안양동	91,500
	3	두산위브	2010	안양시 만안구 석수동	90,000
	4	아르테자이	2022	안양시 만안구 안양동	88,250
	5	두산위브더아티움	2022	안양시 만안구 안양동	85,400
	6	안양역한양수자인리버파크	2019	안양시 만안구 안양동	81,000
	7	석수역푸르지오	2009	안양시 만안구 석수동	80,500
	8	안양씨엘포레자이	2021	안양시 만안구 안양동	78,000
	9	힐스테이트석수	2015	안양시 만안구 석수동	77,500
	10	석수LG빌리지	2001	안양시 만안구 석수동	75,000

안양시 아파트 가격 최고 순위(2023/11/01~2024/10/31, 전용면적 84m² 기준)

(구)부천

부천시는 서울 강서구와 인천 사이에 위치한다. 1960~1970년대
에 서울의 공업 기지로 조성되면서 공업단지와 주거시설이 형성되
었다. 당시 서울과의 인접성 덕분에 많은 사람이 이주했고 이후 경

부천시 행정구역도

자료: 부천시청

기도의 대표적인 위성도시로 자리 잡았다. (구)부천은 부천시의 구도심을 가리키는데 원미구, 소사구, 오정구를 포함한다. 원미구 중동과 상동 일대가 1기 신도시로 개발되면서 (구)부천의 재건축과 재개발 사업이 활발하게 진행되어 투자 가치가 높아지고 있다.

GTX-B 노선이 개통하면 부천의 서울 접근성이 대폭 개선될 것이다. 부천종합운동장역 일대는 대규모 재개발과 상업지구 확장이 예정되어 부동산 가치가 높아지고 있다. 송내역과 상동역 인근도 상업과 주거 수요가 꾸준히 증가해서 투자처로 주목받는다.

주요 특성

서울과 인천에 인접한 뛰어난 교통망

부천시는 서울 지하철 7호선과 1호선, 서해선이 지나서 서울 강서구와 인천으로 빠르게 이동할 수 있는 교통 요지다. 특히 7호선은 서울 강남까지 연결되어 있어 직주근접이 가능하다. 다양한 버스 노선이 서울, 인천, 경기 남부 지역과 연결되어 대중교통 접근성이 우수하다. 경인로, 서해안고속도로, 경인고속도로 등을 통해 서울과 수도권으로 접근하기 쉽고 특히 김포공항과 가까워 국내외 이동에도 편리하다.

재개발·재건축 사업 진행

원미구, 소사구, 오정구와 같은 구도심 지역에서 재개발과 재건축 사업이 활발히 진행되고 있다. 특히 중동과 상동은 재개발·재건축을 통해 대규모 아파트 단지로 탈바꿈하며 새로운 주거지를 형성하고 있다. (구)부천은 주거 환경이 낙후된 터라 개선이 필요한 지역이 많다. 따라서 재개발 추진이 활발히 이루어지며 새로운 고급 주거지로 재탄생할 가능성이 높다.

상업 중심지와 교육 인프라

부천역, 송내역, 중동역을 중심으로 대형 상업지구가 형성되어 있다. 특히 부천역 일대는 상업과 유흥 시설이 밀집한 대표적인 상업 중심지여서 사람이 많이 모인다. 교육 인프라도 잘 갖춰져 있고 특히 중학교와 고등학교가 밀집해서 실거주 목적으로 거주하는 사람이 많다.

개발 현황과 투자 포인트

원미구 재개발과 재건축 사업

원미구는 부천의 구도심으로 중동 재건축이 활발히 진행되고 있다. 중동은 현재 대규모 아파트 단지로 재건축되어 신축 아파트 공급이 이루어지고 있으며, 지역 내 상업지구도 함께 발전할 전망이므로 가격 상승이 기대된다.

소사구 재개발과 교통 호재

소사구는 소사역을 중심으로 재개발이 활발히 진행 중이다. 특히 서해선의 일부 구간인 대곡~소사선이 개통하면서 서울 접근성이 더욱 강화되었다. 소사역은 서해선과 GTX-B 노선이 연결되는 교통 중심지로 발전할 가능성이 높으며 인근 주거·상업지가 함께 활성화될 것으로 기대된다. 소사 뉴타운 재개발 사업은 소사역 인근에서 진행 중이며 대규모 아파트 단지가 들어설 예정이다. 따라서 소사역 세권의 주거지와 상업시설이 크게 변화할 것이다.

오정구 재개발 사업

오정구는 김포공항과 가까운 지역이며 오정동 일대를 중심으로 재개발이 추진되고 있다. 오정구는 인천 서구와도 인접해서 인천과 서울 접근성이 뛰어나며, 항공 산업과 관련된 주거 수요가 꾸준히 늘어나고 있다. 특히 오정동 재개발 구역은 소규모 아파트 단지들로 재개발될 예정이니 장기적인 시세 상승이 기대된다.

(구)부천 부동산 투자 전략

재개발·재건축 아파트 투자

(구)부천 지역에서 재개발·재건축이 활발히 이루어지고 있는 원미구, 소사구, 오정구 일대는 정비사업 초기 단계에 투자하여 장기적인 시세 차익을 기대할 수 있다. 특히 중동 정비사업 구역은 이미 대규모 아파트 단지로 변모하고 있으며, 정비사업이 완료되면 부천 지역 내 프리미엄 아파트로 자리 잡을 가능성이 크다.

교통 호재 지역 투자

(구)부천은 서해선 대곡~소사 구간의 일부 개통에 이어 GTX-B 노선의 광역 교통망 확충이 예정되어 서울 접근성이 더욱 개선될 예정이다. 교통 호재가 가장 큰 소사역 인근이 교통 중심지로 자리 잡을 가능성이 크다. GTX-B 노선이 개통하면 서울 출퇴근이 용이해

구분	순위	아파트명	입주 연도	위치	가격(만 원)
소사구	1	힐스테이트소사역	2025	부천시 소사구 소사본동	91,745
	2	e편한세상온수역	2020	부천시 소사구 괴안동	88,000
	3	래미안부천어반비스타	2021	부천시 소사구 송내동	87,800
	4	부천일루미스테이트	2023	부천시 소사구 범박동	87,000
	5	부천소사역푸르지오	2012	부천시 소사구 소사본동	80,200
	6	옥길호반베르디움	2017	부천시 소사구 옥길동	79,500
	7	제이드카운티2단지	2017	부천시 소사구 옥길동	75,500
	8	부천옥길자이	2018	부천시 소사구 옥길동	74,500
	9	송내역파인푸르지오1단지	2016	부천시 소사구 송내동	74,000
	10	송내역파인푸르지오2단지	2016	부천시 소사구 송내동	70,000
오정구	1	여월휴먼시아3단지	2007	부천시 오정구 여월동	82,500
	2	여월휴먼시아4단지	2010	부천시 오정구 여월동	78,000
	3	원종동금호어울림	2011	부천시 오정구 원종동	66,500
	4	부천동도센트리움까치울숲	2021	부천시 오정구 작동	63,600
	5	오정휴먼시아2단지	2006	부천시 오정구 오정동	61,000
	6	오정휴먼시아1단지	2006	부천시 오정구 오정동	61,000
	7	채움	2021	부천시 오정구 원종동	55,000
	8	해주2차	2003	부천시 오정구 원종동	52,000
	9	동광모닝스카이1차	2007	부천시 오정구 고강동	50,000
	10	세창짜임	2004	부천시 오정구 원종동	48,000
원미구	1	중동센트럴파크푸르지오(주)	2020	부천시 원미구 중동	132,500
	2	힐스테이트중동(주상복합)	2022	부천시 원미구 중동	130,000
	3	래미안부천중동	2015	부천시 원미구 중동	88,500
	4	푸른창보밀레시티	2002	부천시 원미구 상동	84,500
	5	역곡역e편한세상	2011	부천시 원미구 역곡동	83,500
	6	진달래효성	2002	부천시 원미구 상동	80,700
	7	행복한금호	2002	부천시 원미구 상동	80,700
	8	부천위브트레지움2단지	2012	부천시 원미구 약대동	80,000
	9	상동스카이뷰자이	2018	부천시 원미구 상동	80,000
	10	행복한한양수자인	2002	부천시 원미구 상동	75,300

부천시 아파트 가격 최고 순위(2023/11/01~2024/10/31, 전용면적 84㎡ 기준)

져 실거주 수요가 크게 늘어날 것이다. 특히 소사역세권의 아파트와 상업시설에 투자하면 중장기적으로 시세 상승을 기대할 수 있다.

소형 아파트 투자

부천은 소형 아파트의 임대 수요가 높다. 부천시청역과 송내역 일대는 1인 가구와 직장인의 수요가 많아 임대 수익형 부동산에 적합하다. 특히 부천시청역 인근 소형 아파트는 교통이 편리하니 임대 수익을 기대할 수 있는 좋은 투자처다.

의정부

의정부는 경기도 북부의 중심 도시로서 서울 북쪽에 인접해 있으며, 1970년대에 서울의 주거와 행정 기능을 분산하기 위해 형성되었다. 군사 기지와 행정 기능을 중심으로 성장했고 서울과의 근접성 덕분에 많은 인구가 유입되었다.

GTX-C 노선이 개통하면 서울 강남 접근성이 크게 개선될 예정이다. 의정부역 주변은 재개발이 활발히 진행되고 있고 향후 신축 아파트 수요가 급증할 것으로 예상된다. 특히 서울 접근성 덕분에 재건축·재개발 수요가 높다고 평가된다.

의정부시 행정구역도

자료: 의정부시

주요 특성

뛰어난 서울 접근성

의정부는 서울 지하철 1호선과 의정부경전철이 지나서 서울로의 출퇴근이 매우 용이하다. 특히 1호선 의정부역과 회룡역을 통해 서울 도심으로 빠르게 이동할 수 있다. 또 서울외곽순환고속도로, 동부간선도로와 연결되어 서울과 수도권 다른 지역으로 이동하기 쉽다.

교통망 확충과 GTX-C 노선

GTX-C 노선이 개통하면 서울 강남권까지 20분 내외로 갈 수 있다. GTX-C 노선의 수혜 지역으로 의정부역과 회룡역 인근 지역이 주목받으며, 교통 호재로 인해 주거지 가치가 크게 상승할 것으로 기대된다.

경기 북부의 행정 중심지

경기 북부의 행정 중심지로서 경기도청 북부청사와 의정부시청, 법원과 경기북부경찰청 등이 자리 잡고 있다. 그래서 공무원과 관련 종사자들의 실거주 수요가 높다.

자연환경과 생활 인프라

수락산, 도봉산, 홍복산 등으로 둘러싸여 쾌적한 주거 환경을 제공한다. 또한 의정부역을 중심으로 대형 상업시설이 발달했고 병원, 학교, 공원 등 다양한 생활 인프라가 잘 갖춰져 있다.

개발 현황과 투자 포인트

재개발·재건축 사업

의정부 구도심에서는 재개발과 재건축 사업이 활발히 진행되고 있다. 특히 의정부역과 회룡역 일대가 재건축·재개발 대상이어서 노후 아파트들이 현대식 주거지로 변모하고 있다. 의정부 중앙생활권이 재개발을 통해 대규모 아파트 단지로 재탄생하면서 주거 환경 개선과 함께 주거지 가치 상승이 기대된다.

신도시 개발과 주거지 확장

의정부는 민락지구와 고산지구 같은 신도시 개발도 활발하다. 신축 아파트 공급이 많은 민락2지구는 서울 외곽 접근성과 주거 환경이 우수해 실거주 수요가 많다. 고산지구도 신규 주거단지가 조성되면서 젊은 세대와 신혼부부의 수요가 늘고 있다. 신축 아파트 공급이 많아 미래 가치가 높게 평가받는다.

GTX-C 노선 수혜 지역

GTX-C 노선이 개통하면 서울 강남권과의 거리가 매우 가까워진다. 의정부역과 회룡역 인근 지역은 교통 호재로 인해 주거지 가치가 크게 상승할 것으로 보이며, 특히 역세권 아파트에 대한 관심이 높아지고 있다. GTX 개통 이후 서울 출퇴근이 용이해져서 실거주 수요와 임대 수요가 함께 증가할 것으로 예상된다.

의정부 부동산 투자 전략

재개발·재건축 아파트 투자

의정부 구도심 지역에서 재개발·재건축이 활발히 진행되고 있다. 특히 의정부역과 회룡역 일대는 재개발 초기 단계의 아파트가 많아서 장기적인 시세 상승을 기대할 수 있다. 재개발 사업이 완료되면 대규모 현대식 아파트 단지로 변모할 예정이므로 지금 단계에 투자하면 재개발 이익을 노릴 수 있다.

GTX-C 노선 주변 투자

GTX-C 노선이 개통하면 의정부역, 회룡역 인근 지역은 교통 접근성이 대폭 향상된다. 서울 강남권 출퇴근이 용이해지면서 주거지 수요가 증가할 것이며 역세권 아파트는 장기적으로 시세 상승이 기대된다. GTX-C 노선이 지나가는 지역을 중심으로 중대형 아파트를 선점하면 중장기적인 시세 상승을 기대할 수 있다.

신도시 개발 지역 투자

민락2지구와 고산지구는 신도시 개발이 활발히 이루어지면서 신축 아파트 공급이 계속되고 있다. 신혼부부와 젊은 세대를 중심으로 실거주 수요가 많아 중장기적인 투자에 유리하다. 신축 아파트 분양권을 매입하고 입주 시점에 맞춰 가격 상승을 기대하는 것이 좋은 투자 전략이다.

임대 수익형 부동산 투자

의정부는 경기 북부의 행정 중심지여서 공공기관 종사자들의 임대 수요가 꾸준하다. 의정부역 인근의 소형 아파트는 임대 수익을 기대할 수 있는 좋은 투자처다.

순위	아파트명	입주 연도	위치	가격(만 원)
1	의정부역센트럴자이&위브캐슬	2022	의정부시 의정부동	83,000
2	탑석센트럴자이	2021	의정부시 용현동	72,000
3	의정부역브라운스톤리버뷰	2024	의정부시 신곡동	68,173
4	힐스테이트탑석	2025	의정부시 용현동	66,444
5	고산수자인디에스티지2단지	2023	의정부시 산곡동	65,000
6	e편한세상신곡파크프라임	2024	의정부시 신곡동	64,082
7	더샵리듬시티	2024	의정부시 산곡동	64,015
8	의정부롯데캐슬골드파크1단지	2018	의정부시 의정부동	62,500
9	의정부고산대방노블랜드	2020	의정부시 고산동	62,200
10	의정부롯데캐슬골드파크2단지	2018	의정부시 의정부동	62,000

의정부시 아파트 가격 최고 순위(2023/11/01~2024/10/31, 전용면적 84m² 기준)

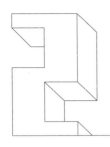

1기 신도시

1기 신도시는 1990년대 초반에 서울의 주거 과밀 문제를 해결하기 위해 개발된 대규모 계획도시로서 분당, 일산, 평촌, 산본, 중동이 있다. 처음 개발되었을 때는 주거 환경과 교통 인프라가 잘 갖춰져서 주거 선호도가 매우 높았다. 그러나 시간이 지나며 건물과 인프라가 노후화되었고 현재는 재건축·재개발이 중요한 이슈로 대두되고 있다.

1기 신도시들의 현황과 투자 포인트를 구체적으로 살펴보자.

1기 신도시

	면적 (천 m²)	수용 인구 (천 명)	인구 밀도 (명/ha)	주택 건설 (천 호)	사업 기간	최초 입주	총 사업비 (억 원)
분당	19,639	390	199	97.6	1989~1996	1991/09	41,600
일산	15,736	276	175	69.0	1990~1995	1992/08	26,600
평촌	5,106	168	329	42.0	1989~1995	1992/03	11,800
산본	4,203	168	399	42.0	1989~1995	1992/04	6,300
중동	5,456	166	304	41.4	1990~1996	1993/02	18,400
소계	**50,140**	**1,168**	**232**	**292.0**			**104,700**

자료: 국토교통부

분당신도시

경기도 성남시에 위치한 분당은 1990년대 초반에 개발된 대한민국 최초의 계획 신도시다. 서울 강남과 가까운 입지 덕분에 강남권 대체 주거지로 자리 잡았다. 교육 인프라가 잘 구축되어 있고, 판교와의 인접성 덕분에 IT 산업 종사자들의 수요가 높다. 그러나 건물과 기반시설이 노후화되어 재건축 필요성이 증가하고 있다.

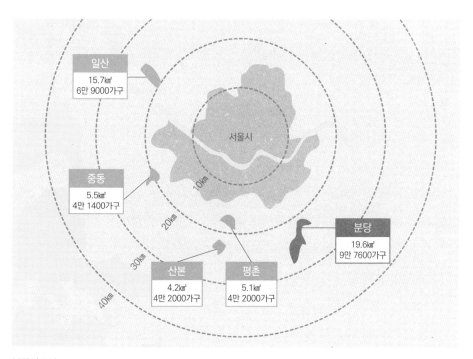

분당신도시

GTX-A 노선이 개통하면 서울 강남 접근성이 대폭 개선되니 교통 호재도 투자에 긍정적인 영향을 미칠 것이다.

주요 투자 포인트

서울 강남권에 대한 뛰어난 접근성

분당신도시는 신분당선과 분당선을 통해 서울 강남권까지 20~30분이면 닿을 수 있는 교통 요지다. 신분당선을 이용하면 서울 강남역과 판교역까지 빠르게 연결되고, GTX-A 노선이 개통하면 서울 삼성역까지 더욱 빠르게 도달할 수 있다. 강남 접근성이 뛰어나서 서울 출퇴근 수요가 매우 많고, 직주근접을 원하는 고소득층의 실거주 수요가 꾸준히 증가하고 있다.

재건축 기대감

1990년대 초반에 개발되었으니 많은 아파트가 재건축 가능 연한(30년)에 도달했다. 특히 정자동, 수내동, 서현동 일대의 노후 아파트 단지들이 재건축 대상으로 주목받고 있고, 향후 재건축 사업이 본격적으로 진행되면 시세 상승이 기대된다. 재건축 기대감은 분당신도시의 장기적인 시세 상승을 이끌 중요한 요인이니 재건축 초기 단계의 투자가 매우 유망하다.

우수한 주거 환경과 학군

공원과 녹지 공간이 잘 발달되어 쾌적한 주거 환경을 제공한다. 분당중앙공원, 율동공원, 탄천 등이 가까워서 자연환경이 우수하고 가족 단위 거주자에게 인기가 많다. 또한 명문 학교들이 밀집한 정자동, 서현동, 수내동 일대는 우수한 학군 덕분에 자녀 교육을 중시하는 중산층과 고소득층 가족이 많이 거주한다.

상업·업무지구와의 접근성

판교 테크노밸리가 인접해서 고소득 직장인의 거주 선호도가 높다. 특히 판교와의 직주근접성이 뛰어난 정자동과 백현동 일대는 판교 근무자들의 실거주 수요가 높다. AK플라자, 현대백화점 등 상업 시설과 카페 거리 등이 발달해서 상업 인프라도 우수한 편이다.

기간별 투자 전략

단기 투자
① 재건축 초기 단계 아파트

재건축 초기 단계의 아파트는 단기적으로 시세 상승을 기대할 수 있는 투자처다. 정자동, 구미동, 서현동의 노후 아파트들은 재건축 안전진단을 준비 중이거나 초기 단계이며, 재건축 추진이 본격화되면 시세가 빠르게 오를 가능성이 크다.

- 투자 전략: 재건축 구역 지정을 마치고 추진위원회가 구성된 아파트 단지에 투자하면 단기 시세 차익을 기대할 수 있다.

② 신축 아파트 분양권

신축 아파트 공급이 제한적이기 때문에 분양권 매입 후 입주 시점에 맞춰 프리미엄을 기대하는 전략이 유효하다. 특히 신분당선과 GTX-A 노선 인근의 신축 아파트는 교통 호재로 인한 가격 상승이 예상된다.

- 투자 전략: 분양권을 선점하고 입주 시점에 맞춰 단기 시세 차익을 노리는 것이 유리하다.

중기 투자
① 재건축 확정 아파트

중기 투자는 재건축 확정 아파트에 투자하는 것이 효과적이다. 재건축 사업이 본격화되면 아파트 시세가 상승할 가능성이 크다. 구미동과 서현동의 재건축 확정 단지들은 장기적으로 시세 상승을 기대할 수 있다.

- 투자 전략: 재건축 확정 아파트에 투자하여 중기적인 시세 상승을 기대할 수 있으며, 재건축 프리미엄을 노리는 것이 유리하다.

② GTX-A 노선 인근 역세권 아파트

GTX-A 노선이 개통하면 서울 강남권과의 출퇴근 시간이 대폭 줄어들 예정이다. 정자동, 백현동, 수내동, 이매동 등의 역세권 아파트는 교통 호재로 인해 중기적인 시세 상승이 예상된다.

- 투자 전략: GTX-A 노선 인근의 역세권 아파트에 중기적으로 투자해 교통 호재에 따른 시세 상승을 노리는 전략이 유효하다.

장기 투자

① 재건축 완료 아파트

재건축을 완료한 아파트는 장기적으로 프리미엄 주거지로 변모할 가능성이 크다. 수내동과 정자동 일대의 재건축 완료 단지는 대규모 현대식 아파트로 탈바꿈할 예정이며, 주거 환경이 개선된 후 시세가 크게 오를 것으로 기대된다.

- 투자 전략: 재건축 완료 직전의 아파트나 재건축 완료 후 아파트에 투자하여 장기적인 시세 상승을 기대할 수 있다.

② 임대 수익형 부동산

소형 아파트와 오피스텔은 판교 테크노밸리 종사자가 많아 임대 수익을 기대할 수 있는 투자처다. 특히 정자동과 서현동 인근은 직주근접을 선호하는 고소득 직장인들의 임대 수요가 높다.

- 투자 전략: 소형 아파트나 오피스텔에 장기 투자해 임대 수익을 꾸준히 창출

할 수 있고, 공실 위험이 적은 지역에서 안정적인 수익을 기대할 수 있다.

수요층별 투자 전략

고소득층과 자녀 교육 수요층

고소득층과 자녀 교육을 중시하는 수요층은 학군이 우수한 정자동, 서현동, 수내동 등의 중대형 아파트를 선호한다. 이 지역은 명문 학교들이 밀집해서 학군 프리미엄이 붙어 있고 실거주 수요가 매우 높다.

- 투자 전략: 학군 프리미엄이 있는 중대형 아파트에 투자하여 고소득층과 교육 수요층을 타깃으로 하는 전략이 유효하다.

젊은 직장인과 1인 가구

젊은 직장인과 1인 가구는 소형 아파트나 오피스텔을 선호한다. 특히 판교 테크노밸리와 가까운 정자동과 백현동 일대는 직주근접을 원하는 고소득층의 수요가 많아서 임대 수익을 기대할 수 있다.

- 투자 전략: 소형 아파트나 오피스텔에 투자하여 젊은 직장인을 타깃으로 한 임대 수익 전략이 효과적이다.

장기 거주 목적의 실수요층

장기 실거주 수요층은 쾌적한 주거 환경과 편리한 생활 인프라를

순위	아파트명	입주 연도	위치	가격(만 원)
1	봇들8단지휴먼시아	2009	성남시 분당구 삼평동	220,000
2	파크뷰	2004	성남시 분당구 정자동	200,000
3	백현6단지휴먼시아	2009	성남시 분당구 백현동	197,000
4	백현5단지휴먼시아	2009	성남시 분당구 백현동	196,000
5	백현2단지휴먼시아	2009	성남시 분당구 백현동	195,000
6	봇들7단지엔파트	2009	성남시 분당구 삼평동	190,000
7	백현7단지휴먼시아	2009	성남시 분당구 백현동	188,000
8	양지1단지금호	1992	성남시 분당구 수내동	173,000
9	삼성.한신	1991	성남시 분당구 서현동	172,500
10	아이파크분당	2003	성남시 분당구 정자동	166,500

성남시 분당구 아파트 가격 최고 순위(2023/11/01~2024/10/31, 전용면적 84m² 기준)

중시한다. 분당중앙공원과 가까운 정자동, 서현동 일대는 주거 환경이 쾌적해서 실거주를 희망하는 중산층과 고소득층 가족이 많이 선호한다.

- 투자 전략: 장기 실거주 목적으로 중대형 아파트에 투자하여 안정적인 주거지를 확보하는 전략이 유효하다.

일산신도시

경기도 고양시에 위치한 일산은 1990년대 초반에 개발된 1기 신도시이며 서울 북부 외곽의 주거지로 개발되었다. 호수공원과 같은 자연 친화적 환경이 돋보이고 주거 환경이 쾌적하다. 그러나 30년 가까이 된 아파트가 많아 재건축 이슈가 중요하다. GTX-A 노선이

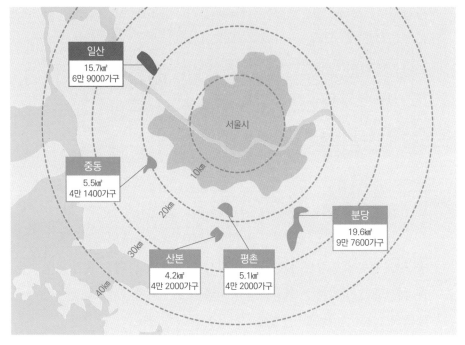

일산신도시

개통하면 일산에서 서울역까지 15분 이내에 도착해서 서울 접근성
이 크게 개선될 예정이다.

주요 투자 포인트

서울 서북부와의 뛰어난 접근성

일산신도시는 서울 지하철 3호선이 지나며 대화역, 주엽역, 백석

역 등의 주요 역을 중심으로 서울 출퇴근이 매우 용이하다. 마포구와 종로구로의 접근성이 좋아 서북부 연계성이 뛰어나다. GTX-A 노선이 개통하면 일산신도시에서 서울 삼성역까지 20분 내외로 이동이 가능해지며 서울 강남권 접근성이 크게 향상된다. 일산신도시의 부동산 가치 상승에 큰 영향을 미칠 주요 호재 중 하나다.

재건축 기대감

1990년대 초반에 건설된 아파트가 많아서 재건축 가능 연한인 30년이 도래하면서 재건축 기대감이 매우 크다. 특히 주엽동, 마두동, 일산동, 백석동 일대의 노후 아파트 단지들이 재건축 대상으로 주목받는다. 재건축 사업이 본격적으로 진행되면 대규모 신축 아파트 단지로 탈바꿈할 가능성이 크기 때문에 장기적인 시세 상승이 예상된다.

쾌적한 주거 환경과 자연환경

공원과 녹지 공간이 풍부해 삶의 질이 높다. 일산호수공원, 정발산공원 등의 대규모 공원이 자연과 조화를 이루는 주거 환경을 제공하니 특히 일산호수공원 인근의 아파트들은 가족 단위의 실거주 수요가 많다.

일산 킨텍스

상업·업무지구 접근성

킨텍스와 자유로를 중심으로 상업·업무지구가 발달했고 특히 대기업 업무시설과 MICE 산업(회의, 포상관광, 컨벤션, 전시회)이 활성화되었다. 라페스타, 웨스턴돔 등의 대형 상업시설이 밀집해서 생활편의성이 우수하며, 일산역과 주엽역 인근의 상업지구는 상업적 활기가 넘쳐 임대 수익을 노리는 투자처로도 적합하다.

기간별 투자 전략

단기 투자

① 재건축 초기 단계 아파트

재건축 초기 단계의 아파트는 단기 시세 상승을 기대할 수 있는 좋은 투자처다. 주엽동, 마두동, 백석동 일대의 노후 아파트 단지들은 재건축 추진이 본격화되면 단기적으로 시세가 급등할 가능성이 크다.

- 투자 전략: 재건축 추진위원회가 구성된 초기 재건축 아파트에 투자해 단기 시세 차익을 기대할 수 있다.

② 신축 아파트 분양권

신축 아파트 공급이 제한적이기 때문에 신축 아파트 분양권에 투자하는 것도 유효한 전략이다. 특히 GTX-A 노선과 가까운 역세권 아파트는 프리미엄이 붙어 입주 시점에 맞춰 단기 시세 차익을 기대할 수 있다.

- 투자 전략: 신축 아파트 분양권에 투자하고 입주 시점에 단기적인 시세 상승을 기대하는 전략이 유리하다.

중기 투자

① 재건축 확정 단지

중기로 보면 재건축 확정 아파트에 투자하는 것이 효과적이다. 재건축 확정 후 본격적인 사업이 추진되면 아파트 가격이 꾸준히 상승할 가능성이 크다. 특히 마두동, 주엽동의 재건축 아파트들은 중기적으로 시세 상승을 기대할 수 있다.

- 투자 전략: 재건축 확정된 아파트에 투자해 중기적인 시세 상승을 기대하고 재건축 프리미엄을 노리는 전략이 유효하다.

② GTX-A 노선 수혜 지역

GTX-A 노선이 개통하면 서울 삼성역과의 접근성이 크게 향상된다. 특히 일산역, 주엽역, 대화역 인근의 역세권 아파트는 교통 호재로 인해 중기적으로 시세 상승이 예상된다.

- 투자 전략: GTX-A 노선과 가까운 역세권 아파트에 중기적으로 투자하여 교통 호재에 따른 시세 상승을 노리는 것이 유리하다.

장기 투자
① 재건축 완료 아파트

재건축이 완료된 아파트는 장기적으로 시세 상승이 기대되는 안정적인 투자처다. 주엽동, 마두동 일대의 재건축 완료 단지는 대규모 신축 아파트 단지로 변모하며 프리미엄 주거지로 발전할 가능성이 크다.

- 투자 전략: 재건축 완료 후 아파트에 장기 투자해 장기적인 시세 상승을 기대할 수 있다.

② 임대 수익형 부동산

소형 아파트와 오피스텔은 상업지구와 역세권 인근에서 임대 수익을 기대할 수 있다. 특히 일산역과 주엽역 인근의 소형 아파트는 임대 수요가 꾸준히 많아 임대 수익을 창출하기에 좋은 투자처다.

- 투자 전략: 임대 수익형 부동산에 장기 투자하여 임대 수익과 함께 장기적인 시세 상승을 노릴 수 있다.

수요층별 투자 전략

고소득층과 자녀 교육 수요층

고소득층과 자녀 교육을 중시하는 수요층은 호수공원 인근의 중대형 아파트를 선호한다. 정발산동, 마두동, 주엽동 일대는 쾌적한 주거 환경과 우수한 학군 덕분에 자녀 교육을 고려한 중산층과 고소득층 가구가 많이 거주한다.

- 투자 전략: 호수공원 인근 중대형 아파트에 투자하여 실거주 수요와 학군 프리미엄을 동시에 노리는 전략이 유리하다.

젊은 직장인과 1인 가구

젊은 직장인과 1인 가구는 소형 아파트와 오피스텔을 선호한다. 특히 장항동, 백석동 인근은 상업지구와 가까워 직주근접을 선호하는 수요가 많다. 상업시설 종사자를 대상으로 한 임대 수요도 꾸준히 발생한다.

- 투자 전략: 소형 아파트와 오피스텔에 투자해 임대 수익을 기대하는 것이 효

과적이다.

구분	순위	아파트명	입주 연도	위치	가격(만 원)
일산동구	1	킨텍스원시티2블럭	2019	고양시 일산동구 장항동	129,500
	2	킨텍스원시티1블럭	2019	고양시 일산동구 장항동	129,200
	3	킨텍스원시티3블럭	2019	고양시 일산동구 장항동	129,000
	4	일산요진와이시티	2016	고양시 일산동구 백석동	106,000
	5	힐스테이트킨텍스레이크뷰	2019	고양시 일산동구 장항동	102,000
	6	일산자이3차	2022	고양시 일산동구 식사동	73,000
	7	강촌동아	1992	고양시 일산동구 마두동	71,500
	8	강촌라이프	1992	고양시 일산동구 마두동	71,000
	9	일산센트럴아이파크	2018	고양시 일산동구 중산동	70,000
	10	호수2단지현대	1994	고양시 일산동구 장항동	68,000
일산서구	1	한화포레나킨텍스(주상복합)	2019	고양시 일산서구 대화동	119,000
	2	강선7단지삼환,유원	1993	고양시 일산서구 주엽동	78,000
	3	문촌19단지신우	1994	고양시 일산서구 주엽동	70,000
	4	강선14단지두산	1994	고양시 일산서구 주엽동	69,700
	5	후곡9단지LG롯데	1994	고양시 일산서구 일산동	68,000
	6	문촌16단지뉴삼익	1994	고양시 일산서구 주엽동	67,500
	7	후곡16단지동아코오롱	1995	고양시 일산서구 일산동	66,000
	8	후곡15단지건영	1994	고양시 일산서구 일산동	65,000
	9	후곡4단지금호한양	1995	고양시 일산서구 일산동	64,000
	10	일산푸르지오더센트럴	2024	고양시 일산서구 덕이동	64,000

고양시 일산동구와 일산서구 아파트 가격 최고 순위(2023/11/01~2024/10/31, 전용면적 84㎡ 기준)

장기 거주 목적의 실수요층

장기 실거주 수요층은 쾌적한 자연환경과 안정적인 생활 인프라를 중시한다. 호수공원, 정발산 공원과 가까운 정발산동, 주엽동 일대는 주거 환경과 공원 인프라가 우수해서 장기 실거주를 희망하는 가족 단위의 수요가 많다.

- 투자 전략: 호수공원 인근의 중대형 아파트에 투자하여 장기 거주 목적의 수요를 충족시키고 안정적인 시세 상승을 기대할 수 있다.

평촌신도시

평촌은 경기도 안양시 동안구에 위치한 1기 신도시로, 서울과 근접해서 서울 출퇴근이 편리하다. 쾌적한 주거 환경을 가진 데다가 우수한 학군을 갖추어 교육 인프라가 우수하며, 산본신도시와 함께 서울 남부 인접 경기도의 주요 주거지로 자리 잡았다.

서울 서남부와 수도권 남부에서의 주거 선호도가 높고, 최근에는 재건축 기대감과 교통망 확충 등의 호재로 인해 부동산 가치가 꾸준히 상승하고 있다. GTX-C 노선 개통이 확정되면 서울 강남권 접근성이 더욱 좋아지지만, 역시 아파트 단지들이 노후화되어 재건축이 중요한 과제가 되고 있다.

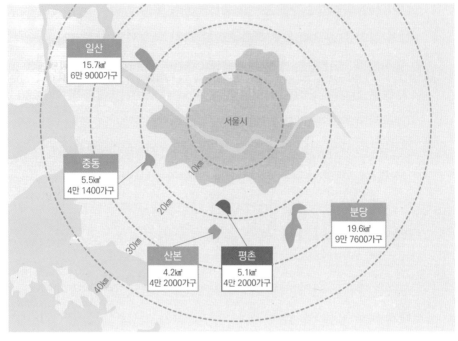

일산
15.7㎢
6만 9000가구

중동
5.5㎢
4만 1400가구

서울시

분당
19.6㎢
9만 7600가구

산본
4.2㎢
4만 2000가구

평촌
5.1㎢
4만 2000가구

10㎞
20㎞
30㎞
40㎞

평촌신도시

주요 투자 포인트

서울에 대한 뛰어난 접근성

평촌신도시는 서울 지하철 4호선이 지나며 서울 사당역까지 20~30분 내외로 이동할 수 있는 교통 요지다. 특히 인덕원역, 범계역, 평촌역 등은 서울 서남부와 수도권 남부로의 접근성이 뛰어나 서울 출퇴근 수요가 많다. 경부고속도로와 서울외곽순환고속도로와도 인접해 있고 버스 노선도 서울과 안양 인근 도시를 연결하여 대중교통 이용 편의성이 우수하다.

재건축 기대감

1990년대 초반에 개발된 1기 신도시여서 주요 아파트 단지들이 재건축 가능 연한에 도달하자 재건축 기대감이 커지고 있다. 평촌역과 범계역 일대의 노후 아파트 단지들이 재건축 대상이 될 가능성이 크다. 재건축 사업이 본격화되면 대규모 현대식 아파트 단지로 변모하면서 시세 상승이 예상된다. 초기 단계의 재건축 아파트를 선점해 재건축 프리미엄을 기대할 수 있다.

우수한 학군과 생활 인프라

우수한 학군을 자랑하는 지역으로 학군 프리미엄이 높다. 특히 범계동, 귀인동, 평촌동 일대는 명문 중고등학교가 많아 자녀 교육을 고려한 가족 단위의 수요가 꾸준히 많다. 평촌역과 범계역을 중심으로 대형 상업지구(롯데백화점, 뉴코아아울렛, 범계 먹자골목 등)가 발달해서 생활 편의성이 매우 우수하다.

주거 환경과 녹지 공간

평촌중앙공원과 호계공원 등 공원과 녹지 공간이 풍부해 쾌적한 주거 환경을 제공하니 가족 단위의 실거주 수요가 많다. 또한 도시 구조가 계획적으로 잘 설계되어 주거 환경이 매우 정돈되어 있으며 교통, 상업, 교육 인프라가 고르게 분포했다.

기본 투자 전략

재건축 대상 아파트 투자

재건축 가능성이 높은 아파트는 평촌신도시에서 가장 유망한 장기 투자처로 평가된다. 범계동, 귀인동, 평촌동의 노후 아파트 단지들은 재건축 기대감이 크고, 특히 평촌역 인근 중대형 단지들은 재건축 진행 시 대규모 단지로 탈바꿈할 가능성이 있다.

재건축 초기 단계의 아파트에 투자하면 장기적인 시세 상승을 기대할 수 있으며, 재건축 규제 완화가 이루어지면 개발 이익을 더욱 크게 얻을 수 있다.

- 투자 전략: 재건축 초기 단계에 있는 아파트에 장기 투자하여 재건축 완료 시 프리미엄을 기대하는 투자 전략을 세우는 것이 좋다.

학군 지역의 중대형 아파트 투자

범계동, 귀인동, 평촌동 등에 명문 학교들이 있어서 학군 프리미엄이 형성되었으므로 자녀 교육을 중요시하는 가족 단위 수요가 많다. 특히 중대형 아파트는 고소득층 가족이 선호하는 주거지로서 실거주 수요가 꾸준히 유지되어 가격 안정성과 장기적인 시세 상승을 기대할 수 있다.

- 투자 전략: 학군 프리미엄이 있는 중대형 아파트에 투자해 자녀 교육을 중요 시하는 수요층을 타깃으로 하는 투자 전략이 유리하다.

소형 아파트와 오피스텔 투자

범계역과 평촌역 일대는 상업지구와 인접해 있고 직장인, 1인 가 구와 젊은 신혼부부 수요가 많다. 소형 아파트와 오피스텔에 투자해 임대 수익을 기대할 수 있다. 범계역 먹자골목과 같은 상업 중심지 에 위치한 소형 아파트는 공실 위험이 적고 임대 수익률이 높을 가 능성이 크다.

- 투자 전략: 소형 아파트와 오피스텔에 투자해 임대 수익을 기대할 수 있고, 상업지구 인근 지역은 직주근접을 원하는 젊은 층을 타깃으로 하는 임대 전 략이 유효하다.

교통망 확충 호재

인덕원~동탄선이 개통하면 교통 편의성이 더욱 개선될 전망이다. 인덕원역은 이 노선을 통해 동탄신도시와 연결되며 서울 접근성이 더욱 강화될 것이다. 교통 호재로 인해 역세권 아파트의 시세 상승 이 예상되며, 특히 인덕원역 인근의 아파트는 서울과 동탄으로의 접 근성이 향상됨에 따라 미래 가치가 높아질 것이다.

- 투자 전략: 인덕원~동탄선이 개통될 예정인 인덕원역 인근 아파트에 투자해

교통망 확충에 따른 시세 상승을 노리는 것이 좋은 전략이다.

기간별 투자 전략

단기 투자

① 재개발·재건축 초기 아파트

단기 투자에 가장 좋은 방법은 재건축 초기 단계의 아파트에 투자하는 것이다. 재건축이 본격적으로 추진되기 직전 또는 재건축 추진이 확정된 단계에서 시세 상승을 기대할 수 있다. 평촌신도시의 범계동, 귀인동, 평촌동 일대에는 재건축 가능성이 높은 노후 아파트 단지가 많다. 재건축 추진위원회가 구성된 아파트나 재건축 안전진단이 완료된 단지들에 투자하여 단기 시세 차익을 기대할 수 있다.

② 신축 아파트 분양권

신축 아파트 분양권에 투자하는 것도 좋은 단기 전략이다. 평촌신도시의 신축 아파트 공급량이 제한적인 편이기 때문에, 분양권 매입 후 입주 시점에 맞춰 프리미엄을 형성할 수 있다. 신축 아파트는 고소득층과 젊은 직장인 수요가 많고, 교육 환경이 우수한 지역에서 분양권의 가격 상승이 클 가능성이 크다.

중기 투자

① 재건축 확정 단지

중기 투자는 재건축이 확정된 아파트 단지에 시행하는 것이 효과적이다. 재건축이 확정되면 아파트의 가치가 점진적으로 상승하며, 재건축 사업 진행 과정에서 시세 차익을 기대할 수 있다. 범계동과 귀인동의 재건축 확정 아파트는 중기적으로 높은 시세 상승이 예상된다.

② GTX-C 노선 인근

GTX-C 노선 개통이 예정된 인덕원역 인근은 중기적으로 매우 유망한 투자처다. GTX-C 개통은 서울로의 출퇴근 시간을 대폭 줄여주기 때문이다. 따라서 인덕원역과 평촌역 주변의 아파트들에 투자해 교통 편리성과 시세 상승을 노리는 전략이 유효하다.

장기 투자

① 재건축 완료 아파트

장기 투자를 염두에 둔다면 재건축이 완료된 아파트나 완료 직전의 아파트에 투자하는 것이 좋은 전략이다. 재건축 사업이 완료되면 신축 아파트 단지로 변모하며 가치 상승이 최대화될 수 있다. 범계역과 평촌역 주변의 대규모 재건축 단지는 완공 후 서울 접근성과 생활 인프라 때문에 프리미엄 주거지로 변모할 가능성이 크다.

② 임대 수익형 부동산

임대 수익형 부동산도 장기 투자로 매우 매력적이다. 특히 소형 아파트와 오피스텔은 임대 수익을 꾸준히 얻을 수 있는 좋은 투자처다. 평촌신도시는 교육 인프라와 상업지구가 잘 발달해서 1인 가구, 신혼부부, 젊은 직장인의 임대 수요가 많다. 따라서 소형 아파트와 오피스텔에 투자하여 장기적으로 안정적인 임대 수익을 기대할 수 있다.

수요층별 투자 전략

고소득층과 자녀 교육 수요층

고소득층과 자녀 교육을 중요시하는 수요층은 우수한 학군이 있는 지역에 거주하려는 경향이 크다. 평촌신도시의 범계동, 귀인동, 평촌동 일대는 명문 학교가 많아서 자녀 교육을 중시하는 가구의 수요가 많다. 이 수요층을 타깃으로 중대형 아파트에 투자하는 것이 유효하다. 학군 프리미엄이 붙은 지역의 중대형 아파트는 장기적인 시세 상승이 확실시된다.

젊은 직장인과 1인 가구

젊은 직장인과 1인 가구는 소형 아파트와 오피스텔을 선호한다. 특히 범계역과 평촌역 인근은 직장인 수요가 많아서 임대 수요가 꾸준히 발생한다. 임대 수익형 부동산에 투자하면 안정적인 임대료 수익을 창출할 수 있으며, 상업지구 인근의 소형 아파트는 특히 임대 수요가 많기 때문에 공실 위험이 적다.

장기 거주 목적의 실수요층

장기 거주를 목적으로 하는 실수요층은 쾌적한 주거 환경과 안정적인 생활 인프라를 중시한다. 평촌신도시는 중앙공원, 녹지 공간, 우수한 상업시설이 잘 갖춰져 있어 장기 거주를 희망하는 가족 단위 수요에 적합하다. 범계동과 평촌동 일대의 신축 아파트와 중대형 아파트는 장기 실거주를 위한 최적의 선택이며, 주거지 안정성과 함께 가격 상승도 기대할 수 있다.

순위	아파트명	입주 연도	위치	가격(만 원)
1	평촌더샵센트럴시티	2016	안양시 동안구 관양동	128,000
2	평촌래미안푸르지오	2022	안양시 동안구 비산동	124,000
3	향촌롯데	1993	안양시 동안구 평촌동	120,000
4	향촌현대5차	1993	안양시 동안구 평촌동	116,000
5	귀인마을현대홈타운	2002	안양시 동안구 평촌동	115,600
6	평촌트리지아	2024	안양시 동안구 호계동	115,000
7	평촌더샵아이파크	2019	안양시 동안구 호계동	114,000
8	평촌센텀퍼스트	2023	안양시 동안구 호계동	113,000
9	향촌현대4차	1992	안양시 동안구 평촌동	110,000
10	인덕원마을삼성	1998	안양시 동안구 관양동	109,000

안양시 동안구 아파트 가격 최고 순위(2023/11/01~2024/10/31, 전용면적 84m² 기준)

산본신도시

산본신도시는 경기도 군포시에 위치한 1기 신도시 중 하나로, 서울 접근성이 뛰어나며 안정적인 주거 환경을 자랑한다. 1990년대 초반에 개발되었다 보니 오래된 아파트가 많아서 재건축 필요성이 대두되고 있으며 최근 재건축에 대한 관심이 높아지고 있다.

재건축 기대감과 함께 GTX-C 노선 등 교통망 확충이 예정되어 중

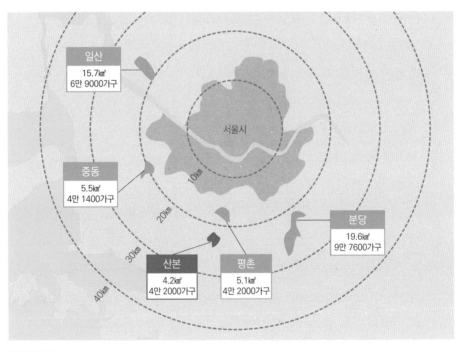

일산
15.7㎢
6만 9000가구

서울시

중동
5.5㎢
4만 1400가구

분당
19.6㎢
9만 7600가구

10㎞

20㎞

30㎞

40㎞

산본
4.2㎢
4만 2000가구

평촌
5.1㎢
4만 2000가구

산본신도시

장기적인 투자 가치가 높다고 평가받는다. GTX-C 노선이 개통하면 서울 강남과의 거리가 크게 단축되며 서울 출퇴근 수요가 많아질 전망이다.

주요 투자 포인트

서울과의 뛰어난 접근성

산본신도시는 서울 지하철 1호선과 4호선이 지나며 산본역, 금정역 등을 중심으로 서울 사당역까지 20~30분 내외로 이동할 수 있다. 금정역은 GTX-C 노선이 개통하면 서울 삼성역과의 접근성이 대폭 개선될 예정이어서 교통 호재가 매우 크다. 또한 경부고속도로와 서울외곽순환고속도로 등 주요 도로망과 인접해서 서울과 수도권 주요 지역으로 이동하기가 용이하다.

재건축 기대감

1기 신도시로 개발된 지 30년 이상 된 노후 아파트 단지가 많아 재건축 기대감이 커지고 있다. 특히 산본역과 금정역 인근의 노후 아파트 단지들은 재건축 사업이 추진될 경우 대규모 단지로 탈바꿈할 가능성이 높다. 재건축 사업이 본격화되면 시세 상승을 기대할 수 있는 만큼, 재건축 초기 단계의 아파트에 투자하는 것이 유망하다.

쾌적한 주거 환경

공원과 녹지 공간이 잘 발달되어 쾌적한 주거 환경을 제공한다. 특히 산본중앙공원, 철쭉동산 등의 대규모 공원 덕분에 가족 단위 실거주자들에게 인기가 많다. 도심 계획이 잘 이루어진 신도시로 상업시설, 공공기관, 학교 등 생활 인프라가 매우 우수하여 삶의 질이 높다.

GTX-C 노선 개통 기대

GTX-C 노선이 개통하면 금정역에서 서울 삼성역까지 20분 내외로 이동할 수 있어 서울 강남권 접근성이 크게 개선된다. 이는 금정역 인근 부동산의 가치 상승을 이끄는 주요 요인이 될 것이다. 또한 금정역은 4호선과 1호선이 만나는 환승역으로, 교통망이 강화되면서 역세권 아파트의 수요가 더욱 증가할 전망이다.

기간별 투자 전략

단기 투자 전략
① 재건축 초기 단계 아파트

재건축 초기 단계의 아파트는 단기적인 시세 상승을 기대할 수 있다. 산본역과 금정역 인근의 노후 아파트 단지들은 재건축 사업이 본격적으로 추진되면 프리미엄이 붙어 시세가 상승할 가능성이 크다.

- 투자 전략: 재건축 추진위원회가 구성된 초기 재건축 아파트에 투자해 단기 시세 차익을 기대하는 전략이 유효하다.

② 신축 아파트 분양권

신축 아파트 공급이 제한적이기 때문에, 분양권에 투자하면 입주 시점에 맞춰 프리미엄을 기대할 수 있다. 특히 GTX-C 노선과 가까운 금정역 인근의 신축 아파트는 교통 호재로 인해 단기 시세 상승이 예상된다.

- 투자 전략: 신축 아파트 분양권에 투자해 입주 시점에 맞춰 단기적인 시세 상승을 기대할 수 있다.

중기 투자

① 재건축 확정 단지

재건축이 확정된 아파트는 중기적으로 시세 상승을 기대하기에 유망한 투자처다. 산본역과 금정역 일대의 재건축 확정 아파트 단지가 해당된다.

- 투자 전략: 재건축이 확정된 아파트에 투자해 중기적인 시세 상승과 재건축 프리미엄을 노리는 전략이 유효하다.

② GTX-C 노선 수혜 지역

GTX-C 노선이 개통하면 금정역을 중심으로 서울 삼성역 접근성이 크게 향상되니 금정역 인근 아파트는 중기적인 시세 상승이 예상된다.

- 투자 전략: GTX-C 노선 인근 역세권 아파트에 중기적으로 투자해 교통망 확충에 따른 시세 상승을 기대할 수 있다.

장기 투자 전략

① 재건축 완료 아파트

재건축이 완료된 아파트는 장기적으로 시세 상승이 기대되는 안정적인 투자처다. 산본역과 금정역 일대의 재건축 완료 아파트는 대규모 현대식 단지로 변모할 가능성이 높다.

- 투자 전략: 재건축 완료 후 아파트에 장기 투자해 장기적인 시세 상승을 기대하는 전략이 유리하다.

② 임대 수익형 부동산

소형 아파트와 오피스텔은 역세권 인근에서 임대 수익을 기대할 수 있는 좋은 투자처다. 특히 금정역 인근은 직장인 1인 가구와 젊은 신혼부부의 임대 수요가 꾸준해서 임대 수익을 노리기 좋다.

- 투자 전략: 임대 수익형 부동산에 투자하여 임대 수익과 함께 장기적인 시세 상승을 노리는 전략이 효과적이다.

수요층별 투자 전략

고소득층과 자녀 교육 수요층

고소득층과 자녀 교육을 중시하는 수요층은 쾌적한 주거 환경과 우수한 학군을 선호한다. 산본중앙공원 인근의 중대형 아파트는 자연환경이 우수해 가족 단위 실거주자에게 인기가 많다.

- 투자 전략: 중대형 아파트에 투자하여 실거주 수요와 자녀 교육 수요를 동시에 충족하는 전략이 유효하다.

젊은 직장인과 1인 가구

젊은 직장인과 1인 가구는 소형 아파트나 오피스텔을 선호한다. 금정역과 산본역 인근의 소형 아파트는 교통 편리성과 생활 인프라가 잘 갖춰져 있어 임대 수익을 기대할 수 있다.

- 투자 전략: 소형 아파트나 오피스텔에 투자해 젊은 직장인을 타깃으로 한 임대 수익 전략이 효과적이다.

장기 거주 목적의 실수요층

장기 실거주 수요층은 쾌적한 주거 환경과 안정적인 생활 인프라를 중시한다. 산본중앙공원과 가까운 중대형 아파트는 주거 환경이 우수해 장기 실거주를 원하는 가족 단위 수요층에게 적합하다.

- 투자 전략: 장기 실거주를 목적으로 중대형 아파트에 투자해 안정적인 주거

순위	아파트명	입주 연도	위치	가격(만 원)
1	힐스테이트금정역(주상복합)	2022	군포시 금정동	120,000
2	래미안하이어스	2010	군포시 산본동	99,000
3	산본이편한세상센트럴파크	2002	군포시 산본동	81,000
4	e편한세상금정역에코센트럴	2007	군포시 산본동	77,500
5	세종주공6단지	1994	군포시 산본동	68,800
6	군포금강펜테리움센트럴파크3차	2019	군포시 도마교동	67,800
7	금강펜테리움센트럴파크2차	2018	군포시 도마교동	65,900
8	의왕역센트럴시티	2010	군포시 부곡동	65,000
9	용호마을LG1차	2003	군포시 당동	63,500
10	금강펜테리움센트럴파크	2018	군포시 도마교동	63,000

군포시 아파트 가격 최고 순위(2023/11/01~2024/10/31, 전용면적 84m² 기준)

지를 확보하는 전략이 유효하다.

중동신도시

중동신도시는 경기도 부천시에 위치한 1기 신도시로서 서울 인접성과 교통망이 잘 발달했다. GTX-B 노선이 지나갈 예정이어서 주거 수요가 증가하고 있고, 노후 아파트의 재건축 이슈가 중요하게 거론된다. 상업지구와 주거지역이 조화롭게 발전했고 실거주 수요도 안정적이어서 주거 환경 개선과 함께 부동산 가치가 꾸준히 상승하고 있다.

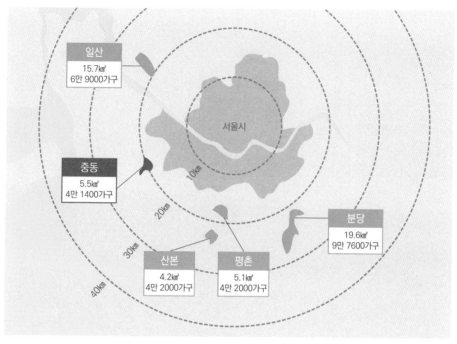

일산
15.7㎢
6만 9000가구

서울시

중동
5.5㎢
4만 1400가구

10㎞

20㎞

30㎞

40㎞

분당
19.6㎢
9만 7600가구

산본
4.2㎢
4만 2000가구

평촌
5.1㎢
4만 2000가구

중동신도시

주요 투자 포인트

서울에 대한 뛰어난 접근성

서울 지하철 7호선이 지나며 부천시청역, 신중동역, 상동역을 통해 서울 강남권으로의 출퇴근이 매우 용이하다. 특히 서울 강남구청역과 연결되어 강남권 접근성이 뛰어나다. GTX-B 노선이 개통하면 부천종합운동장역에서 서울역까지 20분 내외로 연결되니 서울 중심지 접근성이 크게 향상된다.

재건축 기대감

1990년대 초반에 개발된 1기 신도시로 노후 아파트 단지가 많다. 특히 중동역과 상동역 일대의 노후 아파트들이 재건축 가능 연한에 도달해 재건축 기대감이 크다. 재건축 사업이 본격화되면 대규모 아파트 단지로 탈바꿈하면서 시세 상승을 기대할 수 있다. 재건축 초기 단계에서 투자하면 재건축 프리미엄을 노릴 수 있어서 유망하다.

상업·업무지구와의 접근성

상동역과 부천시청역 인근에 대규모 상업지구가 발달해서 생활 편의성이 우수하다. 롯데백화점과 현대백화점이 인접했고 상동 먹자골목과 엔터테인먼트 시설도 잘 갖춰져서 직주근접을 선호하는 수요층에게 매력적이다. 또한 부천종합운동장 인근의 GTX-B 노선 수혜 지역은 상업시설과 더불어 주거지로서의 가치도 높아질 것으로 예상된다.

교육 인프라와 주거 환경

명문 학교들이 밀집해서 우수한 학군을 자랑한다. 중산층과 고소득층 가구가 많이 거주하며, 자녀 교육을 중시하는 수요층의 실거주 수요가 높다. 또한 부천중앙공원 같은 녹지 공간이 많아 쾌적한 주거 환경을 제공한다.

기간별 투자 전략

단기 투자
① 재건축 초기 단계 아파트
재건축 초기 단계의 아파트는 단기적인 시세 상승을 기대할 수 있는 투자처다. 상동역과 중동역 인근의 노후 아파트 단지들은 재건축이 본격적으로 추진되면 프리미엄이 붙어 시세가 상승할 가능성이 크다.

- 투자 전략: 재건축 추진위원회가 구성된 재건축 초기 아파트에 투자해 단기적인 시세 차익을 기대할 수 있다.

② 신축 아파트 분양권
신축 아파트 공급량이 제한적이기 때문에, 분양권에 투자하여 입주 시점에 맞춰 프리미엄을 기대할 수 있다. 특히 GTX-B 노선과 가까운 역세권 아파트는 교통 호재로 인해 단기적인 시세 상승이 예상된다.

- 투자 전략: 신축 아파트 분양권에 투자하여 입주 시점에 맞춰 단기 시세 상승을 기대할 수 있다.

중기 투자

① 재건축 확정 단지

중기 투자는 재건축이 확정된 아파트에 투자하는 것이 유효하다. 재건축이 확정되면 단계별로 시세가 상승할 가능성이 크기 때문에 중동역과 상동역 인근의 재건축 확정 단지는 중기적인 시세 상승이 기대된다.

- 투자 전략: 재건축 확정 아파트에 투자해 중기 시세 상승을 노리고 재건축 프리미엄을 기대하는 것이 좋다.

② GTX-B 노선 수혜 지역

GTX-B 노선이 개통하면 부천종합운동장역 인근의 역세권 아파트는 큰 수혜를 받을 것으로 예상된다. 서울 중심부까지의 이동 시간이 대폭 단축되어 직주근접성이 강화되기 때문이다.

- 투자 전략: GTX-B 노선 인근의 역세권 아파트에 중기적으로 투자해 교통망 확충에 따른 시세 상승을 기대할 수 있다.

장기 투자

① 재건축 완료 아파트

재건축이 완료된 아파트는 장기적으로 시세 상승을 기대할 수 있는 안정적인 투자처다. 중동역과 상동역 인근의 재건축 완료 단지는 대규모 신축 아파트로 변모하여 프리미엄 주거지로 자리 잡을 가능성이 크다.

- 투자 전략: 재건축 완료 아파트에 장기적으로 투자하여 장기적인 시세 상승을 기대할 수 있다.

② 임대 수익형 부동산

소형 아파트와 오피스텔은 상업지구 인근에서 임대 수익을 기대할 수 있는 투자처다. 특히 상동역과 부천종합운동장역 인근은 임대 수요가 많아 공실 위험이 적고 임대 수익이 꾸준히 발생할 수 있다.

- 투자 전략: 소형 아파트와 오피스텔에 투자해 임대 수익을 창출하고 장기적으로 안정적인 수익을 기대할 수 있다.

수요층별 투자 전략

고소득층과 자녀 교육 수요층

고소득층과 자녀 교육을 중시하는 수요층은 우수한 학군이 있는 지역을 선호한다. 중동역과 상동역 인근의 중대형 아파트는 자녀 교육을 중요시하는 중산층과 고소득층 가구에 인기가 많다.

- 투자 전략: 우수한 학군이 있는 중대형 아파트에 투자하여 실거주 수요와 자녀 교육 수요를 동시에 충족하는 전략이 유효하다.

젊은 직장인과 1인 가구

젊은 직장인과 1인 가구는 소형 아파트와 오피스텔을 선호한다. 특히 부천시청역과 상동역 인근의 소형 아파트는 교통 편리성이 좋아 임대 수익을 기대할 수 있다.

- 투자 전략: 소형 아파트와 오피스텔에 투자해 임대 수익을 기대하는 것이 효과적이다.

장기 거주 목적의 실수요층

장기 실거주 수요층은 쾌적한 주거 환경과 안정적인 생활 인프라를 중시한다. 부천중앙공원 인근의 중대형 아파트는 주거 환경이 우수해 장기 실거주를 원하는 가족 단위 수요층에 적합하다.

순위	아파트명	입주 연도	위치	가격(만 원)
1	중동센트럴파크푸르지오(주)	2020	부천시 원미구 중동	132,500
2	힐스테이트중동(주상복합)	2022	부천시 원미구 중동	130,000
3	래미안부천중동	2015	부천시 원미구 중동	88,500
4	푸른창보밀레시티	2002	부천시 원미구 상동	84,500
5	역곡역e편한세상	2011	부천시 원미구 역곡동	83,500
6	진달래효성	2002	부천시 원미구 상동	80,700
7	행복한금호	2002	부천시 원미구 상동	80,700
8	부천위브트레지움2단지	2012	부천시 원미구 약대동	80,000
9	상동스카이뷰자이	2018	부천시 원미구 상동	80,000
10	행복한한양수자인	2002	부천시 원미구 상동	75,300

부천시 원미구 아파트 가격 최고 순위(2023/11/01~2024/10/31, 전용면적 84㎡ 기준)

- 투자 전략: 장기 실거주를 목적으로 중대형 아파트에 투자하여 안정적인 주거지를 확보하는 전략이 유효하다.

1기 신도시 투자 전략 정리

1기 신도시 투자에서 가장 중요한 5가지 요소는 재건축 가능성, 교통망 확충, 주거 환경, 실거주 수요와 학군 프리미엄, 상업·업무지구 접근성이다. 이 요소들은 1기 신도시의 중장기적 부동산 가치 상승을 결정하는 핵심이다. 각 요소를 다시 한번 살펴보자.

재건축 가능성

재건축 가능성은 1기 신도시에서 가장 중요한 투자 포인트다. 1기 신도시 대부분이 1990년대 초반에 개발되었기 때문에 노후 아파트가 많고 재건축 가능 연한에 도달한 단지가 많다. 재건축 사업이 본격적으로 추진되면 대규모 아파트 단지로 탈바꿈하면서 시세가 크게 상승할 것으로 기대된다. 재건축 초기 단계에 투자하여 재건축 프리미엄을 얻는 것이 매우 유리한 전략이다.

교통망 확충

교통망 확충은 서울 접근성을 강화하는 중요한 요소다. GTX 노선을 비롯해 신규 지하철 노선과 고속도로 등 교통 인프라가 신설되거나 확장될 경우, 해당 지역의 부동산 가치는 급격히 상승할 수 있다. GTX-A, GTX-B, GTX-C 노선은 1기 신도시에서 중요한 교통 호재이며 개통 이후 서울 도심과의 연결성이 대폭 개선된다. 특히 역세권 아파트는 교통망 확충으로 인해 프리미엄이 붙어 시세가 상승할 가능성이 크다.

주거 환경

쾌적한 주거 환경은 1기 신도시의 강력한 장점 중 하나다. 대부분 계획적으로 설계되어 공원, 녹지 공간, 쾌적한 자연환경이 잘 갖춰져 있다. 녹지 공간이 많고 삶의 질이 높은 지역은 가족 단위 실거주 수요가 많기 때문에 안정적인 시세 상승이 기대된다. 주거 환경이 우수한 지역에 장기 투자하면 실거주 수요가 꾸준히 유지되며, 장기적인 관점에서 부동산 가치가 상승할 수 있다.

실거주 수요와 학군 프리미엄

실거주 수요는 자녀 교육 같은 생활 인프라가 잘 갖춰진 지역에서 매우 중요하다. 1기 신도시의 많은 지역이 명문 학군을 자랑하고 교육 인프라가 발달해서 자녀 교육을 중시하는 중산층과 고소득층 가구가 거주한다. 우수한 학군이 형성된 지역은 학군 프리미엄이 붙어 부동산 가치가 지속적으로 상승할 수 있다. 자녀 교육을 고려한 실거주 수요가 많은 지역은 장기적으로 안정적인 시세 상승을 기대할 수 있는 유망 투자처다.

상업·업무지구와의 접근성

상업지구와 업무지구와의 접근성은 직주근접을 원하는 젊은 직장인과 고소득층의 수요에 중요한 요소다. 대기업 업무지구와 첨단산업단지와 가까운 지역은 주거 수요가 많아 부동산 가치가 안정적으로 상승하는 경향이 있다. 특히 판교 테크노밸리, 킨텍스 업무지구, 서울 강남권과의 접근성이 좋은 신도시들은 고소득 직장인의 수요가 몰리면서 주거지 가치가 높아진다. 직주근접이 중요한 1인 가구나 젊은 직장인을 위한 임대 수익형 부동산 투자도 효과적일 수 있다.

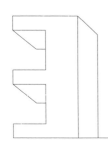

2기 신도시

2기 신도시는 2000년대 초반부터 서울의 인구 과밀 문제를 해결하고 주거 안정성을 제공하기 위해 개발된 대규모 신도시들이다. 1기 신도시보다 더 광범위한 지역에 걸쳐 있으며, 주거뿐만 아니라 상업과 산업 인프라까지 함께 계획된 복합형 도시다. 대표적으로 판교, 동탄, 광교, 김포 한강, 위례 등이 있다. 대부분 서울 접근성을 중심으로 교통 인프라가 발달했고 현재는 GTX 등의 추가 교통 호재와 인프라 확충에 따라 투자 기회가 증가하고 있다.
2기 신도시들의 현황과 투자 포인트를 차례로 살펴보자.

2기 신도시

	면적 (천 m²)	수용 인구 (천 명)	인구 밀도 (명/ha)	주택 건설 (천 호)	사업 기간	최초 입주	총 사업비 (억 원)
성남 판교	8,900	88	98	29.3	2003~2017	2008/02	87,043
화성 동탄 1	9,000	126	139	41.5	2001~2018	2007/01	42,353
화성 동탄 2	24,000	286	119	116.5	2008~2021	2015/01	61,144
김포 한강	11,700	167	146	61.3	2002~2017	2011/06 (2008/03)	89,892
파주 운정	16,600	217	130	88.2	2003~2023	2009/06	129,767
광교	11,300	78	69	31.3	2005~2019	2011/07	93,968
양주 (옥정, 회천)	11,200	163	146	63.4	2007~2018	2014/11	71,540
위례	6,800	110	163	44.8	2008~2020	2013/12	111,009
고덕 국제화	13,400	140	104	57.2	2008~2020	2019 하반기	81,603
인천 검단	11,200	184	164	74.7	2009~2023	2020 상반기	83,868
소계	124,100	1,559	125	608.0			950,167

자료: 국토교통부

판교신도시

판교신도시는 경기도 성남시에 위치한 대한민국의 대표적인 첨단 업무지구로서 판교 테크노밸리와 함께 IT 산업의 중심지로 급부상했다. 특히 고소득층 직장인이 많아서 직주근접 수요가 매우 높고 교통망과 주거 환경, 상업시설 등이 매우 잘 발달해서 부동산 투자 가치가 매우 높다고 평가된다. 판교 1, 2, 3 테크노밸리 확장으로 주거와 산업이 함께 발전하고 있으며 GTX-A 노선이 지나가는 교통 호재도 있다.

주요 투자 포인트

첨단 업무지구와의 직주근접성

판교 테크노밸리는 대한민국 최대의 IT·첨단산업단지로서 삼성전자, 네이버, 카카오 등 대기업들이 입주해 있다. 이로 인해 판교신도시는 고소득층 직장인의 주거 수요가 매우 높다. 직주근접을 선호하는 고소득층 직장인이 많아 주거지 가치가 안정적으로 유지되며 임대 수익을 기대할 수 있다.

교통망 확충

신분당선이 판교역을 지나며 서울 강남까지 20분 내외로 연결해

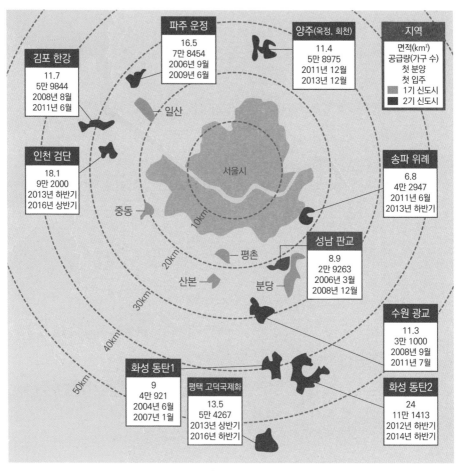

파주 운정
16.5
7만 8454
2006년 9월
2009년 6월

양주(옥정, 회천)
11.4
5만 8975
2011년 12월
2013년 12월

지역
면적(km²)
공급량(가구 수)
첫 분양
첫 입주
■ 1기 신도시
■ 2기 신도시

김포 한강
11.7
5만 9844
2008년 8월
2011년 6월

일산

인천 검단
18.1
9만 2000
2013년 하반기
2016년 상반기

중동

서울시

송파 위례
6.8
4만 2947
2011년 6월
2013년 하반기

10km

20km

평촌

성남 판교
8.9
2만 9263
2006년 3월
2008년 12월

산본

분당

30km

수원 광교
11.3
3만 1000
2008년 9월
2011년 7월

40km

50km

화성 동탄1
9
4만 921
2004년 6월
2007년 1월

평택 고덕국제화
13.5
5만 4267
2013년 상반기
2016년 하반기

화성 동탄2
24
11만 1413
2012년 하반기
2014년 하반기

판교신도시

서 서울 접근성이 매우 뛰어나다. 신분당선은 양재역, 광교 등 주요 거점과도 연결된다. GTX-A 노선이 개통하면 서울 삼성역까지 더욱 빠르게 이동이 가능해져 판교와 서울 강남권 간의 직주근접성이 더욱 강화된다. 이는 판교신도시 부동산 가치 상승에 중요한 요인으로 작용할 것이다.

우수한 주거 환경

탄천과 율동공원 등 자연환경이 잘 보존되었고 쾌적한 주거 환경을 제공한다. 주거지와 녹지 공간이 조화롭게 배치되니 가족 단위 실거주 수요가 매우 높다. 고급 주거단지와 프리미엄 아파트가 다수 있고 고소득층의 주거 선호도가 높다.

상업 및 생활 인프라 상업·생활 인프라

판교역과 백현동 일대를 중심으로 대규모 상업시설이 발달했고 현대백화점 판교점, 아브뉴프랑 등 고급 쇼핑몰과 문화시설이 있어 생활 편의성이 매우 우수하다. 백현동 카페 거리와 같은 프리미엄 상업지구가 형성되어 직장인과 고소득층 수요가 꾸준히 이어지고 있다.

재건축과 재개발

신도시로 개발된 지 오래되지 않아서 재건축과 재개발보다는 신축 아파트의 수요가 많다. 그러나 분당구 인접 지역의 일부 노후 아파트 단지가 재개발·재건축 대상이 될 수 있어 장기적인 시세 상승을 기대하게 된다.

기간별 투자 전략

단기 투자

① 신축 아파트 분양권

신축 아파트 공급량이 제한적이기 때문에 분양권에 투자하여 입주 시점에 맞춰 프리미엄을 기대할 수 있다. 신분당선과 GTX-A 노선과 가까운 역세권 아파트는 교통 호재로 인해 단기적인 시세 상승을 예상할 수 있다.

- 투자 전략: 신축 아파트 분양권을 선점하고 입주 시점에 맞춰 단기 시세 차익을 기대하는 전략이 유리하다.

② 상업시설 인근 소형 아파트

상업시설과 판교 테크노밸리와 가까운 소형 아파트는 고소득 직장인의 임대 수요가 많아 단기적인 임대 수익을 기대할 수 있다.

- 투자 전략: 소형 아파트에 투자해 임대 수익을 창출하고, 상업지구·업무지구와의 인접성을 활용하여 단기적인 투자 수익을 기대할 수 있다.

중기 투자

① GTX-A 노선 수혜 지역

GTX-A 노선이 개통하면 판교역을 중심으로 서울 강남권 접근성이 더욱 개선된다. 역세권 아파트는 교통 호재로 인해 중기적으로 시세 상승을 기대할 수 있다.

- 투자 전략: GTX-A 노선 인근 역세권 아파트에 중기적으로 투자하면 교통망 확충에 따른 중기 시세 상승을 기대할 수 있다.

② 판교 테크노밸리 인근 중대형 아파트

판교 테크노밸리 인근의 중대형 아파트는 고소득층 직장인의 수요가 많아 장기적인 시세 상승을 기대할 수 있다. 고급 주거지로 평가되는 백현동과 삼평동 일대의 프리미엄 아파트는 특히 수요가 많다.

- 투자 전략: 중대형 아파트에 중기적으로 투자해 직주근접 수요와 실거주 수요를 함께 공략하는 것이 좋다.

장기 투자

① 신축 프리미엄 아파트

신축 아파트 중심으로 형성된 신도시이므로 프리미엄 아파트 수요가 꾸준히 있다. 장기 실거주 수요를 고려해 고급 신축 아파트에 투자하면 장기적인 시세 상승을 기대할 수 있다.

- 투자 전략: 프리미엄 신축 아파트에 장기적으로 투자해 안정적인 시세 상승

과 주거 안정성을 확보하는 전략이 유효하다.

② 임대 수익형 부동산

판교 테크노밸리 인근의 소형 아파트와 오피스텔은 임대 수요가 매우 높다. 고소득 직장인들을 대상으로 한 임대 수익형 부동산에 투자하면 장기적인 임대 수익을 기대할 수 있다.

- 투자 전략: 소형 아파트와 오피스텔에 투자하면 장기적으로 안정된 수익을 기대할 수 있다.

요층별 투자 전략

고소득 과 자녀 교육 수요층

고소득층과 자녀 교육을 중시하는 수요층은 중대형 아파트와 우수한 학군을 선호한 현동과 판교역 인근의 고급 중대형 아파트는 실거주 수요와 교육 인프라가 잘 갖춰져 있어 장기적 투자 가치가 높다.

- 투자 전략: 고급 중대형 아파트에 투자해 실거 수요와 자녀 교육 수요를 동시에 충족하는 전략이 유효하다.

젊은 직장인과 1인 가구

젊은 직장인과 1인 가구는 소형 아파트와 오피스텔을 선호한다.

판교역, 백현동 일대의 소형 아파트는 직주근접성이 좋아 임대 수익을 기대할 수 있다.

- 투자 전략: 소형 아파트와 오피스텔에 투자해 임대 수익을 기대하는 것이 효과적이다.

장기 거주 목적의 실수요층

장기 실거주 수요층은 쾌적한 주거 환경과 안정적인 생활 인프라를 중시한다. 탄천과 율동공원 인근의 중대형 아파트는 주거 환경이 우수해 장기 실거주를 원하는 가족 단위 수요층에게 적합하다.

- 투자 전략: 중대형 아파트에 장기 투자하여 실거주와 함께 안정적인 시세 상승을 기대할 수 있다.

순위	아파트명	입주 연도	위치	가격(만 원)
1	봇들8단지휴먼시아		성남시 분당구 삼평동	220,000
2	파크뷰	2004	성남시 분당구 정자동	200,000
3	백현6단지휴먼시아	2009	성남시 분당구 백현동	197,000
4	백현5단지휴먼시아	2009	성남시 분당구 백현동	196,000
5	백현2단지휴먼시아	2009	성남시 분당구 백현동	195,000
6	봇들7단지엔파트	2009	성남시 분당구 삼평동	190,000
7	백현7단지휴먼시아	2009	성남시 분당구 백현동	188,000
8	양지1단지금호	1992	성남시 분당구 수내동	173,000
9	삼성.한신	1991	성남시 분당구 서현동	172,500
10	아이파크분당	2003	성남시 분당구 정자동	166,500

성남시 분당구 아파트 가격 최고 순위(2023/11/01~2024/10/31, 전용면적 84m² 기준)

동탄신도시

동탄신도시는 화성시에 위치하며 동탄1지구와 동탄2지구로 구분된다. 2기 신도시 중 가장 규모가 큰 축에 속하며 주거와 상업이 함께 계획된 복합 신도시다.

GTX-A 노선, SRT 동탄역, 경부고속도로 등 주요 교통망이 연결되어 서울뿐만 아니라 수도권 남부로의 접근성이 매우 좋다. 동탄2신도시는 신도시 확장과 함께 대규모 아파트 단지가 계속 개발되고 있다.

주요 투자 포인트

교통망 확충

동탄신도시는 GTX-A 노선, SRT 등 다양한 교통망으로 서울 접근성이 매우 뛰어난 지역이다. 동탄역을 중심으로 서울 강남까지 SRT로 가는 데 20분 내외가 걸리고 GTX-A 노선이 개통하면 서울 삼성역까지 30분 이내에 도달할 수 있다. 경부고속도로, 용인서울고속도로, 제2외곽순환고속도로 등 도로망이 잘 발달되어 서울, 수도권 남부, 지방으로의 접근이 매우 편리하다.

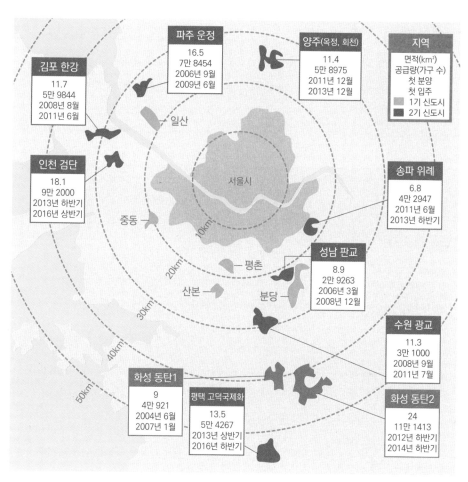

지역		
면적(km²)		
공급량(가구 수)		
첫 분양		
첫 입주		
1기 신도시		
2기 신도시		

김포 한강

11.7
5만 9844
2008년 8월
2011년 6월

파주 운정

16.5
7만 8454
2006년 9월
2009년 6월

양주(옥정, 회천)

11.4
5만 8975
2011년 12월
2013년 12월

인천 검단

18.1
9만 2000
2013년 하반기
2016년 상반기

송파 위례

6.8
4만 2947
2011년 6월
2013년 하반기

성남 판교

8.9
2만 9263
2006년 3월
2008년 12월

수원 광교

11.3
3만 1000
2008년 9월
2011년 7월

화성 동탄1

9
4만 921
2004년 6월
2007년 1월

평택 고덕국제화

13.5
5만 4267
2013년 상반기
2016년 하반기

화성 동탄2

24
11만 1413
2012년 하반기
2014년 하반기

일산
서울시
중동
10km
20km
30km
40km
50km
평촌
산본
분당

동탄신도시

대규모 첨단산업단지와 업무지구

동탄 테크노밸리는 동탄신도시의 첨단산업단지이며 삼성전자, SK하이닉스 등 대기업들이 입주해서 고소득층 직장인 수요가 많다. 또한 동탄역 주변은 판교 테크노밸리와 유사하게 첨단 업무지구가 형성되어 직주근접성을 선호하는 고소득 직장인의 수요가 계속 증가하고 있다.

우수한 주거 환경

동탄1신도시와 동탄2신도시는 계획도시로 개발되어 녹지 공간과 공원이 풍부하고 주거지와 상업지구가 잘 조화를 이루고 있다. 동탄 호수공원을 중심으로 한 쾌적한 주거 환경은 가족 단위 실거주자에게 매우 인기가 높다. 학교, 병원, 백화점 등의 생활 인프라도 잘 갖춰져 있어 실거주와 투자 모두에 유리한 환경을 제공한다.

상업과 생활 인프라

동탄역을 중심으로 롯데백화점, 동탄 북쪽에 인접한 용인 기흥의 이케아, 코스트코 등 대규모 상업시설이 형성되었고 동탄호수공원 인근의 카페 거리와 엔터테인먼트 시설도 발달해서 고소득층 수요를 흡수하는 고급 주거지로 성장하고 있다. 상업시설과 주거지가 가까운 만큼 직주근접성을 선호하는 직장인 수요가 높아 임대 수익을 기대할 수 있다.

재건축과 재개발

비교적 신축 아파트가 많아 재건축보다는 신축 아파트 투자가 주된 투자 전략이다. 그러나 동탄1신도시 일부 지역은 시간이 지남에 따라 재건축 가능성이 생길 수 있다. 장기적인 시세 상승을 기대하며 신축 아파트에 대한 투자 전략을 세우는 것이 유리하다.

기간별 투자 전략

단기 투자

① 신축 아파트 분양권

신축 아파트 공급량이 많기 때문에 신축 아파트 분양권에 투자하여 입주 시점에 맞춰 프리미엄을 형성할 수 있다. 특히 동탄역과 GTX-A 노선 인근의 신축 아파트는 교통 호재로 인해 단기적인 시세 상승을 기대할 수 있다.

- 투자 전략: 신축 아파트 분양권에 투자하여 입주 시점에 맞춰 단기적인 시세 상승을 기대하는 전략이 유리하다.

② 소형 아파트와 오피스텔

동탄역 인근의 소형 아파트와 오피스텔은 고소득 직장인들의 임대 수요가 많아 단기적인 임대 수익을 기대할 수 있다.

- 투자 전략: 소형 아파트와 오피스텔에 투자해 임대 수익을 창출하는 것이 단

기적으로 유리한 투자 전략이다.

중기 투자

① GTX-A 노선 수혜 지역

GTX-A 노선이 개통하면 동탄역을 중심으로 서울 강남권 접근성이 크게 향상된다. GTX-A 노선은 동탄신도시의 부동산 가치를 상승시킬 가장 중요한 교통 호재 중 하나이니 역세권 아파트는 중기적인 시세 상승을 기대할 수 있다.

- 투자 전략: GTX-A 노선 인근의 역세권 아파트에 중기적으로 투자해 교통망 확충에 따른 중기 시세 상승을 기대할 수 있다.

② 동탄 테크노밸리 인근 중대형 아파트

동탄 테크노밸리 인근의 중대형 아파트는 고소득층 직장인의 수요가 많아 장기적인 시세 상승을 기대할 수 있는 지역이다. 고급 주거지로 평가되는 동탄역 인근의 프리미엄 아파트는 특히 직주근접을 원하는 고소득층의 수요가 많다.

- 투자 전략: 중대형 아파트에 중기적으로 투자하여 직주근접 수요와 실거주 수요를 함께 공략하는 전략이 효과적이다.

장기 투자

① 프리미엄 신축 아파트

신축 아파트 중심의 지역이므로 프리미엄 신축 아파트에 투자하여 장기적인 시세 상승을 기대할 수 있다. 고소득층을 타깃으로 한 프리미엄 아파트는 장기적으로 가치가 상승할 가능성이 크다.

- 투자 전략: 프리미엄 신축 아파트에 장기적으로 투자하여 안정적인 시세 상승과 주거 안정성을 확보하는 것이 효과적이다.

② 임대 수익형 부동산

동탄역과 첨단산업단지 인근의 소형 아파트와 오피스텔은 임대 수익을 기대할 수 있다. 특히 고소득 직장인을 대상으로 한 임대 수익형 부동산 투자 전략은 장기적인 임대 수익을 기대할 수 있다.

- 투자 전략: 소형 아파트와 오피스텔에 장기 투자하여 안정적인 임대 수익을 창출하는 전략이 유효하다.

수요층별 투자 전략

고소득층과 자녀 교육 수요층

고소득층과 자녀 교육을 중시하는 수요층은 우수한 학군과 고급 중대형 아파트를 선호한다. 동탄2신도시의 프리미엄 중대형 아파트는 자녀 교육과 실거주 수요를 동시에 충족할 수 있어 인기가 높다.

- 투자 전략: 고급 중대형 아파트에 투자하여 자녀 교육 수요와 실거주 수요를 공략하는 전략이 유효하다.

젊은 직장인과 1인 가구

젊은 직장인과 1인 가구는 소형 아파트와 오피스텔을 선호한다. 동탄역 인근의 소형 아파트는 직주근접성이 좋아 임대 수익을 기대할 수 있다.

- 투자 전략: 소형 아파트와 오피스텔에 투자해 임대 수익을 창출하는 것이 효과적이다.

장기 거주 목적의 실수요층

장기 실거주 수요층은 쾌적한 주거 환경과 안정적인 생활 인프라를 중시한다. 동탄호수공원과 가까운 중대형 아파트는 주거 환경이 우수해 장기 실거주를 원하는 가족 단위 수요층에게 적합하다.

순위	아파트명	입주 연도	위치	가격(만 원)
1	동탄역롯데캐슬(주상복합)	2021	화성시 오산동	166,000
2	동탄역시범더샵센트럴시티	2015	화성시 청계동	131,750
3	동탄역유림노르웨이숲	2021	화성시 오산동	130,000
4	동탄역시범한화꿈에그린프레스티지	2015	화성시 청계동	126,500
5	동탄역예미지시그너스	2021	화성시 오산동	123,500
6	동탄역시범우남퍼스트빌	2015	화성시 청계동	119,000
7	동탄역시범금강펜테리움센트럴파크3	2017	화성시 청계동	118,000
8	동탄역삼정그린코아더베스트(주상복합)	2022	화성시 오산동	117,500
9	동탄역유보라아이비파크8.0	2018	화성시 오산동	116,500
10	동탄역린스트라우스	2018	화성시 오산동	116,000

화성시 아파트 가격 최고 순위(2023/11/01~2024/10/31, 전용면적 84m² 기준)

- 투자 전략: 장기 실거주를 목적으로 중대형 아파트에 투자하여 안정적인 주거지를 확보하는 전략이 유효하다.

광교신도시

광교신도시는 수원시와 용인시에 걸쳐 위치한 고급 신도시로 광교호수공원과 광교 테크노밸리 등 첨단 산업과 생활 인프라가 잘 갖춰져 있다. 주거 환경이 쾌적하고 상업시설도 잘 조성되어 고소득층과 실거주자의 선호도가 높다. 경기융합타운, 법조타운이 함께 들어서며 주거와 상업, 공공시설이 복합적으로 발전하고 있다.

주요 투자 포인트

우수한 교통망

신분당선 광교역은 서울 강남권과 직접 연결되어 서울 강남역까지 30분 내외로 이동이 가능하다. 이는 서울 접근성을 크게 높이며 직주근접을 선호하는 고소득층 직장인의 주거 수요를 끌어들이는 중요한 요소다. 또한 경부고속도로, 영동고속도로, 서울외곽순환고속도로 등 주요 도로망이 인접해서 서울, 수도권, 지방으로의 접근성이 뛰어나다. 동탄인덕원선, 신분당선, 광교호매실선이 개통하면 주변 접근성도 대폭 강화된다.

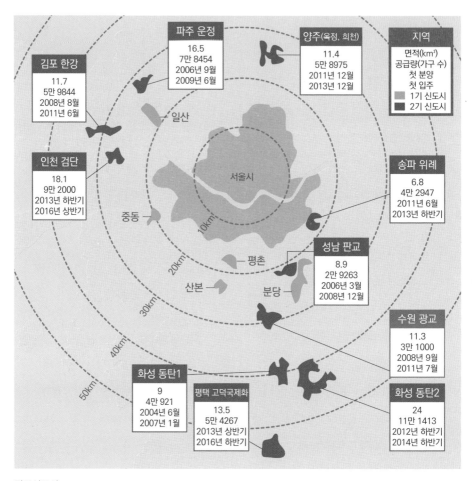

| 지역 |
| 면적(km²) |
| 공급량(가구 수) |
| 첫 분양 |
| 첫 입주 |
| 1기 신도시 |
| 2기 신도시 |

파주 운정
16.5
7만 8454
2006년 9월
2009년 6월

양주(옥정, 회천)
11.4
5만 8975
2011년 12월
2013년 12월

김포 한강
11.7
5만 9844
2008년 8월
2011년 6월

일산

서울시

인천 검단
18.1
9만 2000
2013년 하반기
2016년 상반기

중동

10km

송파 위례
6.8
4만 2947
2011년 6월
2013년 하반기

20km

평촌

성남 판교
8.9
2만 9263
2006년 3월
2008년 12월

산본

분당

30km

수원 광교
11.3
3만 1000
2008년 9월
2011년 7월

40km

화성 동탄1
9
4만 921
2004년 6월
2007년 1월

50km

평택 고덕국제화
13.5
5만 4267
2013년 상반기
2016년 하반기

화성 동탄2
24
11만 1413
2012년 하반기
2014년 하반기

광교신도시

대규모 첨단 업무지구와 상업지구

광교 테크노밸리는 첨단산업단지로 IT(Information Technology, 정보기술), BT(Bio Technology, 생명공학기술), NT(Nano Technology, 나노기술) 등 첨단 산업의 중심지로 개발되고 있고 경기도청 신청사가 들어서면서 행정 중심지로서의 역할도 강화되고 있다. 광교신도시의 고소득 직장인 수요를 크게 증가시키는 요소다. 광교호수공원 인근의 갤러리아백화점 광교점, 롯데아울렛 등 대형 상업시설과 광교 엘포트 아이파크몰 같은 프리미엄 상업시설은 주거 편의성을 높이며 고급 주거지로서의 가치를 더욱 강화한다.

우수한 주거 환경

광교호수공원을 중심으로 한 쾌적한 자연환경과 녹지 공간은 광교신도시의 핵심적인 매력이다. 자연과 조화를 이루는 신도시로 가족 단위 실거주자에게 매우 인기 있다. 광교중앙공원, 수원컨벤션센터 등 다양한 문화시설과 녹지 인프라가 잘 발달해서 삶의 질이 높은 주거지로 자리 잡았다.

우수한 교육 인프라

수원시와 용인시를 기반으로 우수한 학군을 자랑하는 광교신도시는 특히 명문 초·중·고등학교들이 밀집해서 자녀 교육을 중요시하는 고소득층 가구의 실거주 수요가 매우 많다. 광교호수공원 인근

광교호수공원의 야경 자료: 광교호수공원

아파트는 쾌적한 주거 환경과 교육 인프라 덕분에 실거주 수요가 꾸준히 증가하고 있다.

재건축과 재개발

비교적 신축 아파트가 많아 재건축 가능성은 크지 않지만, 동탄신도시처럼 시간이 지남에 따라 재건축 수요가 발생할 수 있다. 현재로서는 신축 아파트와 고급 주거지로서의 가치를 극대화하는 프리미엄 아파트 투자 전략이 주요하게 작용할 것이다.

기간별 투자 전략

단기 투자

① 신축 아파트 분양권

신축 아파트 공급량이 비교적 많으니 분양권 투자를 통해 입주 시점에 맞춰 프리미엄을 형성할 수 있다. 특히 신분당선 광교역과 가까운 역세권 아파트는 교통 호재로 인해 단기적인 시세 상승을 기대할 수 있는 유망한 투자처다.

- 투자 전략: 신축 아파트 분양권에 투자하여 입주 시점에 맞춰 단기적인 시세 상승을 기대하는 전략이 유리하다.

② 상업시설 인근 소형 아파트와 오피스텔

광교호수공원과 광교 아이파크몰 인근의 소형 아파트와 오피스텔은 고소득 직장인들의 임대 수요가 많아 단기적인 임대 수익을 기대할 수 있다.

- 투자 전략: 소형 아파트와 오피스텔에 투자해 임대 수익을 창출하는 것이 단기적으로 유리한 투자 전략이다.

중기 투자

① 동탄인덕원선 수혜 지역

동탄인덕원선이 개통하면 주변 지역 접근성이 크게 개선된다. 동탄인덕원선은 광교신도시 부동산 가치 상승에 중요한 역할을 할 것이며, 역세권 아파트는 중기적인 시세 상승을 기대할 수 있다.

- 투자 전략: 동탄인덕원선 인근의 역세권 아파트에 중기적으로 투자해 교통망 확충에 따른 시세 상승을 노리는 것이 효과적이다.

② 광교 테크노밸리와 업무지구 인근 중대형 아파트

광교 테크노밸리와 첨단 업무지구 인근의 중대형 아파트는 고소득층 직장인들의 수요가 많아 중장기적으로 시세 상승을 기대할 수 있다. 광교호수공원 인근의 프리미엄 아파트는 특히 고급 주거지로 평가된다.

- 투자 전략: 중대형 아파트에 중기적으로 투자하여 직주근접 수요와 실거주 수요를 함께 공략하는 것이 효과적이다.

장기 투자

① 프리미엄 신축 아파트

광교신도시는 고급 주거지로 형성된 지역이므로 프리미엄 신축 아파트에 장기적으로 투자하면 안정적인 시세 상승을 기대할 수 있다. 광교호수공원과 가까운 중대형 아파트는 장기적으로 고소득층의 수요가 계속 이어질 가능성이 크다.

- 투자 전략: 프리미엄 신축 아파트에 장기 투자하여 안정적인 시세 상승과 주거 안정성을 확보하는 전략이 유효하다.

② 임대 수익형 부동산

광교신도시의 상업지구와 첨단 업무지구 인근의 소형 아파트와 오피스텔은 임대 수익을 기대할 수 있는 투자처다. 고소득 직장인을 대상으로 한 임대 수익형 부동산에 투자하면 장기적으로 안정적인 임대 수익을 기대할 수 있다.

- 투자 전략: 소형 아파트와 오피스텔에 장기 투자하여 안정적인 임대 수익을 창출하는 전략이 유효하다.

수요층별 투자 전략

고소득층과 자녀 교육 수요층

고소득층과 자녀 교육을 중시하는 수요층은 광교호수공원 인근 중대형 아파트와 우수한 학군을 선호한다. 광교신도시는 주거 환경이 쾌적하고 명문 학교들이 있어 자녀 교육과 실거주를 모두 충족할 수 있다.

- 투자 전략: 광교호수공원 인근 중대형 아파트에 투자하여 고소득층 실거주 수요를 공략하는 것이 유리하다.

젊은 직장인과 1인 가구

젊은 직장인과 1인 가구는 소형 아파트와 오피스텔을 선호한다. 광교역과 광교 테크노밸리 인근의 소형 아파트는 직주근접성이 뛰어나며 임대 수익을 기대할 수 있다.

- 투자 전략: 소형 아파트와 오피스텔에 투자해 임대 수익을 창출하는 것이 효과적이다.

·장기 거주 목적의 실수요층

장기 실거주 수요층은 쾌적한 주거 환경과 안정적인 생활 인프라

구분	순위	아파트명	입주 연도	위치	가격(만 원)
수원시 영통구	1	광교중흥S클래스	2019	수원시 영통구 원천동	165,000
	2	자연앤힐스테이트	2012	수원시 영통구 이의동	160,000
	3	광교아이파크	2018	수원시 영통구 원천동	133,700
	4	광교더샵	2018	수원시 영통구 원천동	133,000
	5	광교푸르지오월드마크	2015	수원시 영통구 이의동	121,000
	6	광교호수마을호반써밋	2011	수원시 영통구 하동	112,500
	7	광교호반베르디움	2014	수원시 영통구 원천동	110,000
	8	광교호반베르디움트라엘	2017	수원시 영통구 이의동	109,000
	9	힐스테이트영통	2017	수원시 영통구 망포동	103,600
	10	영통아이파크캐슬1단지	2019	수원시 영통구 망포동	98,000
용인시 기흥구	1	e편한세상구성역플랫폼시티	2024	용인시 기흥구 마북동	119,670
	2	죽현마을동원로얄듀크	2006	용인시 기흥구 보정동	109,800
	3	힐스테이트기흥	2018	용인시 기흥구 구갈동	99,500
	4	삼거마을삼성래미안1차	2002	용인시 기흥구 마북동	96,500
	5	영통역자이프라시엘	2026	용인시 기흥구 서천동	93,954
	6	죽현마을아이파크	2004	용인시 기흥구 보정동	92,000
	7	연원마을LG	1999	용인시 기흥구 마북동	92,000
	8	구성역효성해링턴플레이스	2016	용인시 기흥구 마북동	90,500
	9	파크시엘	2004	용인시 기흥구 신갈동	90,000
	10	기흥역더샵	2018	용인시 기흥구 구갈동	89,800

수원시 영통구와 용인시 기흥구 아파트 가격 최고 순위(2023/11/01~2024/10/31, 전용면적 84m² 기준)

를 중시한다. 광교호수공원과 광교중앙공원 인근의 중대형 아파트는 주거 환경이 매우 우수하며 장기 실거주를 원하는 가족 단위 수요층에게 적합하다.

- 투자 전략: 장기 실거주를 목적으로 중대형 아파트에 투자하여 안정적인 주거지를 확보하는 전략이 유효하다.

김포 한강신도시

김포 한강신도시는 김포시에 위치한 대규모 신도시로서 한강을 중심으로 주거지와 상업지구가 함께 조성된 복합 신도시다. 서울 강서권과 가까워 출퇴근 수요가 많고 김포도시철도를 통해 서울 접근성이 강화되었다. 최근 GTX-D 노선과 같은 교통 호재가 이어지며 주거 가치가 높아지고 있다.

주요 투자 포인트

서울에 대한 뛰어난 접근성

김포 한강신도시는 김포골드라인을 통해 서울 지하철 5호선과 연결되며 김포공항역에서 서울 마포구와 강서구로의 접근성이 뛰어나다. 김포공항역에서는 서울 지하철 9호선과 공항철도로도 환승할 수 있어 서울 강남과 도심으로 이동하는 데 편리하다. 또한 GTX-D

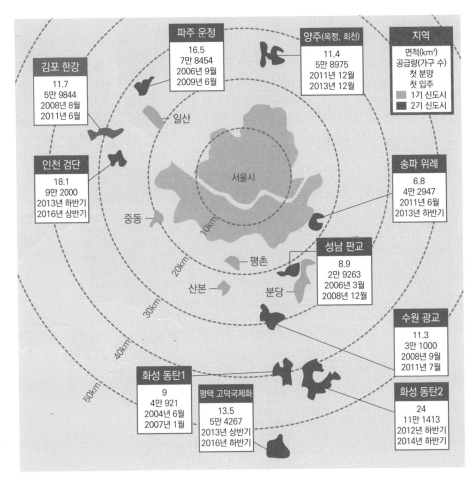

김포 한강신도시

노선이 김포를 경유할 예정이어서, 개통하면 서울 강남권 접근성이 대폭 향상되니 김포 한강신도시의 부동산 가치 상승에 중요한 교통 호재가 될 것이다.

대규모 주거지 개발과 상업지구

계획적으로 개발되어서 대규모 아파트 단지와 상업지구가 조화를 이루고 있다. 운양동, 마산동, 장기동 등 신도시 내 주요 지역에 신축 아파트가 다수 공급되었고 상업시설도 빠르게 개발되고 있다. 특히 운양역과 장기역 인근은 상업시설이 발달해서 생활 편의성이 높고 젊은 세대의 주거 수요가 꾸준히 늘어나고 있다.

쾌적한 주거 환경과 자연환경

한강과 김포평야를 끼고 있어 쾌적한 주거 환경을 자랑한다. 한강신도시호수공원, 한강중앙공원 등 대규모 녹지 공간과 체육시설이 마련되어 가족 단위 실거주자에게 인기가 많다. 자연과 조화를 이루는 주거 환경은 삶의 질을 중시하는 실거주 수요층의 주요 투자 요인이 된다.

우수한 교육 인프라

명문 초·중·고등학교가 많고 교육 인프라가 지속적으로 개선되고 있다. 자녀 교육을 중시하는 중산층과 고소득층 가족이 선호하니 학군 프리미엄이 붙은 아파트들의 가치 상승이 예상된다.

재건축과 재개발 가능성

대부분 신축 아파트여서 재건축 수요는 크지 않지만 시간이 지나면 재건축 가능성이 점차 증가할 것이다. 장기적으로 신축 아파트에 투자해 재건축 프리미엄을 노리는 전략도 고려해볼 수 있다.

기간별 투자 전략

단기 투자

① 신축 아파트 분양권

신축 아파트 중심으로 형성된 김포 한강신도시는 분양권에 투자하여 입주 시점에 맞춰 프리미엄을 기대할 수 있다. 특히 GTX-D 노선과 김포골드라인 인근 역세권 아파트는 교통 호재로 인해 단기적인 시세 상승을 기대할 수 있다.

- 투자 전략: 신축 아파트 분양권을 선점하고 입주 시점에 맞춰 단기적인 시세 상승을 기대하는 전략이 유리하다.

② 소형 아파트와 오피스텔

김포골드라인 인근 소형 아파트와 오피스텔은 젊은 직장인의 임대 수요가 많아 단기적인 임대 수익을 기대할 수 있다.

- 투자 전략: 소형 아파트와 오피스텔에 투자하여 임대 수익을 창출하고, 김포 공항역으로의 접근성을 활용하여 단기적인 투자 수익을 기대할 수 있다.

중기 투자

① GTX-D 노선 수혜 지역

GTX-D 노선이 개통하면 서울 강남권 접근성이 크게 향상된다. GTX-D 노선은 김포 한강신도시 부동산시장의 가치 상승을 이끄는 주요 요인 중 하나로, 역세권 아파트는 중기적인 시세 상승을 기대할 수 있다.

- 투자 전략: GTX-D 노선 인근 역세권 아파트에 중기적으로 투자해 교통망 확충에 따른 시세 상승을 기대할 수 있다.

② 한강변과 공원 인근 중대형 아파트

한강이 가깝고 녹지 공간이 풍부해서 중대형 아파트가 가족 단위 실거주자에게 매우 인기가 많다. 한강변과 공원 인근의 중대형 아파트는 고소득층 수요가 꾸준히 이어질 가능성이 크기 때문에 중기적인 시세 상승이 기대된다.

- 투자 전략: 중대형 아파트에 중기적으로 투자하여 실거주 수요와 직주근접 수요를 동시에 공략하는 전략이 효과적이다.

장기 투자

① 프리미엄 신축 아파트

김포 한강신도시는 신축 아파트 중심의 지역이므로 프리미엄 신축 아파트에 장기 투자하면 안정적인 시세 상승을 기대할 수 있다. 장기 실거주 수요가 높은 한강변이나 공원 인근의 프리미엄 아파트는 장기적으로 고소득층 수요가 유지될 가능성이 크다.

- 투자 전략: 프리미엄 신축 아파트에 장기적으로 투자하여 안정적인 시세 상승과 주거 안정성을 확보하는 것이 효과적이다.

② 임대 수익형 부동산

상업지구와 김포골드라인 인근 소형 아파트와 오피스텔은 임대 수익을 기대하기에 유망하다. 고소득 직장인을 대상으로 한 임대 수익형 부동산에 투자하면 장기적인 임대 수익을 기대할 수 있다.

- 투자 전략: 소형 아파트와 오피스텔에 장기 투자하여 안정적인 임대 수익을 창출하는 전략이 유효하다.

수요층별 투자 전략

고소득층과 자녀 교육 수요층

고소득층과 자녀 교육을 중시하는 수요층은 한강변과 공원 인근 중대형 아파트와 우수한 학군을 선호한다. 김포 한강신도시는 쾌적한 주거 환경과 명문 학교들이 있어 자녀 교육과 실거주를 모두 충족할 수 있다.

- 투자 전략: 한강변 중대형 아파트에 투자하여 실거주 수요와 자녀 교육 수요를 공략하는 전략이 유리하다.

젊은 직장인과 1인 가구

젊은 직장인과 1인 가구는 소형 아파트와 오피스텔을 선호한다. 김포공항역과 가까운 소형 아파트는 교통 편리성이 뛰어나며 임대 수익을 기대할 수 있다.

- 투자 전략: 소형 아파트와 오피스텔에 투자해 임대 수익을 창출하는 것이 효과적이다.

순위	아파트명	입주 연도	위치	가격(만 원)
1	한강메트로자이2단지	2020	김포시 걸포동	76,000
2	한강메트로자이1단지	2020	김포시 걸포동	74,900
3	한강메트로자이3단지	2020	김포시 걸포동	72,500
4	김포풍무센트럴푸르지오	2018	김포시 풍무동	72,000
5	캐슬앤파밀리에시티2단지	2020	김포시 고촌읍	71,000
6	수기마을힐스테이트2단지	2008	김포시 고촌읍 신곡리	70,000
7	고촌행정타운한양수자인	2017	김포시 고촌읍 신곡리	69,700
8	힐스테이트리버시티2단지	2020	김포시 고촌읍 향산리	69,000
9	한강신도시반도유보라6차	2017	김포시 운양동	68,000
10	풍무푸르지오	2016	김포시 풍무동	67,000

김포시 아파트 가격 최고 순위(2023/11/01~2024/10/31, 전용면적 84m² 기준)

장기 거주 목적의 실수요층

장기 실거주 수요층은 쾌적한 주거 환경과 안정적인 생활 인프라를 중시한다. 한강변과 공원 인근 중대형 아파트는 주거 환경이 매우 우수하니 장기 실거주를 원하는 가족 단위 수요층에게 적합하다.

- 투자 전략: 장기 실거주를 목적으로 중대형 아파트에 투자하여 안정적인 주거지를 확보하는 전략이 유효하다.

위례신도시

위례신도시는 서울, 성남, 하남에 걸쳐 위치한 2기 신도시로서 서울 근접성 덕분에 강남권 직장인의 주거 대체지로 인기가 높다. 주거 환경이 우수하고 위례 중앙광장 같은 상업시설이 잘 갖춰져 있어 실거주 선호도가 높다. 위례~신사선이 개통하면 강남까지 이동하는 시간이 더욱 단축된다.

주요 투자 포인트

서울에 대한 뛰어난 접근성

위례신도시는 서울 송파구와 접해 있고 송파대로와 동부간선도로를 통해 서울 강남권까지 쉽게 접근한다. 지하철 8호선과 5호선을 이용하고 특히 위례신사선과 GTX-D 노선이 개통하면 서울 주요

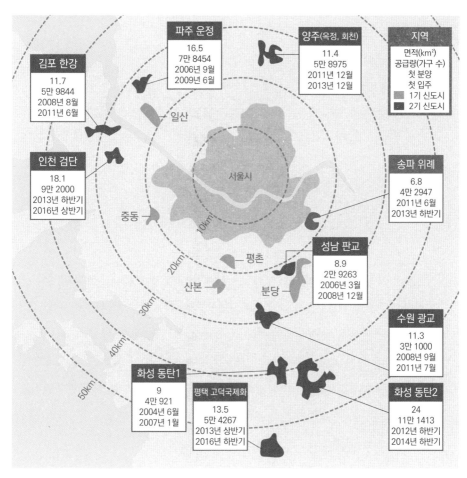

파주 운정
16.5
7만 8454
2006년 9월
2009년 6월

양주(옥정, 회천)
11.4
5만 8975
2011년 12월
2013년 12월

지역
면적(km²)
공급량(가구 수)
첫 분양
첫 입주
■ 1기 신도시
■ 2기 신도시

김포 한강
11.7
5만 9844
2008년 8월
2011년 6월

일산

인천 검단
18.1
9만 2000
2013년 하반기
2016년 상반기

송파 위례
6.8
4만 2947
2011년 6월
2013년 하반기

서울시

중동

10km

성남 판교
8.9
2만 9263
2006년 3월
2008년 12월

평촌

20km

산본

분당

30km

수원 광교
11.3
3만 1000
2008년 9월
2011년 7월

40km

화성 동탄1
9
4만 921
2004년 6월
2007년 1월

평택 고덕국제화
13.5
5만 4267
2013년 상반기
2016년 하반기

50km

화성 동탄2
24
11만 1413
2012년 하반기
2014년 하반기

위례신도시

지역까지의 이동 시간이 더욱 단축된다. 2025년 9월에 위례트램이 개통하면 위례 내의 대중교통 접근성이 크게 개선된다. 위례신도시의 부동산 가치 상승에 중요한 요인이 될 것이다.

계획된 신도시로서의 대규모 개발

계획된 신도시로서 주거지, 상업지, 공공시설이 조화롭게 배치되어 있다. 위례 중앙광장, 위례 아이파크몰, 대형 상업지구 등 생활 인프라가 잘 갖춰졌고 생활 편의성이 높다. 주거지 또한 고급 아파트 중심으로 개발되어 프리미엄 주거지 성격을 띤다.

쾌적한 주거 환경

남한산성과 한강을 끼고 있어 자연환경이 매우 뛰어나며 위례 중앙공원, 남한산성공원 등 대규모 공원과 녹지 공간이 잘 조성되었다. 쾌적한 주거 환경은 가족 단위 실거주자에게 매우 인기가 많고 삶의 질이 높은 지역으로 자리 잡았다. 위례호수공원 주변은 자연환경과 조화를 이룬 프리미엄 주거지다.

우수한 교육 인프라

명문 초·중·고등학교가 밀집했고 송파구와의 인접성 덕분에 서울 명문 학군 접근성도 뛰어나다. 교육 인프라가 잘 발달해서 자녀 교육을 중시하는 고소득층 가족이 많이 거주한다. 교육 수요가 학군 프리미엄이 붙은 아파트들의 부동산 가치를 안정적으로 유지시킨다.

교통망 확충과 개발 호재

위례트램, 위례신사선, GTX-D 노선 등 여러 호재로 교통망이 크게 확충될 예정이다. GTX-D 노선이 개통하면 서울 강남 접근성이 대폭 개선되고, 위례신사선이 개통하면 서울 강남권으로의 출퇴근 시간이 크게 단축된다. 교통 호재는 위례신도시 부동산 가치에 직접적인 영향을 미치며, 중장기적으로 시세 상승을 이끌 주요 요인 중 하나다.

기간별 투자 전략

단기 투자

① 신축 아파트 분양권

신축 아파트 공급량이 많고 교통 호재가 예정되어 있으니 분양권에 투자하면 입주 시점에 맞춰 프리미엄을 형성할 수 있다. 특히 GTX-D 노선과 위례신사선 인근 역세권 아파트는 교통 호재로 인해 단기적인 시세 상승을 기대할 수 있다.

- 투자 전략: 신축 아파트 분양권을 선점하고 입주 시점에 맞춰 단기적인 시세 상승을 기대하는 전략이 유리하다.

② 소형 아파트와 오피스텔 투자

소형 아파트와 오피스텔은 젊은 직장인과 1인 가구의 임대 수요가 높아 단기적인 임대 수익을 기대할 수 있는 투자처다.

- 투자 전략: 소형 아파트와 오피스텔에 투자해 임대 수익을 창출하고 교통망 확충으로 인한 가치 상승을 기대할 수 있다.

중기 투자

① GTX-D 노선 수혜 지역

GTX-D 노선이 개통하면 서울 강남권 접근성이 대폭 향상된다. GTX-D 노선은 위례신도시 부동산 가치에 중요한 역할을 할 것이며 역세권 아파트는 중기적으로 시세 상승을 기대할 수 있다.

- 투자 전략: GTX-D 노선 인근의 역세권 아파트에 중기적으로 투자해 교통망 확충에 따른 중기적인 시세 상승을 기대할 수 있다.

② 위례신사선과 위례트램 인근

위례신사선과 위례트램이 개통하면 위례신도시 내부 교통망이 개선되어 서울 강남권과의 연결성이 강화된다. 따라서 위례신사선과 트램 인근 역세권 아파트는 중기적으로 교통 호재에 따른 시세 상승을 기대할 수 있다.

- 투자 전략: 위례신사선과 위례트램 인근 역세권 아파트에 투자하여 교통 호재에 따른 중기적인 시세 상승을 기대할 수 있다.

장기 투자

① 프리미엄 신축 아파트

위례신도시는 고급 주거지로 형성되었으니 프리미엄 신축 아파트에 장기 투자하면 안정적인 시세 상승을 기대할 수 있다. 특히 위례호수공원 인근의 프리미엄 중대형 아파트는 고소득층의 수요가 많아 장기적인 시세 상승을 기대할 수 있다.

- 투자 전략: 프리미엄 신축 아파트에 장기 투자하여 안정적인 시세 상승과 주거 안정성을 확보하는 것이 효과적이다.

② 임대 수익형 부동산

상업지구와 위례트램 인근의 소형 아파트와 오피스텔은 임대 수익을 기대할 수 있는 투자처다. 고소득 직장인을 대상으로 한 임대 수익형 부동산 투자 전략은 장기적으로 안정적인 임대 수익을 기대할 수 있다.

- 투자 전략: 소형 아파트와 오피스텔에 장기 투자하여 안정적인 임대 수익을 창출하는 전략이 유효하다.

수요층별 투자 전략

고소득층과 자녀 교육 수요층

고소득층과 자녀 교육을 중시하는 수요층은 위례호수공원 인근의 중대형 아파트와 우수한 학군을 선호한다. 위례신도시는 명문 학교들이 밀집해서 자녀 교육과 실거주를 동시에 충족할 수 있다.

- 투자 전략: 위례호수공원 인근 중대형 아파트에 투자하여 자녀 교육 수요와 실거주 수요를 공략하는 것이 유리하다.

구분	순위	아파트명	입주 연도	위치	가격(만 원)
성남시 수정구	1	위례센트럴자이	2017	성남시 수정구 창곡동	165,000
	2	산성역포레스티아	2020	성남시 수정구 신흥동	165,000
	3	위례래미안이편한세상	2016	성남시 수정구 창곡동	145,000
	4	위례역푸르지오5단지	2017	성남시 수정구 창곡동	143,000
	5	위례역푸르지오6단지	2017	성남시 수정구 창곡동	140,000
	6	위례역푸르지오4단지	2017	성남시 수정구 창곡동	140,000
	7	위례더힐55	2015	성남시 수정구 창곡동	135,000
	8	산성역헤리스톤	2027	성남시 수정구 산성동	121,054
	9	판교밸리호반써밋	2019	성남시 수정구 고등동	114,000
	10	산성역자이푸르지오	2023	성남시 수정구 신흥동	113,000
하남시	1	미사강변푸르지오	2016	하남시 망월동	140,000
	2	위례롯데캐슬	2016	하남시 학암동	129,300
	3	힐스테이트포웰시티	2020	하남시 감이동	128,000
	4	하남감일한양수자인	2022	하남시 감이동	124,000
	5	e편한세상 감일	2021	하남시 감이동	120,000
	6	감일파크센트레빌	2021	하남시 감이동	120,000
	7	미사강변센트럴풍경채	2019	하남시 풍산동	112,000
	8	감일한라비발디	2019	하남시 감이동	109,800
	9	감일스타힐스	2021	하남시 감이동	109,500
	10	미사강변스타힐스	2016	하남시 망월동	109,000

성남시 수정구와 하남시 아파트 가격 최고 순위(2023/11/01~2024/10/31, 전용면적 84m² 기준)

젊은 직장인과 1인 가구

젊은 직장인과 1인 가구는 소형 아파트와 오피스텔을 선호한다. 위례신사선과 위례트램 인근의 소형 아파트는 교통 편리성이 뛰어나며 임대 수익을 기대할 수 있다.

- 투자 전략: 소형 아파트와 오피스텔에 투자해 임대 수익을 창출하는 것이 효과적이다.

장기 거주 목적의 실수요층

장기 실거주 수요층은 쾌적한 주거 환경과 안정적인 생활 인프라를 중시한다. 위례호수공원과 남한산성공원 인근의 중대형 아파트는 주거 환경이 매우 우수하며, 장기 실거주를 원하는 가족 단위 수요층에게 적합하다.

- 투자 전략: 장기 실거주를 목적으로 중대형 아파트에 투자하여 안정적인 주거지를 확보하는 전략이 유효하다.

운정신도시

운정신도시는 파주시에 위치한 대규모 신도시로서 1지구, 2지구, 3지구로 나뉘어 개발이 진행되고 있다. 파주 운정역을 중심으로 하며 서울로 출퇴근하는 인구가 많다. 2024년 12월 운정역의 GTX-A 노선이 개통되어 서울 접근성이 크게 개선될 예정이다. 이로 인해

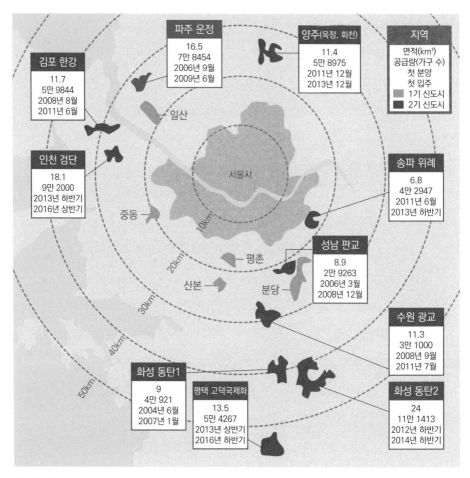

지역
면적(km²)
공급량(가구 수)
첫 분양
첫 입주
1기 신도시
2기 신도시

파주 운정
16.5
7만 8454
2006년 9월
2009년 6월

양주(옥정, 회천)
11.4
5만 8975
2011년 12월
2013년 12월

김포 한강
11.7
5만 9844
2008년 8월
2011년 6월

일산

서울시

인천 검단
18.1
9만 2000
2013년 하반기
2016년 상반기

송파 위례
6.8
4만 2947
2011년 6월
2013년 하반기

중동

10km

성남 판교
8.9
2만 9263
2006년 3월
2008년 12월

평촌

산본

분당

20km

30km

수원 광교
11.3
3만 1000
2008년 9월
2011년 7월

40km

화성 동탄1
9
4만 921
2004년 6월
2007년 1월

평택 고덕국제화
13.5
5만 4267
2013년 상반기
2016년 하반기

화성 동탄2
24
11만 1413
2012년 하반기
2014년 하반기

50km

운정신도시

서울 강남권으로의 출퇴근이 편리해지면서 주거 수요가 급증할 것으로 예상된다.

운정신도시 주요 투자 포인트

교통망 확충으로 인한 서울 접근성 강화

GTX-A 노선이 운정신도시의 핵심 교통 호재다. 2028년 전체 개통 예정인 GTX-A 노선은 운정역을 통과해 서울역과 삼성역까지 빠르게 연결되어 서울 도심 접근성을 대폭 강화할 것이다. 또한 경의 중앙선과 서울지하철 3호선 연장이 예정되어 서울 북서부와의 연결이 개선될 것이다. 이는 직주근접성을 높여, 서울로 출퇴근하는 직장인 수요를 흡수하는 데 중요한 요인이 된다.

대규모 주거지 개발과 상업지구 확장

대규모 아파트 단지가 공급되면서 다양한 주거 인프라와 생활 인프라를 갖추고, 공공주택과 민간 분양주택이 혼합되어 다양한 수요층을 흡수하는 주거지로 성장하고 있다. 상업지구도 함께 개발되면서 주거 인프라와 상업시설이 점차 확충된다. 운정3지구와 같은 추가 개발이 예정되어 자족 기능이 강화되고 상업과 주거 수요가 동반 상승할 것이다.

쾌적한 자연환경과 신도시 계획

광활한 녹지 공간과 공원이 함께 조성되고 친환경적 도시 설계가 이루어져 쾌적한 주거 환경을 제공한다. 운정호수공원과 자연 친화적인 공간들이 가족 단위 수요층에게 매력적인 요소로 작용할 것이다. 특히 삶의 질을 중시하는 중대형 평형대 아파트 수요층에게 장기 거주지로 적합한 환경을 제공한다.

자족 기능과 직주근접성 강화

운정신도시는 자족 기능을 갖추기 위한 개발이 활발히 이루어지고 있다. 대규모 상업지구와 오피스 지구가 함께 개발되어 직주근접을 선호하는 고소득층 직장인 수요가 유입될 가능성이 크다. 파주출판단지와 LG디스플레이 등의 산업단지가 인근에 있어서 자족 도시로서의 기능을 강화하고 있으며, 이는 임대 수요와 주거 수요를 안정적으로 유지할 수 있는 요소다.

기간별 투자 전략

단기 투자
① 신축 아파트 분양권

여전히 신축 아파트가 대규모로 공급 중이니 분양권 투자를 통해 단기적으로 프리미엄을 형성할 수 있다. GTX-A 노선 개통 전까지는 프리미엄 형성이 활발할 것이며, 입주 시점에 맞춰 시세 차익을 노릴 수 있다.

- 투자 포인트: 신축 아파트 분양권을 선점해 입주 시점에 맞춘 단기적인 시세 상승을 기대하는 전략이 유효하다.

② 소형 아파트와 오피스텔

서울로 출퇴근하는 1인 가구, 젊은 직장인 수요가 꾸준히 증가해서 소형 아파트와 오피스텔에 대한 임대 수요가 높다. 역세권 소형 아파트는 단기적인 임대 수익을 창출할 수 있는 투자처다.

- 투자 포인트: 임대 수익을 노리고 소형 아파트나 오피스텔에 투자하는 것이 유리하다.

중기 투자

① GTX-A 노선 수혜 지역

GTX-A 노선이 개통하면 서울 접근성이 크게 개선되므로 역세권 아파트는 중기적인 시세 상승을 기대할 수 있다. 운정역 인근의 아파트는 교통망 확충에 따른 가격 상승이 예상되며 고소득 직장인을 타깃으로 한 투자 전략이 효과적이다.

- 투자 포인트: GTX-A 노선 인근 역세권 아파트에 중기적으로 투자하여 교통 호재에 따른 중기 시세 상승을 기대할 수 있다.

② 상업지구 인근 투자

운정신도시 상업지구가 꾸준히 확장되며 자족 기능이 강화될 예정이다. 상업시설 인근 아파트는 중장기적인 시세 상승을 기대하기에 좋은 투자처다.

- 투자 포인트: 상업지구 인근 아파트에 투자하여 중장기적인 수요 증가와 상업시설 발전에 따른 시세 상승을 기대하는 것이 좋다.

장기 투자

① 프리미엄 신축 아파트

운정신도시는 친환경적 도시 계획이 잘 조화되어 장기 실거주를 원하는 가족 단위 수요층에게 매우 매력적인 지역이다. 프리미엄 신축 아파트는 장기적인 시세 상승과 안정적인 주거지의 역할을 한다.

- 투자 포인트: 프리미엄 신축 아파트에 장기적으로 투자하여 안정적인 시세 상승과 주거 안정성을 확보하는 전략이 유효하다.

② 임대 수익형 부동산

인구가 꾸준히 유입되고 있으니 임대 수요도 꾸준히 발생할 것이다. 소형 아파트와 오피스텔에 장기적으로 투자하여 안정적인 임대 수익을 기대할 수 있다.

- 투자 포인트: 소형 아파트와 오피스텔에 장기 투자하여 임대 수익을 창출하는 것이 효과적이다.

수요층별 투자 전략

젊은 직장인과 1인 가구

젊은 직장인과 1인 가구는 소형 아파트와 오피스텔을 선호한다. GTX-A 노선과 경의중앙선 인근의 소형 아파트는 교통 편리성이 뛰어나며 임대 수익을 기대할 수 있다.

- 투자 전략: 소형 아파트와 오피스텔에 투자해 임대 수익을 노리는 것이 효과적이다.

가족 단위 실수요층

쾌적한 주거 환경과 주거 인프라가 잘 갖추어져 가족 단위 실거주

순위	아파트명	입주 연도	위치	가격(만 원)
1	운정신도시아이파크	2020	파주시 동패동	80,000
2	파주운정신도시디에트르더퍼스트	2021	파주시 동패동	76,000
3	운정신도시센트럴푸르지오	2018	파주시 목동동	74,300
4	힐스테이트운정	2018	파주시 목동동	73,000
5	초롱꽃8단지중흥S-클래스	2022	파주시 동패동	72,800
6	e편한세상운정어반프라임	2021	파주시 동패동	67,000
7	운정화성파크드림시그니처	2020	파주시 목동동	66,500
8	한빛마을5단지캐슬앤칸타빌	2012	파주시 야당동	65,500
9	롯데캐슬파크타운	2017	파주시 야당동	64,000
10	롯데캐슬파크타운II	2018	파주시 야당동	63,000

파주시 아파트 가격 최고 순위(2023/11/01~2024/10/31, 전용면적 84m² 기준)

수요층에게 매력적인 지역이다. 중대형 아파트에 대한 장기적인 수요가 높을 것으로 예상된다.

- 투자 전략: 중대형 아파트에 장기 투자하여 안정적인 실거주 수요를 공략하는 것이 유리하다.

양주신도시

양주신도시는 양주시에 위치한 신도시로, 경기 북부에서 대규모로 개발된 대표적인 신도시다. 아직 개발 초기 단계이며 1지구, 2지구로 나뉘어 개발이 진행 중이다.

GTX-C 노선이 2028년 개통 예정이며 서울 강남권 접근성이 크게 개선될 것이다. 양주시는 상대적으로 저평가되어 있지만 교통 인프라가 개선되면 투자 가치가 상승할 것으로 예상된다.

주요 투자 포인트

서울에 대한 뛰어난 접근성

양주신도시는 서울 북부권 접근성이 좋으며 경기 북부에서 중요한 거점 도시로 자리 잡고 있다. 특히 지하철 7호선 연장이 확정되어 옥정역이 신설되면 서울 강남권 연결성이 더욱 강화된다. GTX-C 노선이 개통하면 덕정역에서 서울 삼성역까지의 이동 시간이 대폭

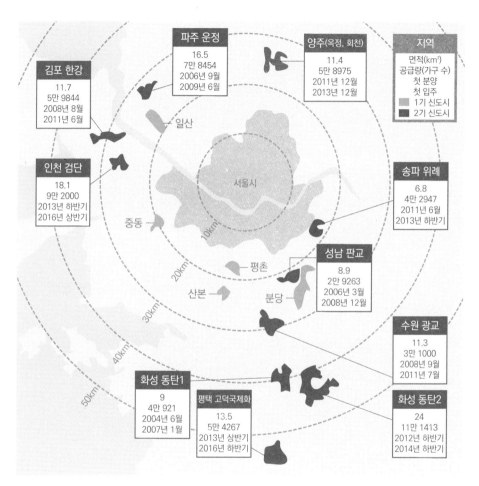

파주 운정
16.5
7만 8454
2006년 9월
2009년 6월

양주(옥정, 회천)
11.4
5만 8975
2011년 12월
2013년 12월

지역
면적(km²)
공급량(가구 수)
첫 분양
첫 입주
1기 신도시
2기 신도시

김포 한강
11.7
5만 9844
2008년 8월
2011년 6월

일산

서울시

인천 검단
18.1
9만 2000
2013년 하반기
2016년 상반기

송파 위례
6.8
4만 2947
2011년 6월
2013년 하반기

중동

10km

성남 판교
8.9
2만 9263
2006년 3월
2008년 12월

20km

평촌

산본

분당

30km

수원 광교
11.3
3만 1000
2008년 9월
2011년 7월

40km

화성 동탄1
9
4만 921
2004년 6월
2007년 1월

평택 고덕국제화
13.5
5만 4267
2013년 상반기
2016년 하반기

화성 동탄2
24
11만 1413
2012년 하반기
2014년 하반기

50km

양주신도시

단축되니 양주신도시의 부동산 가치를 크게 상승시킬 핵심 요인이
될 것이다.

대규모 주거지 개발과 상업지구

2기 신도시로서 계획적으로 개발된 대규모 주거지다. 옥정동을 중
심으로 신축 아파트가 다수 공급되었고 대규모 상업지구도 함께 개
발되어 생활 인프라가 빠르게 확충되고 있다. 상업시설이 풍부한 만
큼 편리한 생활 환경이 조성되며, 특히 옥정호수공원 인근은 자연 친
화적인 주거 환경을 제공하여 실거주 수요가 꾸준히 증가하고 있다.

쾌적한 주거 환경과 자연환경

옥정호수공원, 청담천 등 쾌적한 자연환경이 잘 갖춰져 삶의 질을
중요시하는 가족 단위 실거주자에게 인기가 많다. 녹지 공간과 편리
한 생활 인프라가 조화를 이루니 도심 속 자연을 누릴 수 있는 친환
경 주거지로 자리 잡았다. 이처럼 쾌적한 주거 환경은 양주신도시의
부동산 가치를 안정적으로 유지하는 중요한 요소로 작용한다.

우수한 교육과 생활 인프라

양주시 내에서도 우수한 학군과 함께 교육 인프라가 빠르게 확충
되고 있다. 옥정초등학교, 옥정중학교 등 학교들이 잘 조성되어 자
녀 교육을 중시하는 가족 단위 실거주자에게 매력적이다. 또한 대형

상업시설과 병원, 공공시설 등이 잘 갖춰져 생활 편의성이 높다.

교통망 확충과 개발 호재

지하철 7호선 연장과 GTX-C 노선이라는 교통 호재로 인해 서울 접근성이 크게 개선될 예정이다. 특히 7호선 옥정역이 개통하면 서울 도심과의 연결이 강화되고, GTX-C 노선이 개통하면 서울 삼성역까지의 이동이 빨라져 광역 교통망이 대폭 확충된다. 교통 호재는 양주신도시의 부동산 가치 상승에 가장 큰 요인 중 하나로 작용할 것이다.

기간별 투자 전략

단기 투자

① 신축 아파트 분양권

신축 아파트 공급이 많으니 분양권 투자를 통해 입주 시점에 맞춰 프리미엄을 형성할 수 있다. 특히 지하철 7호선과 GTX-C 노선이 개통될 예정이므로 역세권 아파트는 단기적인 시세 상승을 기대할 수 있다.

- 투자 전략: 신축 아파트 분양권에 투자하고 입주 시점에 맞춰 단기적인 시세 상승을 기대하는 전략이 유리하다.

② 소형 아파트와 오피스텔

옥정역 인근의 소형 아파트와 오피스텔은 젊은 직장인과 1인 가구의 임대 수요가 많아 단기적인 임대 수익을 기대할 수 있다.

- 투자 전략: 소형 아파트와 오피스텔에 투자해 임대 수익을 창출하고, 역세권의 가치를 활용해 단기적인 투자 수익을 기대할 수 있다.

중기 투자

① GTX-C 노선 수혜 지역

GTX-C 노선이 개통하면 덕정역부터 서울 삼성역까지 이동하는 시간이 대폭 단축된다. 양주신도시의 부동산 가치 상승에 큰 영향을 미칠 교통 호재이니 역세권 아파트는 중기적인 시세 상승을 기대할 수 있다.

- 투자 전략: GTX-C 노선 인근의 역세권 아파트에 중기적으로 투자하여 교통망 확충에 따른 시세 상승을 노리는 것이 효과적이다.

② 지하철 7호선 연장 인근

지하철 7호선 연장이 개통하면 양주신도시의 교통 편리성이 크게 개선된다. 특히 옥정역 인근 아파트는 역세권 프리미엄을 통해 중기적인 시세 상승이 예상된다.

- 투자 전략: 7호선 연장 인근 역세권 아파트에 투자하여 교통 호재에 따른 중기 시세 상승을 기대하는 것이 좋다.

장기 투자

① 프리미엄 신축 아파트

신축 아파트 중심으로 형성된 지역이므로 프리미엄 신축 아파트에 장기 투자하여 안정적인 시세 상승을 기대할 수 있다. 특히 옥정호수공원 인근의 프리미엄 중대형 아파트는 고소득층의 수요가 많아 장기적인 시세 상승을 기대할 수 있다.

- 투자 전략: 프리미엄 신축 아파트에 장기 투자하여 안정적인 시세 상승과 주거 안정성을 확보하는 것이 효과적이다.

② 임대 수익형 부동산

양주신도시의 상업지구와 역세권 인근의 소형 아파트와 오피스텔은 임대 수익을 기대할 수 있는 투자처다. 고소득 직장인을 대상으로 한 임대 수익형 부동산에 투자하면 장기적으로 안정적인 임대 수익을 기대할 수 있다.

- 투자 전략: 소형 아파트와 오피스텔에 장기 투자하여 안정적인 임대 수익을 창출하는 전략이 유효하다.

수요층별 투자 전략

고소득층과 자녀 교육 수요층

고소득층과 자녀 교육을 중시하는 수요층은 옥정호수공원 인근의 중대형 아파트와 우수한 학군을 선호한다. 양주신도시는 명문 초·중·고등학교들이 밀집해 있어 자녀 교육과 실거주를 동시에 충족할 수 있다.

- 투자 전략: 옥정호수공원 인근 중대형 아파트에 투자하여 자녀 교육 수요와 실거주 수요를 공략하는 것이 유리하다.

젊은 직장인과 1인 가구

젊은 직장인과 1인 가구는 소형 아파트와 오피스텔을 선호한다. 옥정역 인근의 소형 아파트는 교통 편리성이 좋아 임대 수익을 기대할 수 있다.

- 투자 전략: 소형 아파트와 오피스텔에 투자해 임대 수익을 기대하는 것이 효과적이다.

순위	아파트명	입주 연도	위치	가격(만 원)
1	양주옥정신도시대방노블랜드더시그니처	2021	양주시 옥정동	68,000
2	양주옥정신도시중흥S클래스센텀시티3블록	2022	양주시 옥정동	57,500
3	옥정중앙역중흥S클래스센텀시티1블록	2022	양주시 옥정동	56,000
4	양주회천신도시디에트르센트럴시티	2022	양주시 덕계동	55,000
5	양주옥정신도시디에트르프레스티지	2022	양주시 옥정동	55,000
6	옥정역로제비앙메트로파크1단지	2022	양주시 삼숭동	52,900
7	e편한세상옥정어반센트럴	2017	양주시 옥정동	50,600
8	양주옥정신도시제일풍경채레이크시티1단지	2023	양주시 옥정동	50,000
9	장흥역경남아너스빌북한산뷰5블록(2단지)	2025	양주시 장흥면	49,825
10	장흥역경남아너스빌북한산뷰B-1(4)블록(1단지)	2025	양주시 장흥면	49,240

양주시 아파트 가격 최고 순위(2023/11/01~2024/10/31, 전용면적 84㎡ 기준)

장기 거주 목적의 실수요층

장기 실거주 수요층은 쾌적한 주거 환경과 안정적인 생활 인프라를 중시한다. 옥정호수공원 인근의 중대형 아파트는 주거 환경이 매우 우수하며, 장기 실거주를 원하는 가족 단위 수요층에게 적합하다.

- 투자 전략: 장기 실거주를 목적으로 중대형 아파트에 투자하여 안정적인 주거지를 확보하는 전략이 유효하다.

평택 고덕국제화신도시

평택신도시는 평택시에 있는 대규모 신도시 개발지로서 삼성 반도체 공장, 고덕산업단지, LG전자, 미군 기지 등이 있어 산업 인프라와 직주근접을 중심으로 발전하고 있다. 고덕국제화신도시는 그중에서 가장 주목받는 곳으로, 대규모 아파트 단지가 조성된다. 평택은 평택항을 비롯해 SRT 평택지제역과 GTX-A 노선 등 교통망이 확충되면서 수도권 남부의 교통 요충지로 성장하고 있다.

주요 투자 포인트

뛰어난 교통망과 서울 접근성

평택신도시는 수도권 전철 1호선, SRT 등으로 서울과 수도권 주요 도시로의 접근성이 뛰어나다. 평택지제역에서 SRT를 이용하면

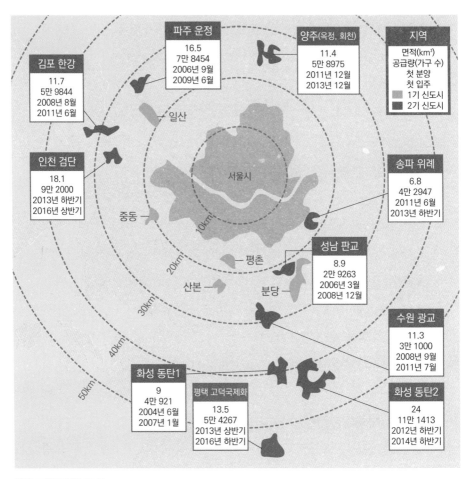

평택 고덕국제화신도시

파주 운정
16.5
7만 8454
2006년 9월
2009년 6월

양주(옥정, 회천)
11.4
5만 8975
2011년 12월
2013년 12월

지역
면적(km²)
공급량(가구 수)
첫 분양
첫 입주
1기 신도시
2기 신도시

김포 한강
11.7
5만 9844
2008년 8월
2011년 6월

일산

서울시

송파 위례
6.8
4만 2947
2011년 6월
2013년 하반기

인천 검단
18.1
9만 2000
2013년 하반기
2016년 상반기

중동

10km

20km

30km

40km

50km

평촌

산본

분당

성남 판교
8.9
2만 9263
2006년 3월
2008년 12월

수원 광교
11.3
3만 1000
2008년 9월
2011년 7월

화성 동탄1
9
4만 921
2004년 6월
2007년 1월

평택 고덕국제화
13.5
5만 4267
2013년 상반기
2016년 하반기

화성 동탄2
24
11만 1413
2012년 하반기
2014년 하반기

경기도 부동산의 힘

서울 수서역까지 20분 내외로 이동할 수 있다. 또한 평택항을 통한 해상 교통망과 경부고속도로, 서해안고속도로 등 도로망이 잘 발달해 전국적인 물류 거점으로 자리 잡았다. 특히 평택-부산 고속도로도 이용 가능해서 광역 교통망이 확장될 예정이다.

삼성 반도체 공장와 대규모 산업단지

삼성전자 반도체 평택 공장은 세계 최대 규모의 반도체 생산 기지이며 이로 인한 고소득 직장인 수요가 꾸준히 증가하고 있다. LG전자를 비롯한 대기업 산업단지들이 인접해서 직주근접성이 뛰어나니 고소득층 주거 수요가 매우 높다. 평택 브레인시티 등 첨단산업단지도 확충되어 미래형 산업 중심지로 성장하고 있다. 이는 고소득 직장인의 유입을 촉진하고 부동산시장 활성화에 긍정적인 영향을 미친다.

미군 기지 이전과 인구 증가

평택은 주한 미군 기지가 들어오면서 군 관련 인구가 크게 증가했고 미군 관련 산업과 함께 생활 인프라가 빠르게 확충되었다. 특히 미군 기지와 인접한 지역의 임대 수요가 높아 미군 대상 임대 수익을 기대할 수 있다. 인구 유입이 계속되면서 주택 수요가 꾸준히 증가하고 이에 따라 평택신도시의 부동산 투자 가치도 상승할 가능성이 높다.

평택 브레인시티 개요

평택항과 경제 특구

평택항은 대한민국 최대의 자동차 수출입 항만이자 국제 물류 거점으로서 산업 인프라가 발달했다. 평택항 배후 단지는 계속 개발되고 있으며 경제 특구 지정을 통해 해외 자본을 활발하게 유치할 예정이다. 평택항 개발은 부동산 가치 상승에 중요한 요소로 작용하며, 특히 상업시설과 물류단지 근처에 투자 수요가 높아질 가능성이 크다.

기간별 투자 전략

단기 투자

① 신축 아파트 분양권

평택신도시는 신축 아파트 공급이 활발하니 분양권 투자를 통해 입주 시점에 맞춰 프리미엄을 형성할 수 있다. 특히 삼성 반도체 공장과 가까운 고덕국제신도시는 직주근접성을 선호하는 고소득층 직장인의 수요가 높아 단기 시세 상승을 기대할 수 있다.

- 투자 전략: 신축 아파트 분양권을 선점하여 단기 시세 상승과 함께 입주 시점에 맞춰 투자하는 전략이 유리하다.

② 소형 아파트와 오피스텔

신도시 내 소형 아파트와 오피스텔은 젊은 직장인과 1인 가구의 임대 수요가 높아 단기적인 임대 수익을 기대할 수 있다.

- 투자 전략: 소형 아파트와 오피스텔에 투자해 임대 수익을 창출하는 것이 단기적으로 유리한 전략이다.

중기 투자

① 삼성 반도체 공장과 대기업 산업단지 인근

삼성 반도체 공장과 LG전자가 인접한 고덕국제신도시는 고소득층 직장인들의 주거 수요가 높고 특히 직주근접성을 선호하는 수요층에게 매우 인기가 많다. 평택 브레인시티와 같은 첨단산업단지도 개발 중이므로 중기적인 시세 상승이 예상된다.

- 투자 전략: 대기업 산업단지 인근 프리미엄 신축 아파트에 중기적으로 투자하여 직주근접 수요를 공략하는 전략이 유효하다.

② 미군 기지 인근의 임대 수익형 부동산

주한 미군 기지와 인접한 지역은 미군 대상 임대 수요가 꾸준히 유지되고 임대 수익형 부동산 투자에 유리하다. 특히 외국인 대상 임대는 안정적인 수익을 기대할 수 있다.

- 투자 전략: 미군 기지 인근 소형 아파트와 오피스텔에 투자하여 임대 수익을 기대하는 전략이 효과적이다.

장기 투자

① 프리미엄 신축 아파트

평택신도시는 신축 아파트 중심으로 형성된 지역이므로, 프리미엄 신축 아파트에 장기 투자하면 안정적인 시세 상승을 기대할 수 있다. 특히 삼성 반도체 공장과 미군 기지 인근 지역은 장기적인 인구 유입과 함께 안정적인 주거 수요가 유지될 가능성이 크다.

- 투자 전략: 프리미엄 신축 아파트에 장기적으로 투자하여 안정적인 시세 상승과 주거 안정성을 확보하는 전략이 유효하다.

② 평택항 인근 상업시설

평택항은 국제 물류 중심지로 계속 성장하며, 경제 특구로 지정된 지역에서는 상업시설과 물류시설의 수요가 꾸준히 증가할 것이다. 평택항 배후 단지의 상업시설에 투자하여 장기적인 임대 수익과 상업 개발에 따른 시세 상승을 기대할 수 있다.

- 투자 전략: 평택항 인근 상업시설에 투자하여 장기적인 임대 수익과 상업지구 활성화에 따른 시세 상승을 노리는 전략이 유효하다.

수요층별 투자 전략

고소득층과 직장인 수요층

고소득층과 직주근접성을 중시하는 직장인 수요층은 삼성 반도체 공장과 LG전자 인근 고덕국제신도시 내 프리미엄 신축 아파트를 선호한다. 고소득 직장인이 집중되는 만큼 고급 주거지에 대한 수요가 계속해서 증가할 것으로 보인다.

- 투자 전략: 고덕국제신도시 프리미엄 신축 아파트에 투자하여 직주근접을 선호하는 고소득층을 타깃으로 투자하는 것이 유리하다.

젊은 직장인과 1인 가구

젊은 직장인과 1인 가구는 소형 아파트와 오피스텔을 선호한다. 특히 삼성전자와 LG전자 인근 지역의 소형 아파트는 임대 수익을 기대할 수 있다.

- 투자 전략: 소형 아파트와 오피스텔에 투자해 임대 수익을 창출하는 것이 효과적이다.

장기 거주 목적의 실수요층

장기 실거주 수요층은 쾌적한 주거 환경과 안정적인 생활 인프라를 중시한다. 삼성 반도체 공장과 산업단지 인근의 중대형 아파트가 주거 환경이 매우 우수하며, 장기 실거주를 원하는 가족 단위 수요층에게 적합하다.

- 투자 전략: 장기 실거주를 목적으로 중대형 아파트에 투자하여 안정적인 주거지를 확보하는 전략이 유효하다.

순위	아파트명	입주 연도	위치	가격(만 원)
1	지제역더샵센트럴시티	2022	평택시 지제동	85,000
2	고덕국제신도시리슈빌레이크파크	2021	평택시 고덕동	75,000
3	호반써밋고덕신도시	2021	평택시 고덕동	74,000
4	고덕국제신도시제일풍경채	2019	평택시 고덕동	70,000
5	힐스테이트지제역	2020	평택시 동삭동	70,000
6	고덕국제신도시파라곤	2019	평택시 고덕동	69,500
7	힐스테이트지제역퍼스티움	2022	평택시 동삭동	68,000
8	고덕국제신도시제일풍경채2차에듀	2023	평택시 고덕동	67,000
9	호반써밋고덕국제신도시에듀파크	2022	평택시 고덕동	66,000
10	고덕신도시제일풍경채센텀3차	2023	평택시 고덕동	66,000

평택시 아파트 가격 최고 순위(2023/11/01~2024/10/31, 전용면적 84m² 기준)

별내신도시

별내신도시는 남양주에 위치하며 서울 접근성이 우수하고 경춘선 별내역과 인접해 있다. 서울 강북권으로 출퇴근하기 쉽고 주거 인프라가 빠르게 발전하고 있다. 특히 교통 호재가 다양해서, GTX-B가 개통하면 별내역에서 서울역까지 25분 내에 이동할 수 있다. 또한 8호선 연장선인 별내선은 남양주에서 구리를 거쳐 강동구 암사역까지 이어진다. 별내와 잠실이 20분 내외로 연계되니 강남 생활권을 공유할 수 있다는 점에서 기대감이 높다.

별내신도시   자료: 네이버 지도

주요 투자 포인트

서울에 대한 뛰어난 접근성

별내신도시는 서울 북동부와 가까워 서울로의 출퇴근이 매우 용이하다. 특히 구리-포천고속도로, 서울외곽순환고속도로 등의 도로망이 잘 발달되어 강남과 강북 모두 접근성이 우수하다. 지하철 8호선 연장이 완료되면 별내역에서 암사역까지 직결되니 서울 강남권 접근성이 더욱 개선된다. 또한 GTX-B 노선이 개통하면 별내역에서 서울역까지 20분 내외로 도달해서 서울 중심지 접근성도 대폭 강화된다.

쾌적한 주거 환경과 대규모 주거지 개발

계획적인 신도시로 개발되었고 주거지와 상업지가 조화를 이룬다. 별내중앙공원과 별내생태공원 등 대규모 공원과 녹지 공간이 잘 조성되어 쾌적한 주거 환경을 자랑한다. 별내동과 별내면 등을 중심으로 신축 아파트와 상업시설이 계속해서 개발되고 쾌적한 주거지로서의 매력을 높이고 있다.

우수한 교통망 확충

지하철 8호선 연장과 GTX-B 노선이라는 두 가지 중요한 교통 호재를 보유하고 있다. 지하철 8호선이 개통하면 서울 강남권 접근성이 더욱 향상되고, GTX-B 노선이 개통하면 서울 중심부와의 연결이 강화되어 광역 교통망이 크게 확충된다. 또한 구리-포천고속도로와 서울외곽순환고속도로를 통해 서울, 수도권 동북부에 연결되니 자동차 출퇴근도 용이하다.

우수한 교육과 생활 인프라

계획도시로서 초·중·고등학교 등의 교육 인프라가 잘 조성되어 있어 자녀 교육을 중시하는 가족 단위 실거주자에게 인기가 많다. 또한 대형 마트, 병원, 쇼핑몰 등 다양한 생활 인프라가 잘 갖춰져서 편리한 생활 환경을 제공한다. 상업지구와 주거지가 가까운 만큼 직주근접성을 선호하는 수요층의 관심이 높다.

자연환경과 함께하는 주거지

불암산과 수락산의 자연경관을 품은 별내신도시는 도심 속 자연을 누릴 수 있는 쾌적한 주거 환경이 매우 큰 매력이다. 삶의 질을 중요시하는 실거주 수요층에게 중요한 투자 포인트다.

기간별 투자 전략

단기 투자

① 신축 아파트 분양권

신축 아파트 공급이 활발한 지역이므로 분양권 투자를 통해 입주 시점에 맞춰 프리미엄을 기대할 수 있다. 특히 지하철 8호선 연장과 GTX-B 노선과 가까운 역세권 아파트는 단기적인 시세 상승을 기대할 수 있다.

- 투자 전략: 신축 아파트 분양권을 선점하고 입주 시점에 맞춰 단기적인 시세 상승을 노리는 전략이 유효하다.

② 소형 아파트와 오피스텔

별내역 인근의 소형 아파트와 오피스텔은 젊은 직장인과 1인 가구의 임대 수요가 많아 단기적인 임대 수익을 기대할 수 있다.

- 투자 전략: 소형 아파트와 오피스텔에 투자해 임대 수익을 창출하고, 역세권의 가치를 활용해 단기적인 투자 수익을 기대할 수 있다.

중기 투자
① GTX-B 노선 수혜 지역

GTX-B 노선이 개통하면 별내역에서 서울역까지의 이동 시간이 대폭 단축된다. 이는 별내신도시의 부동산 가치 상승에 가장 큰 요인 중 하나로, 역세권 아파트는 중기적인 시세 상승을 기대할 수 있다.

- 투자 전략: GTX-B 노선 인근의 역세권 아파트에 중기적으로 투자하여 교통망 확충에 따른 중기 시세 상승을 기대할 수 있다.

② 지하철 8호선 연장 인근

지하철 8호선 연장이 완료되면 서울 강남권 접근성이 크게 개선된다. 특히 지하철 8호선 연장 구간 인근 아파트는 중기적인 시세 상승이 예상된다.

- 투자 전략: 8호선 연장 인근 역세권 아파트에 투자하여 교통 호재에 따른 중기적인 시세 상승을 기대하는 것이 좋다.

장기 투자
① 프리미엄 신축 아파트

별내신도시는 신축 아파트 중심으로 형성된 지역이므로 프리미엄 신축 아파트에 장기 투자하여 안정적인 시세 상승을 기대할 수 있다. GTX-B 노선과 8호선 연장이 완료되면 서울 접근성이 강화되어 장기적인 시세 상승이 기대된다.

- 투자 전략: 프리미엄 신축 아파트에 장기 투자하여 안정적인 시세 상승과 주거 안정성을 확보하는 것이 효과적이다.

② 임대 수익형 부동산

별내신도시의 상업지구와 별내역 인근의 소형 아파트와 오피스텔은 임대 수익을 기대할 만한 투자처다. 고소득 직장인을 대상으로 한 임대 수익형 부동산 투자 전략은 장기적인 임대 수익을 기대할 수 있다.

- 투자 전략: 소형 아파트와 오피스텔에 장기 투자하여 안정적인 임대 수익을 창출하는 전략이 유효하다.

수요층별 투자 전략

고소득층과 자녀 교육 수요층

고소득층과 자녀 교육을 중시하는 수요층은 별내중앙공원 인근의 중대형 아파트와 우수한 학군을 선호한다. 별내신도시는 명문 학교가 많고 쾌적한 주거 환경을 제공해 자녀 교육과 실거주를 동시에 충족할 수 있다.

- 투자 전략: 별내중앙공원 인근 중대형 아파트에 투자하여 자녀 교육 수요와 실거주 수요를 공략하는 것이 유리하다.

젊은 직장인과 1인 가구

젊은 직장인과 1인 가구는 소형 아파트와 오피스텔을 선호한다. 별내역 인근의 소형 아파트는 교통 편리성이 뛰어나며 임대 수익을 기대할 수 있다.

- 투자 전략: 소형 아파트와 오피스텔에 투자해 임대 수익을 창출하는 것이 효과적이다.

순위	아파트명	입주 연도	위치	가격(만 원)
1	다산자이아이비플레이스	2021	남양주시 다산동	113,500
2	다산한강반도유보라	2019	남양주시 다산동	100,000
3	힐스테이트다산	2019	남양주시 다산동	99,500
4	다산한양수자인리버팰리스	2017	남양주시 다산동	96,500
5	다산롯데캐슬	2018	남양주시 다산동	95,500
6	다산e편한세상자이	2018	남양주시 다산동	91,000
7	다산펜테리움리버테라스 II	2019	남양주시 다산동	90,000
8	다산자이폴라리스	2021	남양주시 다산동	90,000
9	다산펜테리움리버테라스 I	2019	남양주시 다산동	88,000
10	다산아이파크	2017	남양주시 다산동	87,700

남양주시 아파트 가격 최고 순위(2023/11/01~2024/10/31, 전용면적 84m² 기준)

장기 거주 목적의 실수요층

장기 실거주 수요층은 쾌적한 주거 환경과 안정적인 생활 인프라를 중시한다. 별내중앙공원 인근의 중대형 아파트는 주거 환경이 매우 우수하며 장기 실거주를 원하는 가족 단위 수요층에게 적합하다.

- 투자 전략: 장기 실거주를 목적으로 중대형 아파트에 투자하여 안정적인 주거지를 확보하는 전략이 유효하다.

다산신도시

다산신도시도 남양주시에 있고 다산지구와 진건지구로 구분된다. 다산신도시는 한강과 인접하고 서울 접근성이 좋아 서울 출퇴근

다산신도시 　　　　　　　　　　　　　　　　　　　자료: 네이버 지도

수요가 많다. 경의중앙선 다산역과 8호선 연장선 개통이 예정되어
있고 향후 서울과 수도권 북부의 교통 요충지로 발전할 전망이다.

주요 투자 포인트

서울에 대한 뛰어난 접근성

다산신도시는 서울과 매우 가까워서 서울로의 출퇴근이 용이한
지역이다. 특히 서울외곽순환고속도로, 국도 6호선, 구리~포천고속
도로 등의 도로망이 잘 발달되어 서울 강남권과 강북권 모두 접근

성이 뛰어나다. 지하철 8호선 연장선이 다산역까지 연결되면 서울 강남권 접근성이 더욱 향상된다. 경춘선 별내역을 통해 서울 동부로 이동하는 것도 매우 편리하다.

대규모 주거지 개발과 상업지구

계획적인 신도시로서 주거지, 상업지구, 공공시설이 체계적으로 개발되었다. 다산동을 중심으로 신축 아파트가 대규모로 공급되었고 다산지금지구, 다산진건지구 등에 대규모 상업지구가 개발되어 생활 편의성이 매우 높다. 롯데 프리미엄아울렛, 대형 마트, 다양한 상업시설이 인접해서 생활 편의성이 뛰어나며, 젊은 세대와 고소득층의 주거 수요가 계속해서 증가하고 있다.

쾌적한 주거 환경

왕숙천을 따라 녹지 공간이 풍부하게 조성되었고 체육시설, 산책로, 공원 등이 잘 갖추어져 쾌적한 주거 환경을 제공한다. 쾌적한 자연환경 덕분에 가족 단위 실거주자들에게 매우 인기가 많다. 다산중앙공원과 같은 대규모 공원과 함께 주거지와 상업지구가 균형 잡힌 구성을 이루어 삶의 질을 높이는 요소가 많다.

우수한 교육과 생활 인프라

계획도시로서 초·중·고등학교와 같은 교육 인프라가 잘 조성되었다. 특히 남양주시의 우수한 학군 때문에 자녀 교육을 중시하는 가족 단위 실거주자들에게 매우 매력적인 지역이다. 또한 대형 상업 시설, 병원, 쇼핑몰 등이 다수 있어 편리한 생활 인프라를 자랑하며, 직주근접성을 선호하는 직장인 수요도 꾸준히 증가하고 있다.

교통망 확충과 개발 호재

지하철 8호선 연장, 경춘선, GTX-B 노선 등 여러 교통 호재가 있어서 서울 접근성이 크게 강화될 예정이다. 지하철 8호선 연장이 완료되면 서울 강남권과의 연결성이 강화되고, GTX-B 노선이 개통하면 서울 중심부까지도 더욱 빠르게 이동해 광역 교통망이 대폭 확충될 예정이다. 교통 호재는 다산신도시의 부동산 가치 상승을 이끄는 중요한 요인이다.

기간별 투자 전략

단기 투자
① 신축 아파트 분양권

다산신도시는 신축 아파트 공급량이 많기 때문에 분양권 투자를 통해 입주 시점에 맞춰 프리미엄을 형성할 수 있다. 특히 지하철 8호선 연장선과 GTX-B 노선과 가까운 역세권 아파트는 단기적인 시세 상승을 기대할 수 있는 유망한 투자처다.

- 투자 전략: 신축 아파트 분양권을 선점하고 입주 시점에 맞춰 단기적인 시세 상승을 기대하는 전략이 유리하다.

② 소형 아파트와 오피스텔

소형 아파트와 오피스텔은 젊은 직장인과 1인 가구의 임대 수요가 많아 단기적인 임대 수익을 기대할 수 있다.

- 투자 전략: 소형 아파트와 오피스텔에 투자해 임대 수익을 창출하고, 역세권의 가치를 활용해 단기적인 투자 수익을 기대할 수 있다.

중기 투자

① GTX-B 노선 수혜 지역

GTX-B 노선이 개통하면 다산신도시는 서울역 접근성이 크게 향상된다. GTX-B 노선은 다산신도시 부동산 가치에 가장 큰 영향을 미칠 교통 호재로, 역세권 아파트는 중기적인 시세 상승을 기대할 수 있다.

- 투자 전략: GTX-B 노선 인근의 역세권 아파트에 중기적으로 투자하여 교통망 확충에 따른 시세 상승을 기대할 수 있다.

② 지하철 8호선 연장선 인근

지하철 8호선이 다산역까지 연장되면 서울 강남권 접근성이 크게 개선된다. 다산역 인근 아파트는 역세권 프리미엄을 통해 중기적인 시세 상승을 기대할 수 있다.

- 투자 전략: 8호선 연장 인근 역세권 아파트에 투자하여 교통 호재에 따른 중기적인 시세 상승을 기대하는 것이 좋다.

장기 투자

① 프리미엄 신축 아파트

신축 아파트 중심으로 형성된 지역이므로 프리미엄 신축 아파트에 장기 투자하여 안정적인 시세 상승을 기대할 수 있다. 특히 GTX-B 노선과 8호선 연장이 완료되면 서울 접근성이 더욱 강화되어 장기적인 시세 상승이 기대된다.

- 투자 전략: 프리미엄 신축 아파트에 장기 투자하여 안정적인 시세 상승과 주거 안정성을 확보하는 것이 효과적이다.

② 임대 수익형 부동산

다산신도시 상업지구와 다산역 인근 소형 아파트와 오피스텔은 임대 수익을 기대할 수 있는 투자처다. 고소득 직장인을 대상으로 한 임대 수익형 부동산 투자 전략은 장기적인 임대 수익을 기대할 수 있다.

- 투자 전략: 소형 아파트와 오피스텔에 장기 투자하여 안정적인 임대 수익을 창출하는 전략이 유효하다.

수요층별 투자 전략

고소득층과 자녀 교육 수요층

고소득층과 자녀 교육을 중시하는 수요층은 다산중앙공원 인근의 중대형 아파트와 우수한 학군을 선호한다. 다산신도시는 명문 초·중·고등학교들이 밀집해서 자녀 교육과 실거주를 동시에 충족할 수 있다.

- 투자 전략: 다산중앙공원 인근 중대형 아파트에 투자하여 자녀 교육 수요와 실거주 수요를 공략하는 것이 유리하다.

젊은 직장인과 1인 가구

젊은 직장인과 1인 가구는 소형 아파트와 오피스텔을 선호한다. 다산역 인근의 소형 아파트는 교통 편리성이 뛰어나며 임대 수익을 기대할 수 있다.

- 투자 전략: 소형 아파트와 오피스텔에 투자해 임대 수익을 창출하는 것이 효과적이다.

장기 거주 목적의 실수요층

장기 실거주 수요층은 쾌적한 주거 환경과 안정적인 생활 인프라를 중시한다. 다산중앙공원과 왕숙천 인근의 중대형 아파트는 주거 환경이 매우 우수하며 장기 실거주를 원하는 가족 단위 수요층에게 적합하다.

- 투자 전략: 장기 실거주를 목적으로 중대형 아파트에 투자하여 안정적인 주거지를 확보하는 전략이 유효하다.

삼송신도시

삼송신도시는 고양시에 위치한 대규모 택지개발지구로, 서울과 매우 가까워 강북권 출퇴근이 용이하다. 3호선 삼송역이 인접해 있고 대형 상업시설들이 조성되어 주거 편의성이 높다. 롯데몰, 스타필드 고양과 같은 대형 상업시설들이 입점하면서 상업 인프라가 발달하고 고급 주거지로 성장하고 있다.

주요 투자 포인트

서울에 대한 뛰어난 접근성

삼송신도시는 서울 은평구와 접해 있고 지하철 3호선 삼송역을 통해 서울 도심까지 20~30분 내외로 접근할 수 있어 출퇴근이 매우 용이하다. 또한 GTX-A 노선이 개통하면 삼송역에서 서울역까지 이동 시간이 대폭 단축됨으로써 서울 중심지 접근성이 크게 개선될 것으로 기대된다.

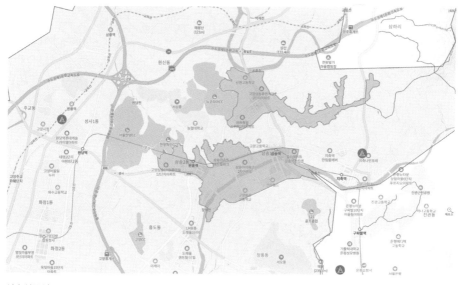

삼송신도시

대규모 주거지 개발과 상업지구

계획적으로 개발된 신도시로 주거지와 상업지구가 조화롭게 구성되었다. 삼송역을 중심으로 신축 아파트가 다수 공급되었고 스타필드 고양, 이케아 고양점, 롯데몰 등 대형 상업시설이 인접해서 생활 편의성이 매우 뛰어나다. 상업시설과 주거지가 가까운 만큼 젊은 세대와 고소득층의 주거 수요가 계속해서 증가하고 있다.

쾌적한 주거 환경과 자연환경

북한산국립공원과 인접해서 자연환경이 매우 쾌적하고 공원과 녹지 공간이 잘 조성되었다. 그래서 가족 단위 실거주자들에게 매우 인기가 많고 주거 환경을 중시하는 수요층이 꾸준히 늘어나고 있다. 북한산 자락의 풍부한 자연경관과 삶의 질을 중시하는 중산층과 고소득층 실거주자들을 타깃으로 한 주거지가 발달해 있다.

우수한 교육과 생활 인프라

초·중·고등학교와 같은 교육 인프라가 잘 조성되어 있고 특히 서울 접근성이 뛰어나 자녀 교육을 중시하는 가족 단위 실거주자들에게 매력적인 지역이다. 또한 대형 상업시설, 병원, 공공시설 등이 인접해서 편리한 생활 인프라를 자랑한다. 생활 편의성이 높고 직주근접성을 선호하는 수요층이 많다.

교통망 확충과 개발 호재

지하철 3호선이 이미 운행하고 있고, 향후 GTX-A 노선이 개통하면 삼송역과 서울역까지의 이동 시간이 크게 단축된다. 삼송신도시 부동산 가치에 큰 영향을 미칠 교통 호재이니 중장기적으로 시세 상승을 기대할 수 있다. 교통망 확충은 서울 접근성을 강화해서 삼송신도시 부동산시장에 중요한 영향을 미칠 것이다.

기간별 투자 전략

단기 투자
① 신축 아파트 분양권

신축 아파트 공급량이 많기 때문에 분양권 투자를 통해 입주 시점에 맞춰 프리미엄을 기대할 수 있다. 특히 GTX-A 노선과 지하철 3호선 인근 역세권 아파트는 단기적인 시세 상승을 기대할 수 있는 유망한 투자처다.

- 투자 전략: 신축 아파트 분양권을 선점하고 입주 시점에 맞춰 단기적인 시세 상승을 기대하는 전략이 유리하다.

② 소형 아파트와 오피스텔

삼송역 인근의 소형 아파트와 오피스텔은 젊은 직장인과 1인 가구의 임대 수요가 많아 단기적인 임대 수익을 기대할 수 있는 투자처다.

- 투자 전략: 소형 아파트와 오피스텔에 투자해 임대 수익을 창출하고, 역세권의 가치를 활용해 단기적인 투자 수익을 기대할 수 있다.

중기 투자
① GTX-A 노선 수혜 지역

GTX-A 노선이 개통하면 삼송역에서 서울역까지 이동 시간이 크게 단축된다. 삼송신도시 부동산 가치에 가장 큰 영향을 미칠 교통 호재이니 역세권 아파트는 중기적인 시세 상승을 기대할 수 있다.

- 투자 전략: GTX-A 노선 인근의 역세권 아파트에 중기적으로 투자하여 교통 망 확충에 따른 시세 상승을 기대할 수 있다.

② 지하철 3호선 인근

지하철 3호선은 삼송신도시의 중요한 교통 수단이며 서울 접근성이 매우 뛰어나다. 삼송역 인근 아파트는 역세권 프리미엄을 통해 중기적인 시세 상승을 기대할 수 있다.

- 투자 전략: 지하철 3호선 인근 역세권 아파트에 투자하여 교통 호재에 따른 중기적인 시세 상승을 기대하는 것이 좋다.

장기 투자

① 프리미엄 신축 아파트

신축 아파트 중심으로 형성된 지역이므로 프리미엄 신축 아파트에 장기 투자하여 안정적인 시세 상승을 기대할 수 있다. GTX-A 노선이 개통하면 서울 접근성이 더욱 강화되어 장기적인 시세 상승이 기대된다.

- 투자 전략: 프리미엄 신축 아파트에 장기 투자하여 안정적인 시세 상승과 주거 안정성을 확보하는 것이 효과적이다.

② 임대 수익형 부동산

삼송신도시 상업지구와 삼송역 인근 소형 아파트와 오피스텔은 임대 수익을 기대할 수 있는 투자처다. 고소득 직장인을 대상으로 한 임대 수익형 부동산 투자 전략은 장기적인 임대 수익을 기대할 수 있다.

- 투자 전략: 소형 아파트와 오피스텔에 장기 투자하여 안정적인 임대 수익을 창출하는 전략이 유효하다.

수요층별 투자 전략

고소득층과 자녀 교육 수요층

고소득층과 자녀 교육을 중시하는 수요층은 삼송신도시 내 중대형 아파트와 우수한 학군을 선호한다. 삼송신도시는 명문 초·중·고등학교들이 밀집해서 자녀 교육과 실거주를 동시에 충족할 수 있다.

- 투자 전략: 중대형 아파트에 투자하여 자녀 교육 수요와 실거주 수요를 공략하는 것이 유리하다.

젊은 직장인과 1인 가구

젊은 직장인과 1인 가구는 소형 아파트와 오피스텔을 선호한다. 삼송역 인근의 소형 아파트는 교통 편리성이 뛰어나며 임대 수익을 기대할 수 있다.

- 투자 전략: 소형 아파트와 오피스텔에 투자해 임대 수익을 창출하는 것이 효과적이다.

장기 거주 목적의 실수요층

장기 실거주 수요층은 쾌적한 주거 환경과 안정적인 생활 인프라를 중시한다. 북한산 국립공원 인근의 중대형 아파트는 주거 환경이 매우 우수하며, 장기 실거주를 원하는 가족 단위 수요층에게 적합하다.

- 투자 전략: 장기 실거주를 목적으로 중대형 아파트에 투자하여 안정적인 주거지를 확보하는 전략이 유효하다.

순위	아파트명	입주 연도	위치	가격(만 원)
1	DMC자이더리버	2022	고양시 덕양구 덕은동	125,000
2	DMC디에트르한강	2022	고양시 덕양구 덕은동	117,000
3	DMC한강자이더헤리티지	2022	고양시 덕양구 덕은동	114,000
4	DMC자이더포레리버뷰	2022	고양시 덕양구 덕은동	108,000
5	지축역센트럴푸르지오	2019	고양시 덕양구 지축동	104,500
6	고양덕은DMC한강숲중흥S-클래스	2022	고양시 덕양구 덕은동	100,000
7	DMC호반베르디움더포레4단지	2019	고양시 덕양구 향동동	91,500
8	지축역북한산유보라	2019	고양시 덕양구 지축동	90,000
9	삼송2차아이파크	2015	고양시 덕양구 삼송동	90,000
10	원흥동일스위트	2018	고양시 덕양구 도내동	89,500

고양시 덕양구 아파트 가격 최고 순위(2023/11/01~2024/10/31, 전용면적 84m² 기준)

2기 신도시 투자 전략 정리

2기 신도시 투자 전략을 성공적으로 세우려면 다음의 5대 핵심 요소를 고려해야 한다. 이 요소들은 각 신도시의 특성에 맞게 적용할 수 있으며, 부동산 가치를 극대화하는 데 중요한 역할을 한다.

교통망 확충과 접근성

교통망은 2기 신도시의 부동산 가치에 가장 큰 영향을 미치는 요소다. 서울을 비롯한 주요 도심과의 접근성을 개선하는 지하철 연장, 고속도로, GTX 노선 등의 교통 호재는 시세 상승을 촉진한다. 역세권은 투자에서 매우 중요한 지점이므로 지하철역 인근 또는 대중교통이 편리한 지역에 투자하는 것이 유리하다. GTX, SRT, 지하철 연장선 인근 아파트는 교통망 확충에 따른 프리미엄을 기대할 수 있다.

산업단지와 직주근접

2기 신도시는 대규모 산업단지와 연계되어 개발된 경우가 많아 직주근접 요소가 중요한 투자 포인트다. 특히 삼성 반도체 공장과 LG전자 등 대기업의 산업단지와 가까운 지역은 고소득층 직장인의 수요가 집중된다. 직장과 가까운 주거지는 안정적인 수요가 보장되어 장기적인 시세 상승과 임대 수익을 기대할 수 있는 유망 투자처다. 대표적으로 고덕국제신도시와 동탄신도시 등 대규모 산업단지 인근의 아파트가 좋은 예다.

상업과 생활 인프라

2기 신도시의 생활 편의성은 상업시설과 교육·의료 인프라에 달려 있다. 대형 쇼핑몰(예: 스타필드, 롯데몰), 교육시설(명문 학교), 병원 등이 가까이 있으면 실거주 수요가 높아진다. 상업지구가 발달한 지역은 생활 편의성이 뛰어나며, 특히 직주근접과 함께 상업지구 발달은 부동산 가치에 중요한 영향을 미친다. 예를 들어 삼송신도시의 스타필드 고양 인근 아파트는 상업 인프라 덕분에 인기가 많다.

자연환경과 주거 환경

쾌적한 주거 환경은 2기 신도시의 주요 강점 중 하나다. 공원, 녹지 공간, 호수공원 등 자연환경이 잘 조성된 지역은 삶의 질을 중시하는 수요층에게 인기가 많다. 장기적인 실거주 수요를 유도하고 가족 단위의 수요층이 모이게 한다. 예를 들어 위례신도시의 위례호수공원, 광교신도시의 광교호수공원 주변 아파트는 쾌적한 주거 환경으로 인기가 높다.

개발 호재와 정책 변화

2기 신도시는 지속적인 개발 호재가 부동산 가격에 큰 영향을 미친다. 재개발과 재건축, 교통망 확장, 정부 정책 변화 등의 요소들은 투자 타이밍을 결정하는 데 중요한 역할을 한다. 정부의 부동산 정책과 세금 규제 등도 투자 전략에 영향을 미치므로 정책 변화에 유연하게 대응할 수 있는 전략을 세우는 것이 중요하다. GTX-A, B, C 노선 개통 시점에 맞춘 투자 전략을 예로 들 수 있다.

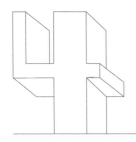

3기 신도시

3기 신도시는 대한민국 정부가 2018년부터 추진한 대규모 주택 공급 프로젝트로, 수도권 인구 과밀을 해소하고 주거를 안정시키기 위해 계획했다. 서울 접근성을 높이기 위해 GTX와 지하철 노선과 연계한 교통 인프라 확충이 중요한 특징이다. 현재 3기 신도시들은 광역 교통망, 친환경 설계, 공공주택 중심 공급 등을 특징으로 개발되며 서울과 수도권 인구 유입을 유도하고 있다.

주요 3기 신도시인 남양주 왕숙, 하남 교산, 인천 계양, 고양 창릉, 부천 대장, 과천 과천의 현황과 미래 가치, 투자 포인트를 정리해보자.

3기 신도시와 기타 공공주택지구 정리

3기 신도시

지구명	남양주 왕숙1	남양주 왕숙 2	하남 교산	인천 계양	고양 창릉	부천 대장
면적(천 m²)	10,290	2,390	6,860	3,330	8,120	3,450
주택 건설(천 호)	52	14	33	17	35	19

기타 공공주택지구

지구명	과천 과천	안산 장상	인천 구월 2	화성 봉담 3	광명 시흥	의왕-군포-안산	화성 진안
면적(천 m²)	1,690	2,210		2,290	12,710	5,970	
주택 건설(천 호)		15					

자료: 3기 신도시 홈페이지

남양주 왕숙신도시

남양주 왕숙신도시는 3기 신도시 중 규모가 가장 커서 약 6만 6,000가구가 공급될 예정이다. 왕숙1지구와 왕숙2지구로 나뉘며, 경춘선과 GTX-B 노선이 지나가 서울 접근성이 뛰어난 지역이다. 왕숙신도시는 산업단지, 주거, 상업지구가 함께 어우러진 복합 신도시로 개발될 계획이다. GTX-B 노선이 개통하면 서울역까지 25분 내로 이동할 수 있어 서울로의 출퇴근이 매우 편리해진다. 이는 서울의 주거 대체지로서 왕숙신도시의 매력을 극대화할 것이다.

왕숙신도시는 대규모 주거지와 상업지구가 함께 개발되며 수도권 동부의 핵심 신도시로 자리 잡을 가능성이 크다. 산업단지가 함께 조성되어 일자리와 주거가 가까운 도시로 성장할 예정이다.

주요 투자 포인트

서울에 대한 뛰어난 접근성

왕숙신도시는 서울 동북부와 매우 가깝다. GTX-B 노선이 개통하면 서울역까지 20분 내외로 이동할 수 있어 출퇴근 수요가 매우 높을 것이다. 서울 지하철 9호선 연장도 예정되어 서울 강남권과의 연결성이 강화될 예정이다. 경춘선과도 연계되니 서울과 수도권 주요 지역으로 오가기가 쉽다.

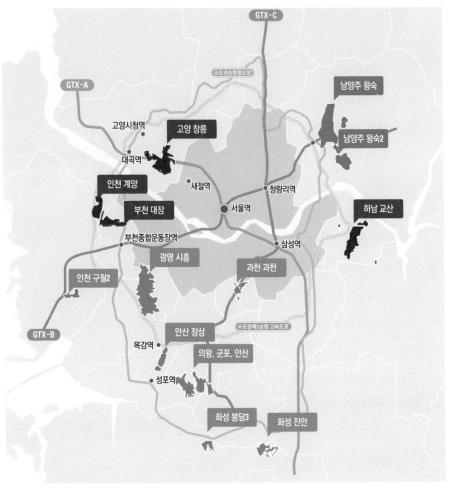

남양주 왕숙신도시

자료: 3기 신도시 홈페이지

대규모 주거지 개발과 공공주택 공급

3기 신도시 중 최대 규모인 약 7만 호가 공급될 예정이다. 공공주택과 민간 분양주택이 혼합된 형태이며 다양한 수요층을 수용할 수 있는 주거지로 개발된다. 특히 주거 환경이 쾌적하고 생활 인프라가 잘 갖춰질 예정이어서 가족 단위 실거주자에게 인기가 많을 것이다. 대규모 상업지구와 업무지구가 함께 개발되면서 자족 기능을 강화하고 있다.

교통망 확충과 직주근접

GTX-B 노선은 왕숙신도시의 부동산 가치 상승에 큰 영향을 미칠 핵심 교통 호재다. 서울 중심부까지의 출퇴근이 매우 용이해지면서 직주근접성을 선호하는 고소득 직장인 수요가 늘어날 것으로 기대된다. 또한 경춘선과 지하철 9호선 연장은 서울 강남권과의 접근성을 더욱 강화해서 왕숙신도시의 교통 요지로서의 입지를 더욱 공고히 할 것이다.

친환경적 주거 환경

친환경 도시 계획을 기반으로 해서 왕숙천과 연계한 친환경 주거지로 개발될 예정이다. 대규모 공원, 녹지 공간, 자연환경을 강조해서 설계할 예정이니 삶의 질을 중시하는 가족 단위 수요층에게 매우 매력적이다. 주거 환경과 공공시설이 조화를 이루는 친환경 신도

시로 자리 잡을 가능성이 높아 장기 실거주 수요가 계속 증가할 것
으로 보인다.

대규모 개발 호재와 정책 지원

3기 신도시 정책에 따라 대규모 공공주택과 함께 산업단지, 상업
지구 등의 개발이 활발히 진행될 예정이다. 특히 정부 지원으로 기
반시설을 계속 확충해서 신도시 내 자족 기능을 강화할 계획이다.
산업단지와 상업지구는 지역 경제 활성화를 이끌고 직주근접 수요
를 더욱 높이는 요소로 작용할 것이다.

기간별 투자 전략

단기 투자

① 신축 아파트 분양권

왕숙신도시는 대규모 신축 아파트가 공급될 예정이다. 분양권 투
자를 통해 입주 시점에 맞춰 프리미엄을 기대할 수 있으며, 특히
GTX-B 노선과 가까운 역세권 아파트는 단기 시세 상승을 노릴 수
있는 유망한 투자처다.

- 투자 전략: 신축 아파트 분양권을 선점하고 입주 시점에 맞춰 단기 시세 상
  승을 기대하는 전략이 유리하다.

② 소형 아파트와 오피스텔

소형 아파트와 오피스텔은 젊은 직장인과 1인 가구의 임대 수요가 많을 것으로 예상된다. 따라서 단기적인 임대 수익을 노릴 수 있다.

- 투자 전략: 소형 아파트와 오피스텔에 투자해 임대 수익을 창출하는 전략이 유효하다.

중기 투자
① GTX-B 노선 수혜 지역

GTX-B 노선이 개통하면 왕숙신도시는 서울역까지 20분 내외로 연결되며 서울 중심부와의 접근성이 크게 향상된다. 역세권 아파트는 중기적인 시세 상승이 기대되며 고소득 직장인 수요를 공략할 수 있다.

- 투자 전략: GTX-B 노선 인근 역세권 아파트에 중기적으로 투자해 교통망 확충에 따른 시세 상승을 기대할 수 있다.

② 지하철 9호선 연장선 인근

지하철 9호선 연장이 완료되면 서울 강남권 접근성이 더욱 개선되어 9호선 연장 구간 인근 아파트는 중기 시세 상승을 기대할 유망한 투자처가 될 것이다.

- 투자 전략: 9호선 연장 구간 인근 역세권 아파트에 투자하여 교통 호재에 따른 중기적인 시세 상승을 기대하는 전략이 좋다.

장기 투자

① 프리미엄 신축 아파트

친환경 주거지와 내규모 상업지구가 함께 개발되니 프리미엄 신축 아파트에 장기 투자하면 안정적인 시세 상승이 기대된다. GTX-B 노선과 서울 지하철 연장이 완료되면 서울 접근성이 더욱 강화되어 장기적인 시세 상승을 기대할 수 있다.

- 투자 전략: 프리미엄 신축 아파트에 장기적으로 투자하여 안정적인 시세 상승과 주거 안정성을 확보하는 전략이 유효하다.

② 임대 수익형 부동산

상업지구와 GTX-B 노선 인근의 소형 아파트와 오피스텔은 임대 수익을 기대할 수 있는 투자처다. 고소득 직장인을 대상으로 한 임대 수익형 부동산 투자 전략은 장기적인 임대 수익을 기대할 수 있다.

- 투자 전략: 소형 아파트와 오피스텔에 장기 투자하여 안정적인 임대 수익을 창출하는 전략이 유효하다.

수요층별 투자 전략

고소득층과 자녀 교육 수요층

고소득층과 자녀 교육을 중시하는 수요층은 친환경 주거지와 우수한 학군을 선호할 가능성이 높다. 왕숙신도시는 대규모 공원과 교육 인프라가 잘 조성될 예정이어서 고소득층 가족 단위 수요층을 공략하는 것이 유리하다.

- 투자 전략: 친환경 주거지 내 중대형 아파트에 투자하여 자녀 교육 수요와 실거주 수요를 공략하는 것이 유리하다.

젊은 직장인과 1인 가구

젊은 직장인과 1인 가구는 소형 아파트와 오피스텔을 선호한다. GTX-B 노선과 지하철 9호선 연장 구간 인근의 소형 아파트는 교통 편리성이 뛰어나며 임대 수익을 기대할 수 있다.

- 투자 전략: 소형 아파트와 오피스텔에 투자해 임대 수익을 창출하는 것이 효과적이다.

장기 거주 목적의 실수요층

장기 실거주 수요층은 쾌적한 주거 환경과 안정적인 생활 인프라를 중시한다. 왕숙신도시는 친환경적인 도시 계획과 함께 주거 환경이 매우 우수하며, 장기 실거주를 원하는 가족 단위 수요층에게 적합하다.

- 투자 전략: 장기 실거주를 목적으로 중대형 아파트에 투자하여 안정적인 주거지를 확보하는 전략이 유효하다.

하남 교산신도시

하남 교산신도시는 3만 3,000가구 규모이며 서울 강남과 가까운 위치적 이점을 지녔다. 지하철 3호선 연장선과 9호선 연장선, GTX-D 노선이 통과할 예정이어서 교통망 확충을 통해 서울 접근성이 크게 개선된다. 또한 청정 자연환경을 보존한 주거지를 목표로 하여 친환경 주거지로 설계될 예정이다.

주요 투자 포인트

서울에 대한 뛰어난 접근성

교산신도시는 서울 송파구와 인접해 서울 도심 접근성이 매우 뛰어나다. GTX-D 노선이 개통하면 서울 강남권까지 빠르게 이동하니 출퇴근 수요가 높아질 것이고, 지하철 3호선과 9호선 연장 노선이 계획되어 서울 중심부와의 연결성도 강화될 예정이다. 또한 서울양평 고속도로가 개통하면 경기도 동부권과의 교통이 더욱 원활해진다.

대규모 주거지 개발과 상업지구

3만 호 이상이 공급될 예정이며 공공주택과 민간 분양주택이 혼합된 형태로 다양한 수요층을 수용할 대규모 주거지로 개발된다. 젊은 세대, 가족 단위 수요 모두를 만족시킬 주거 환경을 제공할 예정

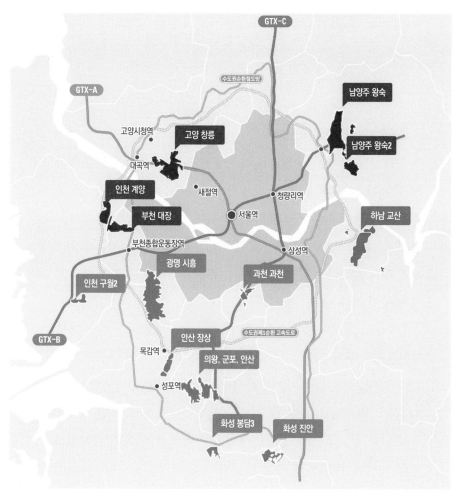

하남 교산신도시

이다. 또한 대규모 상업지구와 업무지구가 함께 개발되어 자족 기능을 강화하고 있으며, 교통망 확충과 함께 직주근접성을 중시하는 수요층을 공략하기에 유리한 지역이다.

교통망 확충과 직주근접성

GTX-D 노선은 교산신도시의 부동산 가치 상승에 중요한 요인으로 작용할 것이다. GTX-D 노선이 개통하면 서울 강남권 접근성이 크게 개선되어 직주근접성을 선호하는 고소득층 직장인 수요가 많아질 것이다. 또한 지하철 3호선 연장과 서울양평고속도로 개통은 서울과의 연결성을 더욱 강화해서 교통망 확충으로 인한 부동산 가치 상승이 기대된다.

친환경적 주거 환경

남한산성과 인접해 자연친화적 환경을 제공한다. 대규모 공원, 녹지 공간, 체육시설 등이 잘 조성될 예정이므로 삶의 질을 중시하는 가족 단위 실거주 수요층에게 매력적인 지역이다. 특히 쾌적한 자연환경과 함께 친환경 도시로 개발되는 점이 부동산 가치 상승의 중요한 요인으로 작용할 것이다.

정책 지원과 개발 호재

교산신도시는 3기 신도시 정책에 따라 대규모 공공주택 공급과 주거 안정화를 목적으로 한다. 또한 정부의 적극적인 정책 지원과 함께 기반시설 확충이 이루어지면서 신도시 내 자족 기능이 강화될 것이다. 대규모 상업시설, 문화시설, 교육시설 등이 함께 개발되면 주거지 내 생활 편의성을 크게 높일 것이다.

기간별 투자 전략

단기 투자
① 신축 아파트 분양권

대규모 신축 아파트가 공급될 예정이므로 분양권 투자를 통해 입주 시점에 맞춰 프리미엄을 기대할 수 있다. 특히 GTX-D 노선과 지하철 3호선 연장 인근 역세권 아파트는 단기 시세 상승을 기대할 수 있는 유망한 투자처다.

- 투자 전략: 신축 아파트 분양권을 선점하여 단기적인 시세 상승을 기대하는 전략이 유리하다.

② 소형 아파트와 오피스텔

소형 아파트와 오피스텔은 젊은 직장인과 1인 가구의 임대 수요가 많을 것으로 예상된다. 단기적인 임대 수익을 기대할 수 있다.

- 투자 전략: 소형 아파트와 오피스텔에 투자해 임대 수익을 창출하는 전략이 유효하다.

중기 투자

① GTX-D 노선 수혜 지역

GTX-D 노선이 개통하면 서울 강남권까지 빠르게 연결되니 역세권 아파트는 중기적인 시세 상승을 기대할 수 있다. 고소득 직장인 수요를 공략하기에 좋은 투자처가 될 것이다.

- 투자 전략: GTX-D 노선 인근의 역세권 아파트에 중기적으로 투자하여 교통망 확충에 따른 시세 상승을 기대할 수 있다.

② 지하철 3호선 연장 구간 인근

지하철 3호선 연장이 완료되면 서울 강남권과의 연결성이 강화되니 3호선 연장 구간 인근 아파트는 중기적인 시세 상승을 기대할 만한 유망한 투자처가 될 것이다.

- 투자 전략: 3호선 연장 구간 인근 역세권 아파트에 투자하여 교통 호재에 따른 중기 시세 상승을 기대하는 전략이 좋다.

장기 투자

① 프리미엄 신축 아파트

친환경적 도시로 개발되므로 프리미엄 신축 아파트에 장기 투자하면 안정적인 시세 상승을 기대할 수 있다. GTX-D 노선과 서울 지하철 3호선 연장이 완료되면 서울 접근성이 더욱 강화된다.

- 투자 전략: 프리미엄 신축 아파트에 장기적으로 투자하여 안정적인 시세 상

승과 주거 안정성을 확보하는 전략이 유효하다.

② 임대 수익형 부동산

교산신도시 내 상업지구와 GTX-D 노선 인근의 소형 아파트와 오피스텔은 임대 수익을 기대할 만한 투자처다. 고소득 직장인을 대상으로 한 임대 수익형 부동산 투자 전략은 장기적인 임대 수익을 기대할 수 있다.

- 투자 전략: 소형 아파트와 오피스텔에 장기 투자하여 안정적인 임대 수익을 창출하는 전략이 유효하다.

수요층별 투자 전략

고소득층과 자녀 교육 수요층

고소득층과 자녀 교육을 중시하는 수요층은 친환경 주거지와 우수한 학군을 선호할 가능성이 높다. 교산신도시는 대규모 공원과 교육 인프라가 잘 조성될 예정이므로 고소득층 가족 단위 수요층을 공략하는 것이 유리하다.

- 투자 전략: 친환경 주거지 내 중대형 아파트에 투자하여 자녀 교육 수요와 실거주 수요를 공략하는 것이 유리하다.

젊은 직장인과 1인 가구

젊은 직장인과 1인 가구는 소형 아파트와 오피스텔을 선호한다. GTX-D 노선과 지하철 3호선 연장 구간 인근의 소형 아파트는 교통 편리성이 뛰어나며 임대 수익을 기대할 수 있다.

- 투자 전략: 소형 아파트와 오피스텔에 투자해 임대 수익을 창출하는 것이 효과적이다.

장기 거주 목적의 실수요층

장기 실거주 수요층은 쾌적한 주거 환경과 안정적인 생활 인프라를 중시한다. 교산신도시는 자연환경과 주거지가 조화를 이루는 친환경 도시로 계획되어 장기 실거주를 원하는 가족 단위 수요층에게 매우 적합하다.

- 투자 전략: 장기 실거주를 목적으로 중대형 아파트에 투자하여 안정적인 주거지를 확보하는 전략이 유효하다.

고양 창릉신도시

고양 창릉신도시는 3만 8,000가구 규모로, 서울 은평구와 맞닿은 지역에 개발될 예정이다. 고양은평선과 GTX-A 창릉역이 예정되어 교통망 개선과 함께 서울 접근성이 뛰어난 지역으로 성장할 전망이다. 그러면 서울로 출퇴근하는 인구가 증가하고, 서울 대체 주거지

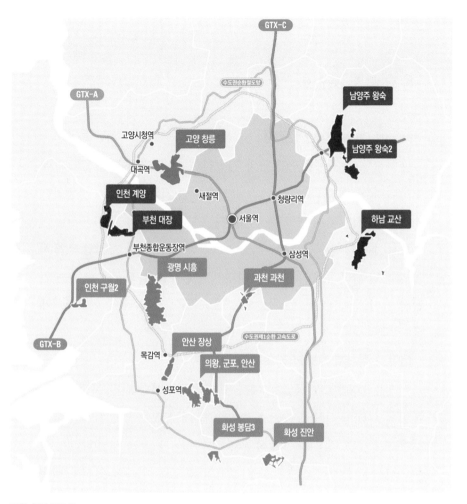

GTX-C

GTX-A

수도권순환철도망

남양주 왕숙

고양시청역

고양 창릉

남양주 왕숙2

대곡역

인천 계양

새절역

청량리역

하남 교산

부천 대장

서울역

부천종합운동장역

삼성역

광명 시흥

인천 구월2

과천 과천

GTX-B

안산 장상

수도권제1순환 고속도로

목감역

의왕, 군포, 안산

성포역

화성 봉담3

화성 진안

고양 창릉신도시

로서의 미래 가치가 높아질 것이다.

주요 투자 포인트

서울에 대한 뛰어난 접근성

창릉신도시는 서울 은평구와 인접하며 서울 도심 접근성이 매우 뛰어나다. 특히 GTX-A 노선과 고양은평선(서부선 연장)이 개통하면 서울 주요 지역까지 빠르게 연결된다.

서부선 경전철과 BRT(Bus Rapid Transit) 시스템 개발이 완료되면 서울 강남권 접근성도 개선된다. 따라서 서울로의 출퇴근 수요가 증가할 것이다.

대규모 주거지 개발과 상업지구

약 3만 8,000호가 공급될 예정이며, 공공주택과 민간 분양주택이 혼합된 형태로 다양한 수요층을 수용할 대규모 주거지로 개발된다. 창릉신도시는 대규모 상업지구와 업무지구가 함께 개발되면서 직주근접성을 중시하는 수요층을 공략할 수 있는 자족형 도시로 발전할 예정이다.

교통망 확충과 직주근접성

GTX-A 노선은 창릉신도시의 부동산 가치 상승에 중요한 요인이다. 이 노선이 개통하면 서울역까지 10분 내외로 연결되고 삼성역까지도 빠르게 도달해서 직주근접성을 중시하는 고소득 직장인 수요가 증가할 것이다.

또한 고양은평선과 서부선 경전철 등 인프라가 추가되면 서울 서부권 접근성이 더욱 개선되며 출퇴근 편리성이 더욱 높아질 것이다.

친환경 주거 환경

창릉신도시는 자연친화적인 도시 설계가 특징이다. 공원과 녹지 공간이 많이 조성되어 쾌적한 주거 환경을 제공한다. 특히 창릉천을 중심으로 자연경관이 뛰어나 삶의 질을 중시하는 가족 단위 수요층에게 매력적인 지역이 될 것이다.

친환경 주거지로의 개발 계획은 장기적인 실거주 수요를 증가시키는 중요한 요소로 작용할 것이다.

대규모 개발 호재와 정책 지원

3기 신도시 정책에 따라 대규모 공공주택 공급과 함께 산업·상업지구가 조화롭게 개발된다. 정부의 정책 지원으로 교통 인프라가 계속 확충될 예정이니 부동산 가치 상승에 중요한 역할을 할 것이다. 일자리 창출과 경제 활성화를 목적으로 한 첨단산업단지와 상업지구 개발도 주거 수요를 끌어올리는 주요 요인이다.

기간별 투자 전략

단기 투자

① 신축 아파트 분양권

창릉신도시는 신축 아파트가 대규모로 공급될 예정이므로 분양권 투자를 통해 입주 시점에 맞춰 프리미엄을 기대할 수 있다. 특히 GTX-A 노선과 고양은평선 인근 역세권 아파트는 단기적인 시세 상승을 기대할 수 있는 유망한 투자처다.

- 투자 전략: 신축 아파트 분양권을 선점하고 입주 시점에 맞춰 단기적인 시세 상승을 기대하는 전략이 유리하다.

② 소형 아파트와 오피스텔

소형 아파트와 오피스텔은 젊은 직장인과 1인 가구의 임대 수요가 많을 것으로 예상된다. 단기적인 임대 수익을 기대할 수 있다.

- 투자 전략: 소형 아파트와 오피스텔에 투자해 임대 수익을 창출하는 전략이 유효하다.

중기 투자

① GTX-A 노선 수혜 지역

GTX-A 노선이 개통하면 창릉신도시는 서울역과 삼성역까지 빠르게 연결되므로 역세권 아파트는 중기적인 시세 상승을 기대할 수 있다. 고소득 직장인 수요를 공략하기에 좋은 투자처가 될 것이다.

- 투자 전략: GTX-A 노선 인근의 역세권 아파트에 중기적으로 투자하여 교통
  망 확충에 따른 시세 상승을 기대할 수 있다.

② 고양은평선 인근

고양은평선이 완료되면 서울 서부권과의 연결성이 강화되어 해당 구간 인근 아파트는 중기적인 시세 상승을 기대할 수 있는 유망한 투자처가 될 것이다.

- 투자 전략: 고양은평선 인근의 역세권 아파트에 투자하여 교통 호재에 따른
  중기 시세 상승을 기대하는 전략이 좋다.

장기 투자
① 프리미엄 신축 아파트

대규모 주거지 개발과 친환경적 도시 설계가 특징인 지역이므로 프리미엄 신축 아파트에 장기 투자하면 안정적인 시세 상승을 기대할 수 있다. GTX-A 노선과 고양은평선이 완료되면 서울 접근성이 더욱 강화되어 장기적인 시세 상승을 기대할 수 있다.

- 투자 전략: 프리미엄 신축 아파트에 장기적으로 투자하여 안정적인 시세 상
  승과 주거 안정성을 확보하는 전략이 유효하다.

② 임대 수익형 부동산

상업지구와 GTX-A 노선 인근 소형 아파트와 오피스텔은 임대 수익을 기대할 수 있는 투자처다. 고소득 직장인을 대상으로 한 임대 수익형 부동산 투자 전략은 장기적인 임대 수익을 기대할 수 있다.

- 투자 전략: 소형 아파트와 오피스텔에 장기 투자하여 안정적인 임대 수익을 창출하는 전략이 유효하다.

수요층별 투자 전략

고소득층과 자녀 교육 수요층

고소득층과 자녀 교육을 중시하는 수요층은 친환경 주거지와 우수한 학군을 선호할 가능성이 높다. 창릉신도시는 대규모 공원과 교육 인프라가 잘 조성될 예정이어서 고소득층 가족 단위 수요층을 공략하는 것이 유리하다.

- 투자 전략: 친환경 주거지 내 중대형 아파트에 투자하여 자녀 교육 수요와 실거주 수요를 공략하는 것이 유리하다.

젊은 직장인과 1인 가구

젊은 직장인과 1인 가구는 소형 아파트와 오피스텔을 선호한다. GTX-A 노선과 고양은평선 인근의 소형 아파트는 교통 편리성이 뛰어나며 임대 수익을 기대할 수 있다.

- 투자 전략: 소형 아파트와 오피스텔에 투자해 임대 수익을 창출하는 것이 효과적이다.

장기 거주 목적의 실수요층

장기 실거주 수요층은 쾌적한 주거 환경과 안정적인 생활 인프라를 중시한다. 창릉신도시는 자연환경과 주거지가 조화를 이루는 친환경 도시 계획으로 장기 실거주를 원하는 가족 단위 수요층에게 매우 적합한 지역이다.

- 투자 전략: 장기 실거주를 목적으로 중대형 아파트에 투자하여 안정적인 주거지를 확보하는 전략이 유효하다.

부천 대장신도시

부천 대장신도시는 부천시에 위치한 약 1만 9,000가구 규모의 3기 신도시로, 서울 강서권과 인접해서 개발될 예정이다. 특히 GTX-D 노선, 대장홍대선 등 교통 호재로 서울 중심부 접근성이 크게 개선되면 서울 서부권에서 출퇴근하는 인구가 집중될 가능성이 높다.

항공 산업과 상업지구가 함께 발전할 예정이어서 주거지로서의 가치뿐만 아니라 상업적 발전 가능성도 크다.

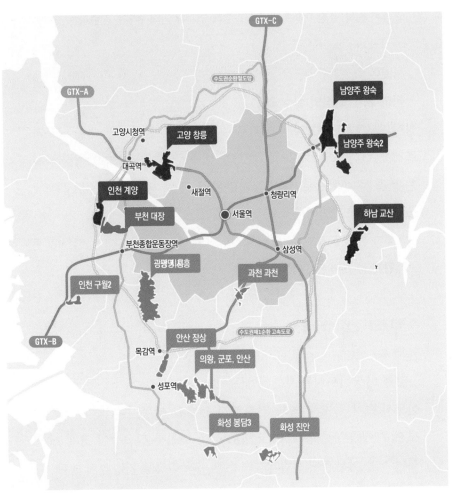

부천 대장신도시

주요 투자 포인트

서울에 대한 뛰어난 접근성

대장신도시는 서울 강서구, 김포공항과 인접하며 서울 도심 접근성이 매우 뛰어나다. GTX-D 노선이 개통하면 서울 강남권까지 빠르게 연결되어 출퇴근 수요가 매우 높아질 것이다. 또한 대장홍대선은 서울 서북권과의 연결성을 강화하여 부천 대장신도시와 서울 마포구까지 연장되면 서울 중심부와의 연결이 쉬워진다.

대규모 주거지 개발과 상업지구

부천 대장신도시는 1만 9,000호의 주택이 공급될 예정이다. 공공주택과 민간 분양주택이 혼합된 형태로 다양한 수요층을 수용할 대규모 주거지로 개발된다.

대규모 상업지구와 업무지구가 함께 개발되어 자족 기능을 갖춘 신도시로 자리 잡을 예정이며, 이는 직주근접을 선호하는 수요층에게 매우 매력적일 것이다.

교통망 확충과 직주근접성

GTX-D 노선이 개통하면 서울 강남권 접근성이 크게 개선되니 직주근접성을 선호하는 고소득 직장인 수요가 크게 증가할 것이다. 이로 인해 역세권 아파트의 투자 가치가 높아질 것이다. 또한 대장홍대선이 개통하면 서울 서부권과 도심과의 연결이 더욱 용이해질 것이다.

친환경 주거 환경과 자연환경

부천 대장신도시는 친환경적 도시 계획을 바탕으로 공원과 녹지 공간이 조화롭게 설계될 예정이다. 인천 계양천과 도림천 등 자연 경관이 풍부한 지역이 인접하고 자연 친화적인 환경이 중요한 투자 포인트로 작용한다.

쾌적한 주거 환경을 선호하는 수요층, 삶의 질을 중시하는 가족 단위 실거주 수요층에게 매우 적합하다.

대규모 개발 호재와 정책 지원

3기 신도시 정책에 따라 대규모 공공주택 공급과 함께 산업과 상업지구가 조화롭게 개발되고 있다. 정부의 적극적인 정책 지원으로 교통 인프라와 주거 인프라가 확충되고 있으니 부동산 가치 상승을 더욱 촉진할 것이다.

또한 김포공항 접근성이 매우 뛰어나 물류 중심지로서의 가능성도 열려 있으니 상업지구와 직주근접성을 갖춘 자족형 도시로 발전할 것이다.

시점별 투자 전략

단기 투자
① 신축 아파트 분양권
부천 대장신도시는 신축 아파트 공급이 활발하니 분양권 투자를 통해 입주 시점에 맞춰 프리미엄을 기대할 수 있다. 특히 GTX-D 노선과 대장홍대선 인근 역세권 아파트는 단기적인 시세 상승을 기대할 수 있는 유망한 투자처다.
- 투자 전략: 신축 아파트 분양권을 선점하여 단기적인 시세 상승을 노리는 전략이 유리하다.

② 소형 아파트와 오피스텔
소형 아파트와 오피스텔은 젊은 직장인과 1인 가구의 임대 수요가 많을 것으로 예상되니 단기적인 임대 수익을 기대할 수 있다.
- 투자 전략: 소형 아파트와 오피스텔에 투자해 임대 수익을 창출하는 것이 단기적으로 효과적이다.

중기 투자
① GTX-D 노선 수혜 지역
GTX-D 노선이 개통하면 서울 강남권 접근성이 크게 개선되므로 역세권 아파트는 중기적인 시세 상승을 기대할 수 있다. 고소득 직장인 수요를 공략할 수 있는 좋은 투자처가 될 것이다.

- 투자 전략: GTX-D 노선 인근의 역세권 아파트에 중기적으로 투자해 교통망 확충에 따른 시세 상승을 기대할 수 있다.

② 대장홍대선 연장 구간 인근

대장홍대선이 완료되면 서울 접근성이 더욱 강화되어 역세권 아파트의 중기 시세 상승을 기대할 수 있다.

- 투자 전략: 대장홍대선 인근 역세권 아파트에 투자하여 교통 호재에 따른 중기 시세 상승을 기대하는 전략이 유효하다.

장기 투자

① 신축 아파트 분양권

부천 대장신도시는 대규모 개발과 자연 친화적인 주거 환경을 바탕으로 가족 단위의 실거주 수요층에게 매력적인 지역이 될 것이다. GTX-D 노선과 대장홍대선이 완성되면 서울 강남권 접근성이 강화되며, 실거주 목적의 수요가 꾸준히 유지될 가능성이 높다.

- 투자 전략: 프리미엄 신축 아파트에 장기 투자하여 안정적인 시세 상승과 주거 안정성을 목표로 하는 전략이 유효하다. GTX-D 노선과 대장홍대선이 운행될 경우, 서울 접근성에 따른 프리미엄이 형성될 가능성이 크다.

② 임대 수익형 부동산

향후 상업지구와 업무지구가 함께 성장하면서 직주근접성을 갖춘 임대 수요가 높아질 것으로 예상된다. 특히 소형 아파트와 오피스텔은 젊은 직장인과 1인 가구의 임대 수요가 지속적으로 늘어날 가능성도 있다.

- 투자 전략: 소형 아파트나 오피스텔을 장기 보유하여 안정적인 임대 수익을 기대하는 전략이 적합하다. 특히 교통망 완비 후에는 임대 수익률이 높아질 것으로 예상된다.

③ 상업지구 인근

자족형 도시로 성장할 목표를 가진 부천 대장신도시는 상업지구와 업무지구를 동시에 개발할 예정이다. 그렇게 되면 주거지와 상업지구가 균형을 이루는 도시로 발전할 가능성이 높아지며, 상업지구 인근 아파트는 장기적인 수요 증가와 함께 상업 인프라의 혜택을 누릴 수 있다.

- 투자 전략: 상업지구 인근 아파트는 장기적인 상권 활성화와 주거지 발전성을 기대할 수 있는 투자처로서 지속적인 가치 상승을 기대할 수 있다.

수요층별 투자 전략

고소득층과 자녀 교육 수요층

고소득층과 자녀 교육을 중시하는 수요층은 친환경 주거지와 우수한 학군을 선호할 가능성이 높다. 부천 대장신도시는 대규모 공원과 교육 인프라가 잘 조성될 예정이므로 고소득층과 가족 단위 수요층을 공략하는 것이 유리하다.

- 투자 전략: 친환경 주거지 내 중대형 아파트에 투자하여 자녀 교육 수요와 실거주 수요를 공략하는 것이 유리하다.

젊은 직장인과 1인 가구

젊은 직장인과 1인 가구는 소형 아파트와 오피스텔을 선호한다. GTX-D 노선과 대장홍대선 인근의 소형 아파트는 교통 편리성이 뛰어나 임대 수익을 기대할 수 있다.

- 투자 전략: 소형 아파트와 오피스텔에 투자해 임대 수익을 창출하는 것이 효과적이다.

장기 거주 목적의 실수요층

장기 실거주 수요층은 쾌적한 주거 환경과 안정적인 생활 인프라를 중시한다. 부천 대장신도시는 자연환경과 주거지가 조화를 이루는 친환경 도시 계획으로 장기 실거주를 원하는 가족 단위·수요층에게 매우 적합한 지역이다.

- 투자 전략: 장기 실거주를 목적으로 중대형 아파트에 투자하여 안정적인 주
  거지를 확보하는 전략이 유효하다.

과천 과천지구

과천 과천지구(과천신도시)는 3기 신도시 중 하나이며 서울 접근성, 우수한 교통망 확충, 친환경 주거지 등이 결합된 핵심 투자지다. 특히 지하철 4호선, GTX-C 노선, 위례과천선 등의 교통 호재와 고급 주거지 개발로 인해 중장기적인 시세 상승이 기대되는 지역이다.

주요 투자 포인트

서울에 대한 뛰어난 접근성

과천지구는 서울 강남권과 매우 가까워 서울 도심으로 출퇴근하기가 용이하다. 지하철 4호선이 운행하며 사당역, 강남역까지 10~20분 내외로 이동이 가능하다. GTX-C 노선이 개통하면 과천역에서 서울 삼성역까지 10분 내외가 걸려서 서울 중심부와의 연결성이 대폭 강화된다. 또한 위례과천선이 완료되면 서울 강남권 접근성이 더욱 강화되어 교통망 확충에 따른 부동산 가치 상승을 기대할 수 있다.

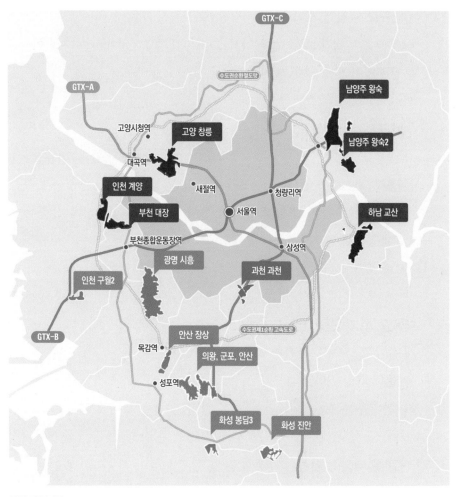

 내부 라벨:
GTX-C
GTX-A
수도권순환철도망
남양주 왕숙
고양시청역
고양 창릉
남양주 왕숙2
대곡역
인천 계양
새절역
청량리역
하남 교산
부천 대장
서울역
부천종합운동장역
광명 시흥
삼성역
인천 구월2
과천 과천
GTX-B
안산 장상
수도권제1순환 고속도로
목감역
의왕, 군포, 안산
성포역
화성 봉담3
화성 진안

과천 과천지구

대규모 주거지 개발과 상업지구

과천지구는 7,000호 이상이 공급될 예정이다. 공공주택과 민간 분양주택이 혼합된 형태로 다양한 수요층을 수용하는 대규모 주거지로 개발된다.

대규모 상업지구와 업무지구가 함께 개발되면서 자족 기능이 강화된 신도시로 자리 잡는다면 직주근접을 선호하는 고소득층 수요를 공략할 투자처로 부상할 것이다.

교통망 확충과 직주근접성

GTX-C 노선과 위례과천선 등의 교통망 확충은 과천지구의 부동산 가치 상승에 중요한 요인이 된다. 서울 중심부까지의 접근성이 매우 개선되면서 직주근접성을 중시하는 고소득 직장인 수요가 크게 증가할 것으로 예상된다.

또한 지하철 4호선은 이미 서울 중심부와 경기도 남부를 연결해서 출퇴근 편리성이 매우 높다.

친환경적 주거 환경과 자연환경

관악산과 청계산 등 자연환경이 좋아서 자연 친화적 도시계획이 이루어질 예정이다. 대규모 공원과 녹지 공간이 조화롭게 설계되어 쾌적한 주거 환경을 선호하는 가족 단위 수요층에게 매우 매력적인 지역이 될 것이다. 친환경 주거지로의 개발 계획으로 삶의 질을 높이는 요소를 제공하며, 이는 장기적인 실거주 수요를 유도할 중요한 포인트다.

정부 정책 지원과 개발 호재

3기 신도시 정책에 따라 대규모 공공주택 공급과 함께 산업과 상업지구가 개발되고 있다. 정부의 정책 지원으로 기반시설이 확충되니 신도시 내 자족 기능을 강화해 부동산 가치 상승을 이끌 주요 요인이다.

기간별 투자 전략

단기 투자

① 신축 아파트 분양권

신축 아파트 공급이 활발한 지역이니 분양권 투자를 통해 입주 시점에 맞춰 프리미엄을 기대할 수 있다. 특히 GTX-C 노선과 지하철 4호선, 위례과천선 인근 역세권 아파트는 단기적인 시세 상승을 기대할 수 있는 유망한 투자처다.

- 투자 전략: 신축 아파트 분양권을 선점하여 단기적인 시세 상승을 기대하는 전략이 유리하다.

② 소형 아파트와 오피스텔

소형 아파트와 오피스텔은 젊은 직장인과 1인 가구의 임대 수요가 높아 단기적인 임대 수익을 기대할 수 있는 투자처다.

- 투자 전략: 소형 아파트와 오피스텔에 투자해 임대 수익을 창출하는 전략이 유효하다.

중기 투자

① GTX-C 노선 수혜 지역

GTX-C 노선이 개통하면 서울 삼성역 접근성이 크게 개선된다. 따라서 역세권 아파트의 중기적인 시세 상승을 기대할 수 있으며, 고소득 직장인 수요를 공략할 좋은 투자처가 될 것이다.

- 투자 전략: GTX-C 노선 인근의 역세권 아파트에 중기적으로 투자하여 교통망 확충에 따른 시세 상승을 기대할 수 있다.

② 위례과천선 인근

위례과천선이 완료되면 서울 강남권 접근성이 크게 개선된다. 역세권 아파트는 중기적인 시세 상승을 기대할 수 있으니 교통 호재에 따른 수익성을 공략하는 것이 유리하다.

- 투자 전략: 위례과천선 인근 역세권 아파트에 투자해 중기 시세 상승을 기대하는 전략이 효과적이다.

장기 투자

① 프리미엄 신축 아파트

대규모 주거지 개발과 자연 친화적 도시 설계가 특징인 지역이므로 프리미엄 신축 아파트에 장기 투자하면 안정적인 시세 상승을 기대할 수 있다. GTX-C 노선과 위례과천선이 완료되면 서울 접근성이 강화되어 장기적인 시세 상승이 기대된다.

- 투자 전략: 프리미엄 신축 아파트에 장기 투자하여 안정적인 시세 상승과 주거 안정성을 확보하는 전략이 유효하다.

② 임대 수익형 부동산

상업지구와 GTX-C 노선 인근의 소형 아파트와 오피스텔은 임대 수익을 기대할 수 있는 투자처다. 고소득 직장인을 대상으로 한 임대 수익형 부동산 투자 전략은 장기적인 임대 수익을 기대할 수 있다.

- 투자 전략: 소형 아파트와 오피스텔에 장기 투자하여 안정적인 임대 수익을 창출하는 전략이 유효하다.

수요층별 투자 전략

고소득층과 자녀 교육 수요층

고소득층과 자녀 교육을 중시하는 수요층은 친환경 주거지와 우수한 학군을 선호한다. 과천지구는 대규모 공원과 교육 인프라가 잘 조성될 예정이므로 고소득층 가족 단위 수요층을 공략하는 것이 유리하다.

- 투자 전략: 중대형 아파트에 투자하여 자녀 교육 수요와 실거주 수요를 동시에 공략하는 것이 좋다.

젊은 직장인과 1인 가구

젊은 직장인과 1인 가구는 소형 아파트와 오피스텔을 선호한다. GTX-C 노선, 위례과천선, 지하철 4호선 인근 소형 아파트는 교통 편리성이 뛰어나며 임대 수익을 기대할 수 있다.

- 투자 전략: 소형 아파트와 오피스텔에 투자하여 임대 수익을 창출하는 것이 효과적이다.

장기 거주 목적의 실수요층

장기 실거주 수요층은 쾌적한 주거 환경과 안정적인 생활 인프라를 중시한다. 과천지구는 자연환경과 주거지가 조화를 이루는 친환경 도시계획으로 장기 실거주를 원하는 가족 단위 수요층에게 매우 적합한 지역이다.

- 투자 전략: 중대형 아파트에 투자하여 안정적인 주거지를 확보하는 전략이 유효하다.

3기 신도시 투자 전략 정리

3기 신도시 투자에서 중요한 5대 포인트는 교통망 확충을 통한 서울 접근성, 자족 기능 강화, 대규모 주거지 공급, 친환경적 주거 환경, 정부의 정책적 지원이다. 이러한 요소들은 중장기적인 시세 상승과 안정적인 임대 수익을 기대할 수 있는 투자처로서 3기 신도시를 매우 유망하게 만든다.

각각의 요소를 다시 한번 살펴보자.

교통망 확충과 서울 접근성

3기 신도시의 가장 큰 장점 중 하나는 서울에 대한 뛰어난 접근성이다. GTX 노선, 지하철 연장, 광역버스망 확충 등 교통 호재가 집중되니 서울 도심으로의 출퇴근 수요가 매우 높아질 것으로 예상된다. 교통망 확충은 부동산 가격 상승에 중요한 요소로 작용하며, 역세권 아파트는 교통 호재에 따른 프리미엄을 기대할 수 있는 유망 투자처가 된다.

자족 기능 강화

3기 신도시는 주거와 일자리가 조화를 이루는 자족 기능을 갖춘 도시로 개발되고 있다. 산업단지, 상업지구, 업무지구 등이 함께 조성되어 직주근접성을 선호하는 고소득 직장인과 젊은 인구의 유입이 활발할 것이다.

자족 기능이 강화된 신도시는 장기적인 부동산 수요를 견인할 수 있으며, 직주근접지에 위치한 아파트는 안정적인 실거주 수요와 함께 시세 상승을 기대할 수 있다.

대규모 공공주택 공급

3기 신도시는 공공주택과 민간 분양주택이 혼합되어 대규모로 공급되며 이는 서울과 수도권의 주택 공급 부족 문제를 해결하는 중요한 정책이다.

대규모 주거지가 공급되면 주거 환경이 개선되고 신축 아파트 선호도가 높아지며, 수요 대비 공급의 불균형에 따른 가격 상승을 기대할 수 있다.

친환경적 주거 환경

3기 신도시는 친환경적 도시 설계를 특징으로 하며 대규모 공원, 녹지 공간, 자연 친화적 환경이 잘 조성된다. 삶의 질을 중시하는 가족 단위 수요층에게 매력적인 요소로 작용하며 부동산 가치 상승에 중요한 역할을 한다.

친환경 주거지는 장기 실거주 수요가 안정적으로 증가할 가능성이 높아 장기적인 부동산 가치를 높이는 요인이다.

정부의 정책적 지원

3기 신도시는 정부의 정책적 지원을 받으며 인프라 확충, 교통망 개선, 주거지 개발이 계획적으로 진행된다. 특히 교통 인프라와 주거 인프라가 함께 발전하면서 부동산 가치를 높이는 데 큰 역할을 한다.

정책적 지원은 부동산 투자의 안정성을 높이며 장기적으로 신도시가 성장할 수 있는 기반을 제공하기 때문에 안정적인 투자처를 위한 중요 요소다.

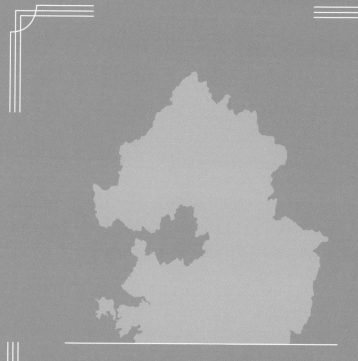

5부
규제와 전망

규제와 대응

경기도 부동산 투자 전략은 정부의 규제 정책을 고려하면서 비서울 지역의 특성을 잘 활용하는 방향으로 설정해야 한다. 특히 대출과 세금 규제가 강화된 상황에서 규제를 회피하고 장기적 투자 가치를 파악하는 것이 중요하다. 경기도 부동산의 규제에 대응하고 효과적으로 투자할 전략을 알아보자.

규제의 종류

부동산 규제는 정부가 부동산시장 과열을 막기 위해 시행하는 다양한 세금, 대출, 거래 관련 규제들을 포함한다. 이러한 규제들은 부동산시장에 직접적인 영향을 미치고 특히 취득세, 보유세, 양도소득세와 같은 세금 규제는 투자 비용과 수익에 큰 영향을 준다. 또한 대출 규제는 자금 조달의 어려움을 증가시켜 투자자들의 의사결정에 중요한 변수가 된다.

세금 규제

취득세

취득세는 부동산을 매입할 때 발생하는 세금으로서 주택 수에 따라 세율이 달라진다. 조정대상지역에서 2주택 이상을 보유하면 취득세 부담이 커져 다주택자의 추가 매입이 크게 위축될 수 있다. 이로 인해 추가 매입을 고려하는 투자자들은 비규제 지역으로 눈을 돌릴 가능성이 크다.

보유세(재산세, 종합부동산세)

재산세와 종합부동산세는 주택을 보유한 상태에서 매년 부과되는 세금이다. 공시지가에 따라 부과되며 주택 수에 따라 세율이 상승한다.

- 1주택자: 보유세 부담이 상대적으로 낮다.
- 2주택 이상 다주택자: 조정대상지역에서 2주택 이상 보유할 경우, 종합부동산세와 재산세가 크게 증가한다. 보유세 부담이 높아지면 다주택자는 매도를 고려하거나 임대 수익률이 높은 지역에만 투자하려는 경향이 있다.

양도소득세

양도소득세는 부동산을 매매할 때 발생한 차익에 부과되며 주택 수에 따라 차등 부과된다.

- 1주택자: 2년 이상 보유하면 양도소득세 비과세 혜택이 주어지고, 이로 인해 실거주 목적의 주택 보유자들은 매도할 때 세금 부담이 적다.
- 다주택자: 조정대상지역에서 다주택자가 주택을 매도할 경우 최대 75%의 높은 세율이 부과된다. 특히 단기 매매를 통해 이익을 얻으려는 투자자들에게는 큰 부담으로 작용한다.

대출 규제

LTV(Loan to Value, 주택담보대출비율)

LTV는 부동산 가격 대비 대출 가능한 비율을 의미하며, 조정대상지역과 비조정대상지역에 차등 적용된다.

- 조정대상지역: LTV 40~50%로 대출 규제가 엄격하여 자금 조달이 어려워진다.
- 비규제 지역: LTV 60~70%로 상대적으로 높은 비율의 대출이 가능하므로, 자금이 부족한 투자자가 접근하기 유리하다.

DSR(Debt Service Ratio, 총부채원리금상환비율)

DSR은 모든 대출의 연간 원리금 상환액이 소득의 일정 비율을 넘지 못하게 하는 규제로, 투자자들이 대출을 통해 부동산을 구매할 때 중요한 요소다.

- 조정대상지역: DSR 40% 규제가 적용되어, 총부채 상환 부담이 큰 투자자는

대출을 받기 어렵다.

- 비규제 지역: DSR 규제 완화로 인해 상대적으로 여유롭게 대출을 받을 수 있다.

규제 인식과 대응

대출 규제는 투기 지역과 조정대상지역에서 대출 한도를 제한해 부동산 투자에 장벽을 형성한다. 또한 LTV(주택담보대출비율), DSR(총부채원리금상환비율) 등 금융 규제는 특히 서울 같은 주요 도시에서 고가 주택 투자를 어렵게 만든다. 세금 규제는 종합부동산세, 양도소득세 등을 통해 다주택자의 보유세 부담을 높이고, 거래를 통한 이익 실현을 방해한다.

서울은 규제에도 불구하고 수요가 넘치는 지역이라 가격 상승이 지속되었지만, 경기도는 상대적으로 수요층이 얇고 규제의 영향을 더 받기 쉽다. 따라서 규제 인식을 바탕으로 적절한 대응 전략을 세워야 한다.

규제에 대응하는 방법은 크게 세 가지 방향이 있다. 먼저 규제 회피 전략이다. 이를 위해서는 비규제 지역을 선택하여 대출과 세금 규제의 영향을 최소화하는 것이 중요하다. 조정대상지역이 아닌 곳은 상대적으로 대출 한도가 완화되고 양도소득세도 덜 부과되므로 투자 진입 장벽이 낮다.

다음은 저평가된 지역을 발굴하는 것이다. 서울 인접 지역, 교통 호재가 예정된 GTX 노선 주변 지역, 신도시 개발 지역 등은 향후 가격 상승 가능성이 높다. 이러한 지역은 규제 완화의 수혜를 받으며 장기적인 시세 상승을 기대할 수 있다.

세 번째는 임대 수익 중심의 투자다. 규제 상황에서 시세 차익이 제한될 경우, 임대 수익을 극대화하는 전략이 유효하다. 특히 임대 수익형 부동산에 투자하여 안정적인 현금 흐름을 유지할 수 있다.

가능한 투자 전략

비규제 지역 중심 투자

경기도 내 비규제 지역을 공략하는 것이 효과적이다. 예를 들어 서울 인근이면서 비규제 지역인 파주, 양주, 이천, 여주 등은 대출 규제가 덜하고 세금 부담이 적기 때문에 투자 진입장벽이 낮다. 비규제 지역에서 신규 아파트나 재개발·재건축 아파트에 투자하여 서울 접근성과 가격 상승 가능성을 노리는 전략이 유효하다.

교통망 호재 지역에 투자

GTX A, B, C 노선이 예정된 지역은 교통망 개선을 통해 서울 접근성이 대폭 향상되므로 장기적인 시세 상승이 예상된다. 예를 들어 양주, 고양 창릉, 남양주 왕숙 등 GTX 노선의 영향을 받는 지역은 부동산 가치가 꾸준히 상승할 가능성이 크다.

교통망 호재는 서울로의 출퇴근 수요를 높이며 역세권 아파트에 대한 수요를 지속적으로 창출한다. 지하철 연장과 고속도로 개통 등 교통 호재가 예정된 지역에 선제적으로 투자하는 것이 중요하다.

신도시와 택지지구 개발 지역에 투자

3기 신도시 개발 지역인 과천지구, 남양주 왕숙지구, 고양 창릉지구 등은 대규모 개발 호재로 인해 장기적인 투자 가치가 매우 높다. 공공주택과 민간 분양주택이 함께 개발되며 자족 기능을 갖춘 첨단 산업지구와 주거지가 조화롭게 발전할 예정이다.

신도시 개발 지역은 초기 분양권 투자를 통해 장기적인 시세 상승을 기대할 수 있고 입주 시점에 맞춰 단기 시세 차익도 노릴 수 있다.

중소형 아파트와 실거주 목적지에 투자

규제 상황에서 투자 목적뿐만 아니라 실거주 수요를 겨냥한 중소형 아파트에 투자하는 것이 효과적이다. 국민주택 규모 이하의 소형 아파트는 임대 수익과 매매 수익을 동시에 노릴 수 있는 안정적인 투자처다. 특히 실거주 목적지로 접근하는 경우, 장기 거주와 함께 투자 가치를 높일 수 있으며 임대 수익과 시세 상승을 동시에 기대할 수 있다.

임대 수익형 부동산과 상업용 부동산 투자

상업용 부동산과 오피스텔 같은 임대 수익형 부동산은 규제 영향을 덜 받는 투자처다. 특히 역세권과 산업단지 인근의 상업용 부동산은 임대 수익이 꾸준히 발생하며, 규제 상황에서도 안정적인 수익을 내는 장점이 있다. 상업지구 개발 예정지나 신도시 내 상업용 건물에 투자하여 임대 수익과 중장기 시세 상승을 기대할 수 있다.

장기적 관점의 성공 전략

인구 구조 변화에 대비한 전략

인구 감소와 고령화가 진행됨에 따라 소형 아파트와 임대 수익형 부동산의 수요가 꾸준히 유지될 것이다. 이에 따라 소형 아파트와 오피스텔 중심의 안정적인 임대 수익을 노리는 투자 전략이 유효하다. 노령 인구를 대상으로 한 고급 실버타운, 의료시설 인근 부동산 등 특화된 상품에 장기적인 투자가 가능할 것이다.

규제 완화와 정책 변화에 대비

정부의 규제 완화 가능성을 염두에 두고 중장기적인 투자 포트폴리오를 구성하는 것이 필요하다. 규제가 완화될 경우, 수도권 외곽과 비규제 지역의 부동산 가치가 급격히 상승할 가능성이 높다. 정부 정책 변화에 민감하게 대응하여 시장 흐름을 파악하고 투자 시기를 적절히 조절하는 것이 필요하다.

규제에 대응한 경기도 부동산 투자 전략을 정리해보자.

- 규제 회피 지역을 선택해 대출과 세금 규제의 영향을 최소화하고, 비규제 지역을 중심으로 저평가된 지역을 발굴하는 전략이 필요하다.
- 교통망 확충 지역과 신도시 개발 호재를 활용해 장기적인 시세 상승을 기대하고, 중소형 아파트나 임대 수익형 부동산에 투자하여 안정적인 수익을 창출할 수 있다.
- 장기적 관점에서 인구 구조 변화와 정부 정책 변화에 대비한 투자 포트폴리오를 구성하는 것이 중요하다. 서울 접근성을 갖춘 경기도 부동산은 규제 상황 속에서도 중장기적인 투자 가치가 높다.

규제 지역과 비규제 지역의 투자 전략

경기도 내 일부 지역은 한때 조정대상지역으로 지정되어 취득세, 양도세, 보유세 등의 세금 규제가 강하게 적용되고 대출 규제도 강화되었다. 이에 반해 비규제 지역에서는 이러한 규제가 상대적으로 덜 적용되므로 투자 전략이 달라진다.

규제 지역

- 세금과 대출 규제: 취득세, 보유세, 양도세가 높고 LTV 40%, DSR 40% 규제가 적용된다. 다주택지의 추가 매입과 단기 매매가 어려운 지역이다.
- 투자 전략
  - 실거주 수요: 1주택 실거주 목적으로 접근할 경우, 양도세 비과세 혜택을 통해 중장기적으로 시세 차익을 노릴 수 있다. 특히 교통망이 개선되는 지역을 선점하는 것이 좋다.
  - 고가 아파트 투자: 세금 부담이 높아도 교통망 확충이나 대규모 개발 계획이 있는 지역의 고가 아파트는 안정적인 투자처가 될 수 있다. 특히 GTX 노선 수혜가 예상되는 지역은 장기적으로 가치 상승이 기대된다.

비규제 지역

- 세금과 대출 규제 완화: 취득세와 양도세가 상대적으로 낮고 LTV 60~70% 적용으로 대출을 통한 자금 조달이 용이하다. 다주택자도 부담 없이 추가 매입이 가능하다.
- 투자 전략
  - 다주택자 투자: 비규제 지역은 다주택자가 추가 매입하기에 유리하다. LTV 완화 덕분에 적은 자본으로도 대출을 활용해 투자할 수 있고 세금 부담도 적어 임대 수익을 노릴 수 있다.
  - 미래 개발 계획: 평택과 김포 같은 지역은 산업단지 개발과 GTX 같은 교통망 확충 계획이 있어 장기적인 시세 상승을 기대할 수 있다. 개발 초기 단계

규제 지역 vs. 비규제 지역 투자 전략 요약

구분	규제 지역 투자 전략	비규제 지역 투자 전략
세금	취득세, 보유세, 양도세 부담이 크므로 실거주 중심 투자	세금 부담이 적어 다주택자에게 유리
대출	LTV, DSR 규제로 대출 제약	LTV 60~70%, DSR 완화로 대출 활용 가능
투자 방법	교통망 확충 등 미래 호재 지역에 장기 투자	신도시 개발 초기 지역에 선제적 투자
목표	1주택자 실거주와 장기 시세 차익	다주택자 임대 수익과 중장기 시세 차익

인 신도시나 택지지구에 투자하는 것이 유리하다.

규제 지역에서는 실거주 목적 또는 장기적인 시세 상승을 노리는 투자가 유리하고, 비규제 지역에서는 상대적으로 자금 부담이 적으니 다주택자 투자와 임대 수익을 기대할 수 있다. 각 지역의 개발 계획과 교통망 확충 호재에 따라 맞춤형 투자 전략을 세우는 것이 중요하다.

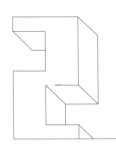

경기도 부동산의
미래 전망

경기도는 인구 증가, 일자리 확대, 세대수 증가가 맞물려 주택 수요가 지속적으로 증가하고 있다. 2022년 기준 경기도 총인구는 전년보다 0.3% 증가한 1,397만 2,297명이고 내국인은 1,358만 9,432명, 외국인은 38만 2,865명이었다. 세대수는 전년보다 7만 1,699세대 증가해서 591만 3,694세대였다.

경기도 행정구역별 인구를 찾아보자. 2022년 기준 시군별 인구(외국인 제외)는 수원시가 119만 964명으로 가장 많고 고양시 107만 6,535명, 용인시 107만 4,971명으로 이어졌다. 2018년 대비해서 인구가 가장 많이 증가한 행정구역은 34.4%가 증가한 과천시였고, 인

연도별 경기도 총인구

(단위: 명, 세대, %)

연도	총인구	내국인			외국인		세대수	증감률(%, 전년 대비)		
			남자	여자		구성비(%)		총인구	외국인	세대수
2013	12,549,345	12,234,630	6,159,193	3,075,437	314,715	2.5	4,712,324	1.4	9.2	1.6
2014	12,709,996	12,357,830	6,219,813	6,138,017	352,166	2.8	4,786,718	1.3	11.9	1.6
2015	12,892,271	12,522,606	6,299,812	6,222,794	369,665	2.9	4,885,012	1.4	5.0	2.1
2016	13,090,703	12,716,780	6,395,453	6,321,327	373,923	2.9	5,003,406	1.5	1.2	2.4
2017	13,255,523	12,873,895	6,475,323	6,398,572	381,628	2.9	5,131,379	1.3	2.1	2.6
2018	13,485,679	13,077,153	6,577,501	6,499,652	408,526	3.0	5,306,214	1.7	7.0	3.4
2019	13,653,984	13,239,666	6,659,995	6,579,671	414,318	3.0	5,468,920	1.2	1.4	3.1
2020	13,807,158	13,427,014	6,754,469	6,672,545	380,144	2.8	5,676,401	1.1	−8.2	3.8
2021	13,825,862	13,565,450	6,827,298	6,738,152	360,412	2.6	5,841,995	0.9	−5.2	2.9
2022	13,972,297	13,589,432	6,839,276	6,750,156	382,865	2.7	5,913,694	0.3	6.2	1.2

자료: 행정안전부 「주민등록인구현황」, 「법무부 등록외국인 현황」

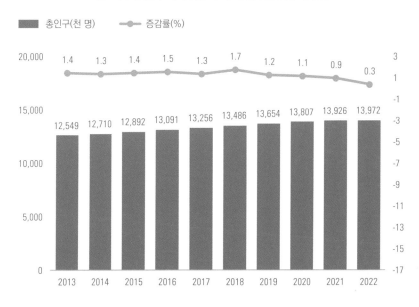

연도별 총인구와 전년 대비 증감률(2013~2022)

경기도 행정구역별 인구

(단위: 명, %)

행정구역	2018	2019	2020	2021	2022	2018년 대비	
						증감	증감률(%)
경기도	13,077,153	13,239,666	13,427,014	13,565,450	13,589,432	512,279	3.9
수원시	1,201,166	1,194,465	1,186,078	1,183,714	1,190,964	−10,202	−0.8
성남시	954,347	942,724	940,064	930,948	922,518	−31,829	−3.3
의정부시	447,026	451,868	461,710	463,661	463,724	16,698	3.7
안양시	576,831	567,044	550,027	547,178	548,228	−2,860	−5.0
부천시	843,768	829,996	818,383	806,067	790,128	−53,640	−6.4
광명시	326,841	316,552	298,599	292,893	287,945	−38,896	−11.9
평택시	495,642	513,027	537,307	564,288	578,529	82,887	16.7
동두천시	96,226	94,768	94,353	96,292	91,546	−4,680	−4.9
안산시	660,343	650,918	654,915	652,726	641,660	−18,683	−2.8
고양시	1,044,189	1,066,351	1,079,216	1,079,353	1,076,535	3,236	3.1
과천시	58,142	58,289	63,231	73,345	78,137	19,995	34.4
구리시	203,553	199,265	197,454	191,948	188,701	−14,852	−7.3
남양주시	681,828	701,830	713,321	733,798	737,353	55,525	8.1
오산시	220,070	226,379	229,725	229,983	229,849	9,779	4.4
시흥시	448,687	473,682	500,895	512,030	512,912	64,225	14.3
군포시	276,916	275,852	273,791	268,535	266,213	−10,703	−3.9
의왕시	153,932	161,153	163,795	163,356	160,221	6,289	4.1
하남시	254,415	272,455	293,452	320,087	326,059	71,644	28.2
용인시	1,035,126	1,059,609	1,074,176	1,077,508	1,074,971	39,845	3.8
파주시	451,848	454,040	465,617	483,245	495,315	43,467	9.6
이천시	214,206	215,834	218,388	223,177	22,221	8,515	4.0
안성시	183,579	183,405	187,012	189,534	188,842	5,263	2.9
김포시	423,170	437,221	473,970	486,508	484,267	61,097	14.4
화성시	758,722	815,396	855,248	887,015	910,814	152,092	20.0
광주시	363,782	372,654	382,054	387,298	391,462	27,680	7.6
양주시	216,951	222,314	230,359	236,368	243,432	26,481	12.2
포천시	150,676	148,379	147,274	148,939	146,701	−3,975	−2.6
여주시	111,525	111,083	111,897	112,150	113,150	1,625	1.5
연천군	44,633	43,824	43,516	42,721	42,062	−2,571	−5.8
가평군	62,918	62,415	62,377	62,264	62,150	−768	−1.2
양평군	116,095	116,874	118,810	121,230	122,323	6,228	5.4

자료: 행정안전부 「주민등록인구현황」 외국인 제외

구가 가장 많이 감소한 행정구역은 11.9% 감소한 광명시였다.

특히 1인 가구와 3인 이상 가구의 가족 단위가 각기 다른 수요를 보이는데, 이에 따른 부동산 수요 증감에 맞추어 투자 전략을 달리 해야 한다.

2022년 경기도 1인 가구는 163만 4,147가구였다. 2020년 대비 22만 8,137가구 많아져서 16.2% 증가한 셈이다. 성별로는 남자 88만 2,118가구, 여자 75만 2,029가구여서 남자 1인 가구가 더 많다. 연령대로는 30대가 19.8%로 가장 많고 20대 16.8%, 50대 16.4%순으로 이어진다.

연도별 경기도 1인 가구

연령	2020년			2022년				2020년 대비	
	계	남자	여자	계	남자	여자	구성비(%)	증감	증감률(%)
합계	1,406,010	758,076	647,934	1,634,147	882,118	752,029	100.0	228,137	16.2
20세 미만	8,910	3,885	5,025	8,828	4,165	4,663	0.5	−52	−0.9
20대	237,026	131,456	105,570	273,818	151,208	122,610	16.8	36,792	15.5
30대	272,089	185,159	86,930	323,989	218,130	105,859	19.8	51,900	19.1
40대	229,483	149,558	79,925	250,302	163,661	86,641	15.3	20,819	9.1
50대	239,508	140,358	99,150	267,592	158,578	109,014	16.4	28,084	11.7
60대	211,918	93,808	118,110	262,593	119,669	142,924	16.1	50,675	23.9
70대	131,932	38,256	93,676	150,236	46,214	104,022	9.2	18,304	13.9
80세 이상	75,144	15,596	59,548	96,789	20,493	76,296	5.9	21,645	28.8

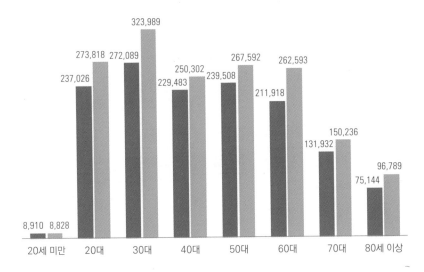

연령대별 1인 가구 증감

■ 2020　■ 2022

여기서는 1인 가구와 가족 단위 증가 지역에 따른 투자 전략과 함께 수요가 급증, 감소, 유지되는 지역을 기반으로 한 맞춤형 전략을 살펴보려고 한다. 이를 통해 경기도의 부동산 투자 잠재력을 효율적으로 분석하고 성공적인 투자 방향을 잡을 수 있을 것이다.

1인 가구 증가 지역

1인 가구 증가는 주로 젊은 직장인과 고령층의 수요가 증가하는 지역에서 두드러진다. 특히 서울 접근성이 뛰어난 역세권, 상업지구, 오피스 지구 인근에서 1인 가구가 집중적으로 증가하고 있다. 이는 소형 아파트와 오피스텔 수요로 이어진다.

성남시 판교, 하남시 미사강변도시, 고양시 일산서구는 1인 가구 증가가 두드러지는 지역이다. 이들은 서울로의 출퇴근이 용이하고, 오피스 상업지구와 인접해 직장인의 거주 수요가 높다.

투자 전략

- 소형 아파트와 오피스텔: 1인 가구는 대체로 소형 평형대를 선호하므로 소형 아파트와 오피스텔 수요가 높다. 임대 수익을 목표로 역세권 소형 평형대에 투자하는 것이 유효하다.
- 역세권과 상업지구 인근 투자: 1인 가구는 대중교통 접근성이 뛰어난 역세권과 편리한 상업시설을 선호하기 때문에, 역세권 또는 상업지구 인근 부동산에 대한 투자는 안정적인 임대 수익과 시세 상승을 기대할 수 있다.

3인 이상 가족 가구 증가 지역

3인 이상 가족 가구는 교육 인프라와 쾌적한 주거 환경을 중시하는 지역에서 증가하고 있다. 대규모 아파트 단지, 우수한 학군을 갖춘 지역, 녹지 공간이 풍부한 신도시가 가족 단위 주거 수요를 견인한다.

용인시 수지구, 광교신도시, 남양주시 다산신도시, 화성시 동탄신도시는 3인 이상 가구의 가족 단위 수요가 크게 증가하는 지역이다. 우수한 학군, 쾌적한 주거 환경, 교통 호재가 결합된 주거 선호 지역으로 자리 잡고 있다.

투자 전략

- 중대형 아파트: 가족 단위 수요는 중대형 아파트를 선호하는 경향이 강하므로 3~4룸 아파트가 투자 가치가 높다. 우수한 교육 인프라와 대규모 상업시설이 있는 지역의 중대형 아파트는 장기적인 시세 상승과 안정적인 실거주 수요를 기대할 수 있다.
- 녹지 공간과 생활 인프라가 잘 갖추어진 신도시와 택지지구: 화성 동탄신도시, 남양주 다산신도시 등은 가족 단위 실수요층을 대상으로 한 장기 투자 전략에 유리하다.

수요 급증, 수요 감소, 수요 유지 지역

수요 급증 지역은 교통망 확충, 신도시 개발, 산업단지 조성 등으로 인해 부동산 수요가 급증하는 지역이다. 수요 감소 지역은 상대적인 인구 유출이나 주거지 노후화 때문에 부동산 수요가 감소하는 경향을 보인다. 수요 유지 지역은 일자리와 생활 인프라가 안정적인 자족형 지역으로서 안정적인 부동산 수요를 유지한다.

수요 급증 지역

수원시 광교신도시, 하남 미사강변도시, 남양주 왕숙신도시, 용인시는 교통망 확충과 신도시 개발로 인해 수요가 급증한다.

투자 전략

• 신규 분양 아파트와 교통 호재가 있는 역세권을 선점하는 것이 중요하다. 초기 분양권 투자나 프리미엄 형성을 노리는 단기 시세 차익 전략이 효과적이다.

수요 감소 지역

경기도 일부 구도심은 인구 유출과 함께 노후화로 인해 수요가 감소하고 있다. 예를 들어 안양시 구도심과 부천시 일부 지역은 인프라 부족과 인구 감소로 부동산 수요가 약세를 보인다.

투자 전략

• 재개발·재건축 가능성을 고려한 장기 투자 전략이 유효하다. 구도심 내 노후 아파트는 정비사업을 통해 미래 가치를 발굴할 수 있다.

수요 유지 지역

고양시 덕양구, 성남시 분당구 등은 안정적인 주거지로 자리 잡아 수요가 유지된다. 자족 기능이 강화된 지역으로 교육 인프라, 대규모 상업지구가 잘 갖춰져 있다.

투자 전략

• 장기적 실거주 목적의 투자와 함께 임대 수익형 부동산에 대한 투자가 효과적이다. 특히 중대형 아파트는 실거주자뿐만 아니라 임대 수요도 높다.

인구와 세대수 변화에 따른 지역별 맞춤형 투자 전략을 요약하면 다음과 같다.

• 1인 가구 증가 지역: 소형 아파트와 오피스텔 수요가 높으며, 임대 수익을 목표로 한 역세권 투자가 유리하다. 특히 성남 판교, 과천 등 직장인 수요가 많은 지역을 공략할 수 있다.

연도별 경기도 인구 이동

연도	연앙 인구	전입			전출			순이동자			순이동률 (%)
		계	남자	여자	계	남자	여자	계	남자	여자	
2013	12,061,219	1,895,434	961,631	933,803	1,821,303	924,711	896,592	74,131	36,920	37,211	0.6
2014	12,196,189	1,891,775	964,135	927,640	1,834,379	933,668	900,711	57,396	30,467	26,929	0.5
2015	12,337,489	1,993,080	1,015,261	977,819	1,898,312	967,717	930,595	94,768	47,544	47,224	0.8
2016	12,509,484	1,958,593	1,000,197	958,396	1,824,976	932,059	892,917	133,617	68,138	65,479	1.1
2017	12,681,348	1,888,324	971,305	917,019	1,772,162	909,329	862,833	116,162	61,976	54,186	0.9
2018	12,861,428	2,041,715	1,047,633	994,082	1,871,621	958,896	912,725	170,094	88,737	81,357	1.3
2019	13,043,732	1,940,962	1,002,837	938,125	1,806,296	931,271	875,025	134,666	71,566	63,100	1.0
2020	13,220,207	2,152,572	1,105,875	1,046,697	1,984,199	1,017,710	966,489	168,373	88,165	80,208	1.3
2021	13,398,945	2,036,215	1,053,565	982,650	1,885,698	974,263	911,435	150,517	79,302	71,215	1.1
2022	13,503,169	1,645,990	857,121	788,869	1,602,108	833,349	768,759	43,882	23,772	20,110	0.3

연도별 순이동자와 이동률

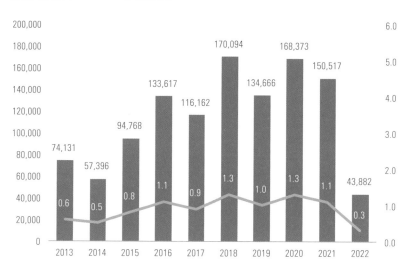

- 가족 단위 증가 지역: 중대형 아파트가 선호되며, 학군이 우수하고 쾌적한 주거 환경을 갖춘 지역에서 장기 투자 전략이 유효하다. 용인 수지구, 광교신도시 등은 가족 단위 수요가 지속적으로 증가할 지역이다.
- 수요 급증 지역: 교통망 확충과 신도시 개발이 활발한 지역은 초기 분양 아파트나 역세권 투자를 통해 단기 시세 차익을 노리는 전략이 유효하다.

부록

부동산 투자
성공 사례와 실패 사례

성공 사례

경기도 부동산에서 성공적인 투자 사례를 바탕으로 전략을 살펴보면 실제 투자자들이 경기도의 교통 호재, 신도시 개발, 주거 인프라 등을 어떻게 활용했는지 구체적인 인사이트를 얻을 수 있다. 지인들과 스마트튜브 경제아카데미 수강생들이 경기도 다양한 지역에서 성공한 투자 사례를 구체적으로 정리해보았다.

판교 테크노밸리 인근 아파트 투자

투자자 A는 판교 테크노밸리가 개발되기 전, 판교 인근에 있는 대장동의 중대형 아파트를 실거주 목적으로 매입했다. 당시 판교는 IT 산업단지로 성장하기 전이었기 때문에 아파트 가격이 상대적으로 저렴했다.

그러나 이후 판교 테크노밸리가 급성장하면서 직주근접 수요가 급증했고, 고소득 IT 직장인들이 판교 인근 주거지를 선호하게 되면서 아파트 가격이 크게 상승했다.

성공 요인

- 판교 테크노밸리와 같은 산업 클러스터 인근 지역에 선제적으로 투자한 것이 주효했다. 산업단지가 개발됨에 따라 직장인 수요가 급증하면서 주거지 시세가 급상승했다.
- 특히 중대형 아파트는 고소득층의 선호도가 높아 실거주자가 많이 몰렸고 임대 수요도 크게 늘어났다.

투자 전략

- 산업단지 인근 지역에 선제적으로 투자하면 직주근접을 선호하는 고소득층 수요를 흡수할 수 있다. 판교, 광교, 동탄과 같이 첨단산업단지

가 예정된 지역에서는 실거주와 임대 수요 모두를 만족시키는 중대형 아파트 투자 전략이 효과적이다.

광교신도시 초기 투자

투자자 B는 광교신도시가 개발 초기 단계였을 때 중소형 아파트를 매입했다. 당시 광교는 교통 인프라가 부족했지만 신분당선 연장과 광교 테크노밸리 개발이 예정되어 있었다.

이후 광교호수공원과 광교 테크노밸리가 조성되면서 주거 환경이 쾌적해졌고, 신분당선이 개통되며 서울 강남권으로의 출퇴근이 편리해졌다. 고소득층을 포함한 실거주 수요가 급증하면서 아파트 시세가 큰 폭으로 상승했다.

성공 요인

- 광교 테크노밸리와 같은 첨단산업단지와 주거 환경이 개선될 것을 예측하고, 개발 초기에 선제적 투자를 한 것이 성공 요인이었다.
- 신분당선 연장이라는 교통 호재를 활용하여 서울 접근성을 높이는 전략이 주효했다.

투자 전략

• 교통 호재와 첨단산업단지 개발이 예정된 지역에 초기 투자하여 중장기적인 시세 상승을 기대하는 전략이다. 특히 신도시 개발 초기에는 상대적으로 저렴한 가격에 매입할 수 있어, 인프라가 완성되었을 때 높은 시세 차익을 기대할 수 있다.

수원 영통구 삼성디지털시티 인근 아파트 투자

투자자 C는 삼성디지털시티와 인접한 수원 영통구의 소형 아파트에 투자했다. 당시 삼성전자 근로자들이 직주근접을 선호하면서 영통구의 주택 수요가 지속적으로 증가하고 있었다.

이후 삼성 반도체 사업이 확장되면서 삼성 근로자들을 대상으로 한 임대 수요가 크게 증가했고 아파트 가격도 꾸준히 상승했다. 투자자는 임대 수익과 시세 차익을 함께 얻었다.

성공 요인

• 직주근접 수요를 정확하게 분석한 투자였다. 특히 삼성전자와 같은 대기업이 인접한 지역에서는 소형 아파트 임대 수요가 안정적으로 발생하기 때문에 투자 리스크가 낮았다.

- 소형 아파트는 초기 자본이 적게 들고 실거주와 임대 모두에서 안정적인 수익을 제공한다는 점에서 성공적이었다.

투자 전략

- 대기업 인근에서 직주근접 수요가 꾸준한 지역에 소형 아파트를 매입하여 임대 수익을 창출하는 전략이다. 특히 삼성전자, LG전자 등 대기업이 있는 지역에서는 임대 수요가 꾸준히 발생하며 장기적으로 안정적인 수익을 기대할 수 있다.

김포 한강신도시 김포골드라인 노선 투자

투자자 D는 김포 한강신도시에 중소형 아파트를 매입했다. 당시 김포는 서울과 거리가 멀어 상대적으로 저평가되어 있었지만 김포골드라인이 개통하면서 큰 주목을 받기 시작했다.

김포골드라인이 개통되어 김포에서 서울까지 이동 시간이 대폭 줄어들자 서울 출퇴근 수요가 크게 늘어나면서 주택 가격도 상승했다. 투자자는 중장기적으로 추가 시세 차익을 기대하고 있다.

성공 요인

- 교통 인프라 확충이라는 명확한 호재를 활용한 투자였다. 김포골드라인은 김포와 서울을 빠르게 연결하는 교통망이니 향후 서울 출퇴근 수요가 증가할 지역으로 투자 가치가 매우 높았다.
- 중소형 아파트는 상대적으로 자본 부담이 적고 추후 임대 수익을 기대할 수 있는 안정적인 투자처였다.

투자 전략

- 교통망 확충 지역에 선제적으로 투자하는 전략이다. GTX 노선이 지나가는 지역은 미래의 출퇴근 수요가 급증할 가능성이 높으므로, 초기 개발 단계에 중소형 평형 아파트를 매입하여 중장기 시세 차익을 노리는 것이 유효하다.

평택 고덕신도시 삼성전자 배후 수요 투자

투자자 E는 평택 고덕신도시 내 신축 아파트를 매입했다. 평택은 삼성전자 반도체 공장이 자리 잡고 있어 직주근접 수요가 높았고, 임대 수익을 노린 투자였다.

이후 삼성전자의 반도체 공장이 확장되면서 평택 고덕신도시 내 임대 수요가 급증했고, 투자자는 안정적인 임대 수익과 시세 차익을 동시에 얻을 수 있었다.

성공 요인

- 삼성전자 반도체 공장의 직장인 수요를 예측한 것이 주효했다. 대규모 공장 인프라와 신도시 개발이 맞물리면서 임대 수익이 안정적으로 발생했다.
- 신축 아파트는 고급화된 시설과 편리한 인프라 덕분에 직장인들이 선호하는 주거지로 자리 잡았다.

투자 전략

- 산업단지 인근 신도시에 투자하여 직주근접 임대 수요를 공략하는 전략이다. 특히 삼성전자, LG전자 등 대기업 공장 인근 지역은 직장인들의 안정적인 수요가 있어 임대 수익과 시세 차익을 동시에 기대할 수 있다.

경기도에 대한 성공적인 투자 전략을 정리해보자.

- 산업단지와 직주근접 수요 활용: 판교, 평택, 수원 등 대기업이 있는 지역에서는 직장인 수요를 바탕으로 임대 수익과 시세 상승을 노리는 전략이 유효하다.

- 교통 호재 선제적 투자: GTX 노선이나 지하철 연장 등 교통 인프라 확충이 예정된 지역에 선제적으로 투자하여 중장기적인 시세 상승을 기대할 수 있다.
- 신도시 개발 초기 투자: 광교, 김포, 고덕신도시 등 신도시 개발 초기에는 주거지 인프라가 부족하지만 장기적인 시세 상승을 기대할 수 있다.
- 소형 아파트와 중대형 아파트 선택: 소형 아파트는 자본 부담이 적고 임대 수익을 안정적으로 창출하는 투자처로 활용할 수 있고, 중대형 아파트는 고소득층을 대상으로 한 장기적인 가치 상승을 기대할 수 있다.

각 사례는 교통 호재, 산업 인프라, 직주근접 수요와 같은 투자 포인트를 잘 활용한 결과이며, 이러한 요인들을 바탕으로 경기도 부동산시장에서 성공적인 투자를 할 수 있다.

실패 사례

부동산 투자는 큰 이익을 기대할 수 있는 기회이지만 실패 사례도 적지 않다. 투자 실패 사례를 타산지석으로 삼고 리스크를 관리하는 방안을 마련하는 것이 중요하다. 경기도에서 발생한 구체적인 실패 사례를 분석하고 투자 리스크 관리 방안을 살펴보자.

양도세를 고려하지 않은 단기 매매

투자자 F는 경기도 고양시에서 단기 시세 차익을 노리고 아파트를 매입했다. 당시 지역은 조정대상지역으로 지정된 상태였고, 다주택자인 투자자는 아파트 매입 후 1년 이내에 매도하여 이익을 실현하려 했다.

그러나 양도소득세 중과 규정을 제대로 파악하지 못한 채 매도를 결정하면서 매매 차익의 상당 부분을 양도세로 납부하게 되었다. 세금을 고려하지 않고 급하게 매도한 결과, 기대했던 시세 차익을 실현하지 못했다.

교훈

- 세금(양도세, 취득세, 보유세) 규제는 부동산 투자의 핵심 요소다. 특히 다주택자나 단기 매매를 고려할 때는 양도소득세 중과 규정을 철저히 검토해야 한다.

리스크 관리 방안

- 세금 전문가와 상담하여 세금 부담을 최소화할 수 있는 매매 계획을 세운다.
- 조정대상지역과 비규제 지역의 세금 규제를 정확히 파악하고, 장기 투

자가 유리한 지역을 선택하는 것이 바람직하다.

- 장기 보유 전략을 통해 양도세 부담을 줄이고, 실거주 목적의 매입으로 비과세 혜택을 활용하는 것도 좋은 방안이다.

개발 계획만 믿고 투자

투자자 G는 GTX-D 노선 개발 소식만 믿고 김포의 한 아파트에 투자했다. 당시 김포는 비규제 지역으로 대출 조건이 유리해, 자본을 크게 투자하지 않고도 아파트를 매입할 수 있었다.

그러나 GTX-D 노선이 계획대로 진행되지 않고 노선의 일부가 축소되면서 교통망 개선이 예상보다 지연되었다. 이에 따라 아파트 가격 상승 기대가 줄었고, 투자자는 미래 가치가 불투명해진 아파트를 보유한 채 자산 유동성 문제를 겪게 되었다.

교훈

- 개발 계획은 항상 변경될 수 있다. 정부의 정책 변화, 시장 상황에 따라 개발 일정이 지연되거나 변경될 수 있음을 염두에 두어야 한다.

리스크 관리 방안

- 확실한 교통 호재가 이미 반영된 지역에 투자하거나, 교통망 확충이

이미 진행 중인 곳에 투자하는 것이 안전하다.

- 하나의 개발 호재에 의존하지 말고 다양한 요소(상업 인프라, 직주근접, 생활 편의성 등)를 고려하여 다각적으로 평가한 후 투자 결정을 내린다.
- 특정 지역에 과도하게 의존하는 것을 피하고, 여러 지역에 걸쳐 위험을 분산하는 것이 좋다.

고점에 진입, 하락장에 매도

투자자 H는 수원시에서 아파트시장이 과열될 때 고점에 아파트를 매입했다. 당시 GTX-C 노선이 개통 예정이었고, 교통 호재가 반영된 상태에서 매매가가 급등하고 있었다.

그러나 이후 정부의 강력한 대출 규제와 세금 정책이 도입되면서 아파트시장이 침체하기 시작했다. 투자자는 자산 가격이 하락하기 시작하자 손실을 최소화하기 위해 급하게 매도했고 결국 큰 손실을 입고 말았다.

교훈

- 부동산시장의 사이클을 고려해야 한다. 과열된 시장에서는 고점에 진입할 위험이 크기 때문에 신중한 접근이 필요하다.

리스크 관리 방안

- 시장의 과열기에 진입하기보다는 가격 조정기나 안정기에 매입하여 중장기적 가치 상승을 기대하는 것이 유리하다.
- 대출 규제나 금리 인상에 따른 자산 가치 하락 위험을 염두에 두고 자금 흐름을 잘 관리하는 것이 중요하다. 무리한 대출보다는 여유 자본을 활용한 투자로 변동성에 대비하는 것이 좋다.
- 긴 안목으로 장기 보유 전략을 채택하는 것이 좋다. 일시적인 시장 침체기에도 자산을 유지할 수 있도록 현금 흐름 관리를 철저히 해야 한다.

재건축 기대감에 투자

투자자 I는 고양시 일산의 노후 아파트가 재건축되리라고 기대하며 투자했다. 당시 1기 신도시 재건축 논의가 활발하게 진행되고 있었고 아파트 시세도 이를 반영하여 상승 중이었다.

그러나 이후 재건축 규제가 강화되면서 해당 아파트는 재건축 추진이 지연되었고, 기대만큼의 시세 차익을 실현하지 못했다. 오히려 장기간 재건축 지연으로 자산 회수에 어려움을 겪게 되었다.

교훈

- 재건축 투자는 장기적인 시각에서 접근해야 하며, 정부 정책이나 규제 강화에 따른 변동성에 대비해야 한다.

리스크 관리 방안

- 재건축 추진 가능성이 확실한 단지를 선택하고 관련 법령이나 정부 정책의 변화에 민감하게 대응해야 한다.
- 재건축 대상 아파트는 재건축이 늦어질 가능성도 항상 염두에 두고 임대 수익 등 다른 방식으로 자산을 운영할 방법을 고민해야 한다.
- 재건축 초기 단계에 진입하는 것이 아니라 재건축 추진이 가시화된 단지에 투자하여 리스크를 줄이면서 시세 차익을 기대하는 전략을 세우는 것이 좋다.

임대 수익만 고려

투자자 J는 경기도 양주시에서 임대 수익을 목적으로 오피스텔을 매입했다. 당시 지역 내 1인 가구 증가와 임대 수요가 증가할 것이라는 기대감이 있었다.

그러나 예상과 달리 양주 지역의 임대 수요가 충분하지 않았고, 공실 기간이 길어지면서 임대 수익이 기대에 미치지 못했다. 결과적으로 자산을 유지하는 데 필요한 비용이 증가해 손실이 발생했다.

교훈
- 임대 수익에 대한 지나친 기대는 위험할 수 있다. 임대 수요가 안정적으로 발생하는 지역에 투자하는 것이 중요하며, 예상보다 수익이 낮을 수 있다는 점을 고려해야 한다.

리스크 관리 방안
- 임대 수요가 검증된 지역에 투자하는 것이 중요하다. 특히 직주근접 수요가 확실한 지역이나 대학가, 상업 중심지 등에서 임대 수요가 꾸준한 곳에 투자하는 것이 바람직하다.
- 임대 수익에만 의존하지 않고 시세 상승 가능성까지 고려하여 복합적인 투자 전략을 세우는 것이 중요하다.
- 임대 공실 리스크에 대비해 충분한 자금 여유를 갖고 임대 조건을 경쟁력 있게 제공할 수 있는 전략을 구상하는 것이 좋다.

실패 사례에서 배우는 투자 리스크 관리 방안

- 세금 규제: 양도세, 취득세, 보유세 등을 철저히 분석하고, 투자 전 세

금 전문가의 상담을 통해 세금 부담을 최소화할 전략을 세우는 것이 중요하다.

- 개발 계획과 교통 호재: 개발 계획만 의지한 투자는 위험할 수 있다. 교통망 확충이 확정된 지역이나 이미 개발이 진행 중인 곳을 선택하여 리스크를 줄이는 것이 바람직하다.
- 시장 타이밍: 고점에 진입하지 않도록 시장 상황을 면밀히 분석하고, 장기적인 시세 상승을 기대할 수 있는 시점에 투자해야 한다.
- 재건축과 재개발: 재건축·재개발은 장기 프로젝트이므로 정책 변화와 지연 가능성을 항상 염두에 두고 대응해야 한다.
- 임대 수익과 시세 차익의 균형: 임대 수익에만 의존하지 않고 시세 상승 가능성까지 고려해 복합적인 투자 전략을 세워야 한다.

실패 사례들에서 얻은 교훈을 바탕으로 리스크 관리와 투자 전략을 잘 세운다면, 부동산 투자에서 성공할 가능성을 높일 수 있다.

질문과 답변

경기도 아파트 투자를 고민하는 스마트튜브 경제아카데미 수강생들과 스마트튜브TV 골드회원들이 자주 묻는 질문들을 정리했다. 교통 호재, 신도시 개발, 재건축 투자, 소형 아파트 투자, 임대 수익 등 부동산 투자의 주요 영역별로 나누어 독자들이 궁금해하는 현실적인 문제와 그 답변을 소개한다.

교통 호재 지역 투자

질문: GTX 노선 인근 지역 아파트 투자는 안전할까?

답변: GTX는 수도권광역급행철도로 서울과 경기도를 빠르게 연결하는 교통망이다. GTX-A, B, C 노선이 개통하면 서울 출퇴근 시간이 크게 줄어들어 서울 접근성이 대폭 개선된다. GTX 인근 지역 아파트는 교통망 확충에 따른 미래 가치 상승이 기대되며 안정적인 투자처로 평가받는다.

특히 파주 운정, 남양주 왕숙, 의정부 같은 지역은 현재는 상대적으로 저평가된 상태이지만, GTX 개통 후 출퇴근 수요가 늘어나면서 중장기적인 시세 상승을 기대할 수 있다. 다만 GTX 노선 개발 지연이나 정부 정책 변화와 같은 불확실성을 고려해야 하므로 장기적인 시각에서 접근하는 것이 안전하다.

신도시 개발 투자

질문: 3기 신도시에 지금 투자해도 괜찮을까?

답변: 3기 신도시는 2025년 이후 본격적으로 입주하며, 장기적으로 서울 인구 분산과 주택 수요 충족을 목표로 한다. 남양주 왕숙, 하남 교산, 고양 창릉 등은 신도시 개발 초기 단계로서 주거와 상업 인프라가 동시에 조성되고 있기 때문에 중장기

적인 시세 상승을 기대할 수 있다.

초기 투자 시점에는 인프라가 완비되지 않아서 다소 불편할 수 있으나 개발이 완료되면 주거 편의성이 크게 개선된다. 특히 교통망 확충(예: GTX, 지하철 연장)과 함께 실거주 수요가 꾸준히 발생할 가능성이 높으니 선제적 투자는 장기적으로 큰 시세 차익을 가져다줄 수 있다.

재건축 투자

질문: 경기도 1기 신도시 재건축 투자는 어떤가?

답변: 경기도 1기 신도시(분당, 일산, 평촌, 산본, 중동)는 노후 아파트가 많아 재건축 가능성이 높은 지역이다. 최근 정부의 노후계획도시특별법에 따라 1기 신도시 재건축 추진이 활성화될 것으로 예상되며, 선도지구 지정과 같은 정책들이 발표되면서 투자자의 관심이 집중되고 있다.

재건축 아파트에 투자할 경우, 용적률 상향과 재건축 규제 완화가 본격화되면 시세 상승을 기대할 수 있다. 다만 재건축 진행 속도는 정책과 지역사회의 합의에 따라 달라질 수 있으므로 장기적인 시각으로 접근해야 하고, 초기 단계보다는 가시화된 단지를 중심으로 투자하는 것이 더 안전하다.

소형 아파트 투자

질문: 1~2인 가구가 증가하는 만큼 소형 아파트 투자가 유리할까?

답변: 경기도에서도 1인 가구와 2인 가구의 비중이 급격히 증가하고 있고 이에 따라 소형 아파트 수요도 늘어나고 있다. 특히 서울 출퇴근이 용이한 지역이나 역세권의 소형 아파트는 임대 수익과 시세 상승을 모두 기대할 수 있는 안정적인 투자처로 평가받고 있다.

수원, 용인, 남양주 등 교통 인프라가 좋은 지역의 60m² 이하 소형 아파트는 상대적으로 저렴한 가격대와 높은 임대 수요 덕분에 초보 투자자에게도 적합하다. 또한 청약 경쟁률도 상대적으로 낮아 소자본 투자로 접근하기에 유리한 측면이 있다. 다만 소형 평형대는 단기 시세 차익보다는 임대 수익에 더 초점을 맞추어 투자하는 것이 좋다.

임대 수익 목적의 투자

질문: 경기도에서 임대 수익을 목적으로 아파트를 매입하는 것이 유리할까?

답변: 임대 수익을 목적으로 경기도에 투자하는 경우, 대기업이나 산업단지가 인접한 지역이 유리하다. 수원 영통구와 평택 고덕신도시처럼 삼성전자 등 대기업이 자리 잡은 지역은 직장인 수요가 꾸준히 발생하며 임대 수익이 안정적으로 유지된다. 특히 소형 아파트와 오피스텔 수요가 높기 때문에, 이를 타깃으로 한 임대 수익 창출이 가능하다.

GTX 노선이 개통하면 서울로의 출퇴근이 편리해지는 지역에서 임대 수요가 더욱 증가할 전망이다. 다만 임대 수익에만 의존하지 말고 시세 상승 가능성을 함께 고려하여 투자하는 것이 좋다. 대출 규제나 임대 공실 위험을 대비해 자금 여력을 충분히 확보하는 것이 필요하다.

규제 지역과 비규제 지역의 투자 전략

질문: 규제 지역과 비규제 지역에는 각각 어떤 전략을 세워야 할까?

답변: 조정대상지역에서는 세금과 대출 규제가 강하게 적용된다. 다주택자는 취득세와 양도세 부담이 크기 때문에 실거주나 장기 보유를 목표로 한 전략이 유리하다. 특히 교통망 확충이나 재건축 가능성이 있는 지역은 중장기적인 시세 상승을 기대할 수 있다.

한편 비규제 지역은 대출 규제가 덜하므로 다주택자나 임대 수익을 노리는 투자자들에게 유리하다. LTV가 60~70%로 적용되어 자금 조달이 쉽고 세금 부담이 적다. 특히 신도시 개발 초기 단계인 지역에 선제적으로 투자하면 장기적인 시세 차익을 기대할 수 있다.

경기도 아파트 청약 전략

질문: 경기도에서 청약에 성공하기 위한 전략이 있을까?

답변: 경기도에서 청약에 성공하려면 청약 가점제와 추첨제의 구체적인 비율을 파악하는 것이 중요하다. 1순위 자격 요건을 갖추고 청약 가점이 높은 경우, 인기 지역의 청약 당첨 확률이 높아진다. 특히 광교, 분당, 판교와 같은 인기 지역은 경쟁률이 높기 때문에 가점 관리가 필수적이다.

한편 추첨제 비율이 높은 중소형 평형이나 신규 신도시는 가점이 낮아도 추첨제로 청약에 당첨될 가능성이 있다. 하남 교산신도시, 남양주 왕숙신도시 같은 3기 신도시는 청약 경쟁률이 다소 낮을 수 있으니, 분양가가 합리적이라면 적극적으로 청약을 고려해볼 만하다.

투자 타이밍

질문: 어떤 시기에 아파트를 매입하는 것이 좋을까?

답변: 부동산시장의 사이클을 잘 이해하는 것이 중요하다. 상승기에 진입하는 것은 위험할 수 있으므로 가격 조정기나 안정기에 매입하여 중장기적으로 시세 상승을 기대하는 것이 바람직하다. 또한 교통 호재가 예정되어 있거나 개발 계획이 구체화

된 시점에 매입하면 미래 가치가 크게 상승할 가능성이 있다.

질문: GTX 노선이 확정되지 않은 지역은 위험할까?

답변: GTX 노선이 확정되지 않은 지역은 리스크가 존재하지만, 반대로 노선이 성공적으로 확정되면 큰 시세 상승을 기대할 수 있다. 확정되지 않은 교통 호재에만 의존하기보다는 기존 교통 인프라와 주거 수요 등을 함께 고려하여 투자 결정을 내리는 것이 안전하다. 확정된 GTX 노선이 있는 지역에 우선적으로 투자하는 것도 좋은 전략이다.

질문: 비규제 지역의 다주택 투자는 어떤가?

답변: 비규제 지역에서는 취득세와 양도세 부담이 상대적으로 적고 LTV도 높게 적용되어 대출 활용이 유리하다. 다주택자라면 비규제 지역에서 주택 여러 채를 보유하고 임대 수익과 중장기 시세 차익을 동시에 노리는 전략이 유리할 수 있다. 특히 평택, 김포, 파주 등은 교통망 확충과 신도시 개발이 맞물려 장기 시세 상승을 기대할 수 있는 좋은 투자처다.

질문과 답변 정리

경기도 아파트 투자 전략은 교통 호재, 신도시 개발, 재건축, 임대 수익 등 다양한 요인에 영향을 받는다. 구체적인 질문과 답변을 참고해서 각자의 투자 성향과 목표에 맞는 전략을 세우는 것이 중요하다. 장기적인 시각에서 투자 대상을 선택하고, 정책 변화와 시장 상황을 면밀히 분석하여 리스크를 최소화하는 투자가 필요하다.

부동산 투자에는 분산 투자와 다각적인 접근이 중요한데, 임대 수익과 시세 상승 가능성을 함께 고려하는 복합 투자 전략이 효과적이다. 실거주와 투자를 동시에 고려할 수 있는 경기도는 앞으로도 꾸준한 수요와 호재가 있을 것으로 전망되므로, 이에 맞춘 맞춤형 전략을 세우는 것이 투자 성공의 열쇠다.

경기도의
일자리와 통근·통학

통계청에서 '전국 사업체 조사'를 실시한 후 전국의 일자리 상황을 발표했다. 광역 지자체 단위로 살펴보면 경기도가 단연 으뜸이고, 시·군·구 단위로 살펴보면 서울시 강남구와 경기도 화성시가 1, 2위를 다툰다.

광역 지자체의 일자리 현황

지역	사업체(개)	종사자(명)
전국	**6,139,899**	**25,217,392**
경기도	1,514,951	6,103,375
서울특별시	1,180,025	5,795,425
부산광역시	400,565	1,554,664
경상남도	397,699	1,529,683
경상북도	333,276	1,255,597
인천광역시	317,133	1,250,232
충청남도	266,577	1,092,392
대구광역시	279,223	1,014,996
전라남도	236,470	862,369
충청북도	197,158	838,629
전북특별자치도	232,695	795,275
강원특별자치도	203,375	727,559
대전광역시	164,664	695,570
광주광역시	170,894	675,251
울산광역시	115,784	547,788
제주특별자치도	96,334	320,419
세종특별자치시	33,076	158,168

자료: 통계청

일자리가 많은 시·군·구 28곳

시도	시·군·구	사업체 수	종사자 수
서울	강남구	110,007	801,419
경기도	화성시	109,971	564,646
서울	서초구	71,958	487,976
서울	영등포구	74,562	435,017
서울	송파구	74,531	400,781
서울	중구	70,308	386,564
경기도	성남시 분당구	49,505	345,459
경기도	부천시	87,889	318,670
서울	강서구	58,806	290,473
서울	마포구	56,782	279,788
경기도	평택시	60,910	276,230
서울	종로구	48,361	275,063
인천	남동구	57,621	255,508
서울	금천구	47,964	255,449
경남	김해시	67,905	255,401
경기도	안산시 단원구	50,693	247,815
제주	제주시	71,409	243,092
경기도	시흥시	69,637	242,187
서울	구로구	52,791	240,689
인천	서구	58,270	230,658
경기도	파주시	56,504	225,992
대구	달서구	59,739	221,394
경기도	남양주시	66,794	215,236
경기도	김포시	62,310	213,769
경북	구미시	46,926	207,975
대전	유성구	37,275	204,522
서울	성동구	41,665	203,221
충남	아산시	34,775	199,139

자료: 통계청

경기도 부동산의 힘

일자리가 많은 서울과 경기 읍·면·동 25곳

시도	시·군·구	읍·면·동	사업체 수	종사자 수
서울	영등포구	여의동	15,940	192,014
서울	금천구	가산동	25,043	182,376
서울	강남구	역삼1동	22,326	176,153
경기도	안산시 단원구	초지동	14,049	124,511
서울	중구	명동	8,849	110,506
서울	종로구	종로1	17,286	107,067
경기도	성남시 분당구	삼평동	5,317	102,858
서울	구로구	구로3동	10,885	94,712
서울	송파구	문정2동	13,813	93,614
서울	서초구	서초3동	12,046	84,922
서울	강남구	삼성1동	7,353	73,562
서울	강남구	논현2동	9,228	71,748
서울	서초구	서초2동	8,772	71,566
서울	강서구	가양1동	9,982	70,656
서울	강남구	대치2동	5,880	70,537
서울	중구	소공동	5,107	64,308
서울	성동구	성수2가3동	8,853	63,385
경기도	안산시 상록구	반월동	2,677	62,634
경기도	부천시	부천동	14,161	61,687
서울	마포구	서교동	13,024	61,160
경기도	부천시 원미구	신중동	13,630	56,923
서울	종로구	사직동	5,035	56,013
경기도	안양시	관양2동	8,536	55,821
경기도	부천시 오정구	오정동	13,957	55,603
서울	송파구	잠실6동	3,492	55,275

자료: 통계청

일자리 많은 경기도 주요 도시

　경기도에서 일자리가 많은 주요 도시들은 산업 구조, 주요 기업, 첨단 산업 등이 결합되어 부동산시장에 긍정적인 영향을 미치고 있다. 지역별 주요 산업군과 기업을 구체적으로 알아보고 해당 지역의 부동산 투자 가치를 살펴보자.

경기도의 일자리

시·군·구		사업체 수	종사자 수
경기도		1,481,054	5,994,570
화성시		109,971	564,646
성남시		97,955	534,792
수원시		110,987	481,383
용인시		98,465	414,867
고양시		110,660	381,611
성남시	분당구	49,505	345,459
안산시		81,372	341,959
부천시		87,889	318,670
평택시		60,910	276,230
안양시		63,452	272,065
안산시	단원구	50,693	247,815
시흥시		69,637	242,187
파주시		56,504	225,992
남양주시		66,794	215,236
김포시		62,310	213,769
용인시	기흥구	39,614	183,105
안양시	동안구	40,016	181,783

시·군·구		사업체 수	종사자 수
수원시	영통구	30,260	168,344
고양시	일산동구	43,411	160,493
광주시		46,834	160,061
용인시	처인구	34,775	144,275
고양시	덕양구	40,852	140,713
이천시		28,608	138,180
의정부시		40,864	134,826
수원시	권선구	34,033	124,748
군포시		26,843	115,375
안성시		26,323	114,117
하남시		32,386	113,692
수원시	팔달구	25,731	106,946
광명시		26,653	105,342
포천시		27,380	104,004
성남시	중원구	25,547	102,480
양주시		28,132	101,546
안산시	상록구	30,679	94,144
안양시	만안구	23,436	90,282
용인시	수지구	24,076	87,487
성남시	수정구	22,903	86,853
수원시	장안구	20,963	81,345
고양시	일산서구	26,397	80,405
오산시		20,094	77,284
구리시		21,325	69,136
의왕시		13,761	61,890
여주시		18,154	57,915
양평군		13,485	38,346
과천시		6,039	37,242
동두천시		9,011	30,843
가평군		9,289	30,014
연천군		8,967	21,350

화성시

주요 산업군: 제조업, 반도체, 자동차

- 삼성전자 반도체 공장: 세계 최대 반도체 벨트가 형성되어 있어서 반도체 산업 중심지로 발전하고 있다.
- 현대자동차 남양연구소: 자동차 연구와 개발을 이끌고 있으며 자동차 관련 산업이 활발하게 이루어진다.
- 협력업체와 중소기업: 삼성전자와 현대자동차를 중심으로 반도체 부품, 자동차 부품 제조사 등 많은 협력업체가 모여 있다.

부동산 투자 포인트

- 삼성전자와 현대차를 중심으로 직주근접 수요가 매우 높다. 신축 아파트와 주거지 수요가 계속 증가하고 있고 임대 수익형 부동산 수요도 꾸준하다.

성남시

주요 산업군: IT, 소프트웨어, 바이오

- 판교 테크노밸리: 판교는 대한민국의 실리콘밸리로 불리며 네이버, 카

카오, NC소프트 등 IT 기업들이 대거 입주해 있다.

- 바이오헬스: 바이오헬스 산업도 활발하게 성장해서 관련 연구소와 기업들이 판교에 자리 잡고 있다.
- 글로벌 IT 기업: 글로벌 기업들이 판교에 본사를 두어 첨단 산업 중심지로 발전하고 있다.

부동산 투자 포인트

- 판교 테크노밸리는 IT 직장인 수요가 매우 높아 소형 아파트와 오피스텔의 임대 수익률이 높다. 지하철 연장과 GTX 교통 호재로 장기적인 시세 상승도 기대된다.

수원시

주요 산업군: IT, 반도체, 공공기관

- 삼성전자 본사: 본사가 수원시에 있고, 삼성 디지털 시티는 삼성전자의 중심 연구소로 수만 명이 근무하고 있다.
- 경기도청: 행정 중심지로서의 역할이 크다.
- 첨단 IT와 R&D 산업: 광교신도시에는 첨단 IT 기업과 R&D 센터가 다수 입주해 있다.

부동산 투자 포인트

- 삼성전자와 공공기관의 직장인 수요로 중대형 아파트에 대한 실거주 수요가 높다. 광교신도시는 신축 아파트 수요와 장기적인 시세 상승이 기대되는 지역이다.

용인시

주요 산업군: 반도체, 제조업, 물류

- 삼성전자 반도체 클러스터: 용인시 기흥구에 삼성전자 반도체 클러스터가 있어 반도체 산업 중심지로 성장하고 있다.
- 물류와 제조업: 용인은 수도권과 인접해서 물류 산업이 활발하며 여러 대기업의 물류센터가 있다.
- 바이오와 첨단 산업: 용인에는 바이오와 첨단 R&D 관련 기업들이 입주해서 해당 산업이 발전하고 있다.

부동산 투자 포인트

- 삼성전자와 물류 산업의 영향으로 중소형 아파트와 오피스텔의 수요가 높다. GTX 노선이 개통하면 서울 접근성이 더욱 개선되니 교통 호재에 따른 투자 가치가 크다.

고양시

주요 산업군: 방송·영상, 물류, IT

- 일산 방송·영상 단지: KBS, SBS 등 주요 방송사가 입주한 방송·영상 산업 중심지다.
- 킨텍스: 대규모 전시·컨벤션 센터인 킨텍스에서 다양한 국제 전시회와 이벤트가 열리며 관련 서비스 산업이 발달해 있다.
- 물류 산업: 서울과 가까워 물류 산업이 발달했고 여러 대기업의 물류 창고가 있다.

부동산 투자 포인트

- 소형 아파트와 오피스텔 수요가 높으며, 방송 산업과 IT 관련 직장인 수요에 맞춰 임대 수익형 부동산이 유리하다. 킨텍스와 역세권 개발로 일산신도시와 주변 지역은 장기적인 시세 상승이 기대된다. 또한 GTX-A 노선이 개통하면 서울 접근성이 더욱 향상되어 투자 가치가 높다.

안산시

주요 산업군: 제조업, 중공업, 연구개발

- 반월 국가산업단지: 한국 최대의 제조업·중공업 중심지 중 하나로 수만 개 기업이 입주해 있다.
- 고려대학교 안산병원: 이를 중심으로 의료와 바이오산업이 점차 성장하고 있다.
- 다양한 제조업: 자동차 부품, 전기·전자 관련 기업들이 모인 반월 산업단지와 시화 산업단지는 안산 경제의 핵심이다.

부동산 투자 포인트

- 반월 산단과 시화 산단 인근의 중소형 아파트와 임대형 부동산은 제조업 종사자의 실거주 수요를 반영하여 안정적인 투자처다. 또한 반월 산단의 첨단 산업화와 지하철 4호선 지하화로 향후 시세 상승을 기대할 수 있다.

부천시

주요 산업군: 서비스업, 제조업, 영상·미디어

- 부천영상문화단지: 영상 산업이 활발히 발전하고 방송·미디어 산업이

중심을 이루어 지역 경제에 중요한 역할을 한다.

- 제조업과 서비스업: 중소형 제조업체와 서비스업이 균형 있게 발전하며 상업시설과 서비스업이 경제의 중요한 축을 담당한다.

부동산 투자 포인트

- 역세권과 상업지구 중심의 임대형 부동산이 유망하며, 1인 가구와 젊은 직장인의 수요가 많은 지역에서 소형 아파트와 오피스텔 투자가 유리하다. 특히 GTX-B 노선 개통 예정지 근처는 장기적인 시세 상승을 기대할 수 있다.

평택시

주요 산업군: 반도체, 제조업, 물류, 군사 관련

- 삼성전자 평택 캠퍼스: 삼성전자의 세계 최대 규모 반도체 공장이 평택시에 위치해 있어 반도체 산업 중심지로 성장하고 있다.
- 평택항: 수도권 물류의 핵심 허브로서 국제 물류와 해운업이 활발하다.
- 주한 미군 기지: 평택에 주한 미군 기지가 있어 군사 관련 산업과 관련 서비스업이 발전했고 외국인 수요도 꾸준히 증가한다.

부동산 투자 포인트

• 삼성전자와 미군 기지 근처의 중소형 아파트와 오피스텔은 임대 수익
이 높다. 평택항 개발과 함께 상업·물류 관련 부동산의 장기 투자 가치
가 유망하며, GTX-A 노선과 평택항 발전 계획에 따라 미래 시세 상승
을 기대할 수 있다.

안양시

주요 산업군: IT, 제조업, 서비스업

• 안양벤처밸리: IT와 벤처기업이 밀집한 안양벤처밸리를 중심으로 첨
단 산업이 발달하고 있다.

• 중소 제조업: 전자, 기계, 플라스틱 등 중소 제조업체가 많이 자리 잡
아 도시형 공업 지역으로 성장하고 있다.

• 상업지구: 안양역 주변에 상업시설이 밀집했고 서비스업이 활발히 이
루어지고 있다.

부동산 투자 포인트

• 안양벤처밸리와 IT 산업 중심지 주변의 소형 아파트와 오피스텔 수요
가 꾸준히 상승하고 있다. 실거주와 임대 수익을 고려해 소형 주거 시

설에 투자하는 전략이 유망하며, 교통망 확충에 따른 장기적 시세 상
승이 기대된다.

시흥시

주요 산업군: 제조업, 물류, 바이오

- 시흥 스마트허브: 수도권 최대의 산업단지인 시흥스마트허브가 자리
  잡았고 중공업과 제조업 중심의 지역 경제가 발전하고 있다.
- 바이오 산업: 바이오 산업과 관련된 기업들이 입주해 첨단 바이오 산
  업 클러스터로 성장할 가능성을 보이고 있다.
- 대형 물류센터: 서울에 인접한 덕분에 대형 물류센터가 많이 들어서며
  물류업이 발전하고 있다.

부동산 투자 포인트

- 시흥 스마트허브 인근의 임대 수요가 높아 중소형 아파트와 오피스텔
  투자가 유망하다. 또한 신안산선 등 교통 호재가 예정되어 교통망 확
  충에 따른 시세 상승을 기대할 수 있다.

경기도 산업 도시별 투자 전략

경기도 주요 산업 도시별 부동산 투자 전략을 요약해보자.

- 화성시와 평택시는 반도체 산업과 대규모 제조업을 중심으로 해서 삼성전자와 관련된 직주근접 수요를 공략하는 것이 유리하다.
- 성남시 판교와 수원시는 첨단 IT와 R&D 중심지로, 1인 가구와 젊은 직장인의 소형 아파트 수요가 높다.
- 용인시와 안산시는 산업단지와 제조업을 중심으로 한 실거주 수요와 임대 수익형 부동산이 유망하다.
- 고양시와 부천시는 영상·방송 산업과 교통 호재에 따른 역세권 투자가 효과적이다.
- 시흥시는 물류 산업과 스마트허브 인근의 임대형 부동산 수요를 활용한 투자 전략이 유리하다.

경기도의 주요 도시는 저마다 산업군과 경제 특성이 다르니 이에 맞춘 투자 전략이 필요하다. 첨단 산업, 제조업, 물류 등 지역별 특성을 고려해 투자하면 향후 안정적인 수익을 누릴 수 있을 것이다.

경기도의 통근과 통학 현황

〈2023 경기도 사회조사〉를 바탕으로 경기도의 통근·통학 현황을 정리하면 다음과 같다.

통근·통학 주요 지역

경기도 주민 중 69.8%가 통근·통학을 하고 있고, 통근·통학을 하고 있는 주요 지역은 다음과 같다.

- 거주하는 시군 내에서 통근·통학: 55.1%
- 경기도 내 다른 시군으로 이동: 20.5%
- 서울로 이동: 20.3%

통근·통학 소요 시간평균 소요 시간은 편도 기준 약 40분이다.

- 거주 시군 내 통근·통학 시 평균 23.3분
- 경기도 내 다른 시군으로 이동 시 평균 49.5분
- 서울로 출퇴근 시 평균 68.9분

경기도민의 통근·통학 지역과 소요 시간(편도 기준)

(단위: %)

구분		통근·통학함	통근·통학 평균 소요 시간 (편도 기준)	통근·통학 지역				
				거주 시군 내	경기도 내 다른 시군	서울	인천	타 시도
	2023	69.8	40.0	55.1	20.5	20.3	1.9	2.2
	2021	69.4	39.5	56.3	19.7	19.6	1.9	2.6
	2019	65.4	37.9	55.4	20.7	20.0	2.0	1.9
성별	남자	81.2	41.9	50.2	23.5	21.1	2.2	2.9
	여자	58.3	37.2	62.0	16.4	19.1	1.3	1.2
연령별	15~19세	93.5	29.5	81.7	8.6	7.8	0.7	1.3
	20~29세	79.9	49.5	45.4	20.9	27.9	2.2	3.6
	30~39세	79.9	42.0	47.7	23.4	25.3	1.9	1.7
	40~49세	79.6	40.9	50.2	24.0	22.0	1.7	2.1
	50~59세	77.2	38.6	56.1	21.7	17.9	2.0	2.3
	60세 이상	40.6	33.0	67.3	16.1	13.0	1.8	1.8
가구원 수별	1인 가구	66.4	32.8	65.8	18.4	13.2	1.4	1.3
	2인 가구	60.2	37.8	58.0	19.0	19.3	1.9	1.8
	3인 가구	72.8	42.7	50.5	22.1	23.3	1.7	2.4
	4인 가구	78.2	42.5	51.6	21.7	21.9	2.0	2.8
	5인 가구 이상	76.2	41.9	55.1	20.0	19.9	2.4	2.6

연도별 통근·통학 비교

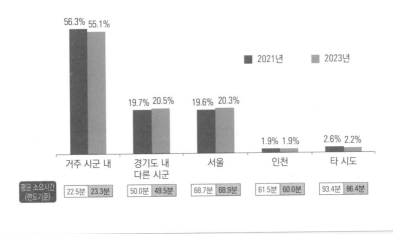

연령별 통근·통학 교통수단

(단위: %)

구분		승용차	버스	전철·지하철	택시	기차	걸어서	자전거	승합차	기타
	2023	48.8	20.7	14.3	0.2	0.2	12.3	1.2	1.4	0.9
	2021	42.2	25.1	14.4	0.3	0.2	14.1	1.3	1.7	0.8
	2019	44.9	25.0	12.3	0.2	0.1	13.4	1.1	1.6	1.2
성별	남자	56.8	15.8	13.0	0.2	0.2	9.4	1.4	1.8	1.5
	여자	37.5	27.5	16.2	0.2	0.1	16.6	0.8	0.8	0.2
연령별	15~19세	6.5	41.3	10.8	0.2	0.2	38.6	1.9	0.5	0.0
	20~29세	26.6	32.6	28.5	0.3	0.4	9.4	1.0	0.8	0.4
	30~39세	55.1	18.0	16.8	0.2	0.2	7.3	0.8	1.0	0.6
	40~49세	64.6	13.7	11.0	0.1	0.0	7.6	0.8	1.2	0.9
	50~59세	61.1	15.6	9.3	0.2	0.1	9.3	1.2	2.0	1.2
	60세 이상	45.6	18.2	9.4	0.3	0.1	19.9	2.1	2.5	2.0
가구원수별	1인 가구	45.9	20.2	10.8	0.4	0.1	17.4	1.6	2.1	1.4
	2인 가구	51.1	18.5	13.3	0.2	0.1	12.6	1.2	1.8	1.2
	3인 가구	50.5	20.8	15.6	0.2	0.2	9.7	1.1	1.2	0.7
	4인 가구	47.2	22.1	15.6	0.1	0.2	11.9	1.1	1.0	0.6
	5인 가구 이상	45.7	23.5	14.7	0.1	0.1	13.2	0.8	0.8	1.1

주요 교통수단

주로 사용하는 교통수단은 승용차(48.8%)와 버스(20.7%)다. 전철·지하철 이용률은 14.3%로 나타났다. 이 중 승용차 이용률은 남성, 특히 40대 가구가 높았다.

세부 현황

거주 시군 내 통근·통학은 15~19세 연령대(81.7%)와 1인 가구에서 높게 나타났다. 경기도 내 다른 시군으로 이동하는 경우는 40~49세(24.0%)와 3인 가구에서 높게 나타났다. 서울로 이동하는 경우는 20대와 40대 가구에서 높게 나타났다.

이를 바탕으로 살펴보면 경기도에서 통근·통학이 원활한 지역에 투자할 때는 교통망 확충 여부와 거주 지역의 접근성을 고려하는 것이 중요하다. 특히 서울로의 출퇴근이 중요한 경우, 지하철이나 철도망이 잘 연결된 지역의 부동산 가치가 높아질 가능성이 크다.

경기도에서 통근·통학을 고려할 때 가장 경쟁력이 있는 지역은 서울 접근성, 교통망 확충, 대중교통 이용 편리성을 갖춘 지역들이다. 통근 시간과 교통 편의성이 투자 가치에 큰 영향을 미치기 때문에, 대중교통망이 발달하고 서울 접근성이 좋은 지역을 중심으로 경쟁력 있는 지역을 선정할 수 있다.

다음은 통근·통학 관점에서 경쟁력이 높은 지역들이다.

성남시(판교, 분당)

- GTX-A 노선, 지하철 8호선이 경유하고 서울 접근성이 뛰어나다.
- 판교 테크노밸리와 IT 산업단지가 있어서 직주근접성이 매우 높다.

- 서울 강남권으로의 출퇴근 수요가 많고 평균 통근 시간이 짧아 1인 가구와 젊은 직장인에게 인기가 높다.

고양시(일산)

- GTX-A 노선이 개통하면 서울역과 삼성역까지의 접근성이 매우 좋아진다.
- 지하철 3호선과 경의중앙선을 통해 서울 서북부와의 교통이 원활하다.
- 일산신도시는 교육, 상업 인프라가 잘 갖춰져서 자족 기능이 있으니 가족 단위 거주에도 적합하다.

광명시

- KTX 광명역과 1호선, 신안산선과 월곶판교선이 지나가 서울 중심부 접근성이 매우 뛰어나다.
- 서울 출퇴근 시간이 짧아 실거주 목적과 임대 수익형 투자 모두에 유리하다.
- 광명역세권 개발과 함께 상업지구가 발전하고 있어 장기적인 투자 가치도 높다.

하남시

- 지하철 5호선과 9호선이 연장되고 GTX-D 노선이 개통하면 서울 강남권 접근성이 매우 좋아진다.
- 서울로 출퇴근하는 직장인 수요가 많고 교산신도시와 같은 신도시 개발이 활발하다.
- 한강 조망권과 친환경 주거지로 인기가 많고 젊은 세대와 가족 단위 수요층이 많다.

남양주시(별내, 다산신도시)

- 경춘선과 GTX-B 노선(예정)을 통해 서울 동북부와의 접근성이 매우 뛰어나다.
- 별내신도시와 다산신도시는 대규모 신도시 개발로 인해 생활 인프라가 잘 갖춰져 있으며 가족 단위 실거주 수요가 높다.
- 가격 상승 잠재력이 커서 단기와 중장기 투자에 유리하다.

수원시(광교신도시)

- 신분당선이 지나가 서울 강남권 접근성이 뛰어나고, GTX-C 노선이 개통하면 서울 접근성이 더욱 강화된다.
- 경기도청과 대규모 상업지구가 위치해서 자족 기능을 갖춘 신도시로 고소득층 수요가 많다.
- 광교 테크노밸리 등 첨단 산업과 연구개발 단지가 있어 장기적인 시세 상승이 기대된다.

의정부시

- GTX-C 노선이 개통하면 서울 강남과 삼성역 접근성이 크게 개선된다.
- 지하철 1호선을 통해 서울 동북부와 연결되어 있고 통근 시간이 비교적 짧다.
- 가격 대비 투자 매력이 높으며 젊은 세대의 임대 수요가 높다.

통근·통학을 고려한 투자 전략은 다음과 같이 잡을 수 있다.

- 서울 접근성이 높은 지역은 GTX 노선, 지하철 연장과 같은 교통망 확충에 따른 미래 가치 상승이 기대된다.
- 역세권을 중심으로 직주근접성이 우수한 지역에서 소형 아파트와 오피스텔에 투자해 임대 수익을 노릴 수 있다.
- 가족 단위 수요가 많은 지역은 중대형 아파트에 장기 투자하여 안정적인 실거주 수요와 시세 상승을 기대할 수 있다.

경기도 내 통근·통학의 편리성을 바탕으로 지역별 맞춤형 투자 전략을 세워 안정적인 수익과 미래 가치 상승을 기대할 수 있다.

시세 기준 경기도 부동산 등급

경기도 부동산은 시세를 기준으로 하고 일자리, 교통, 학군, 상권, 환경, 투자 가치 등을 종합적으로 고려해서 다음과 같이 나눌 수 있다. 단순한 지역별 시세 차이를 비교하자는 의미가 아니라, 지역별로 필요한 차별화된 전략을 제시하기 위해 인위적으로 구분한 것일 뿐이다.

등급	경기도 시·군·구
황제	과천시
성골	성남시 분당구, 성남시 수정구
진골	하남시, 성남시 중원구, 광명시
귀족 1	안양시 동안구, 수원시 영통구
귀족 2	구리시
귀족 3	안양시 만안구, 용인시 수지구, 의왕시
귀족 4	수원시 팔달구, 부천시 원미구
호족 1	군포시, 고양시 덕양구, 고양시 일산동구, 화성시
호족 2	부천시 소사구, 안산시 단원구, 용인시 기흥구
호족 3	수원시 권선구, 안산시 상록구, 수원시 장안구, 고양시 일산서구
호족 4	광주시, 김포시, 시흥시, 남양주시, 부천시 오정구
호족 5	의정부시, 용인시 처인구, 파주시
호족 6	오산시, 평택시
일반 1	이천시, 양평군, 양주시, 안성시
일반 2	여주시, 동두천시, 포천시
일반 3	가평군
일반 4	연천군

각 등급의 의미는 다음과 같다.

황제

경기도에서 부동산 가치가 가장 높은 지역으로서 서울 접근성이 탁월하고 주거와 교육, 교통, 상업적 인프라를 완벽하게 갖추었다. 수요가 폭발적으로 높으며 가격 상승 여력이 유지되는 '꿈의 지역'이다.

특징: 수도권 최고 수준의 학군, 직주근접으로 업무지구와 인접, 고급 주택과 브랜드 아파트 중심, GTX 노선 등 교통 인프라 강화

성골

황제 바로 아래 등급으로서 입지가 우수하고 지속적으로 발전할 가능성을 지녔다. 부동산시장에서 안정성과 고급스러움을 동시에 추구할 수 있는 지역이다.

특징: 서울 접근성 우수, 다수의 교통 호재, 프리미엄 브랜드 아파트 밀집, 쇼핑몰, 학군, 자연환경 등 주거 만족도 높음

진골

성골에 비해 개발의 초점에서 약간 벗어나지만 여전히 중상위권의 인프라와 가치 상승 여력을 보유하고, 투자와 실거주가 동시에 매력적인 지역이다.

특징: 서울과 연결되는 대중교통 발달, 학군이니 생활 인프라 우수, 실수요자 중심의 안정적 수요

귀족

주거 환경이 안정적이고 교통 편의가 적당하지만 투자 가치는 성골과 진골보다 다소 보수적이다. 가족 중심의 실거주 수요가 높다.

특징: 중산층 중심의 주거지, 상대적으로 합리적인 주거 비용, 개발 가능성은 제한적이지만 꾸준한 수요

호족

지역 내에서만 강점이 있는 주거지로서 가격 안정성과 자급자족형 생활권이 특징이다. 서울 접근성은 다소 떨어지지만 해당 지역 내에서는 우수한 생활 인프라를 자랑한다.

특징: 지역 내 경제활동과 생활 편의 중심, 미래 개발 가능성

의존, 교통 호재에 따라 투자 매력 상승 가능

일반

교통이나 생활 인프라 면에서 부족함이 있지만 비교적 저렴한 가격으로 접근 가능하며, 향후 개발 계획에 따라 잠재력을 가질 수도 있다.

특징: 상대적으로 낮은 주거 비용, 개발 기대감이 필요, 자차 의존도가 높음

이 등급도는 주거를 고려하는 실수요자뿐만 아니라 투자 목적의 구매자에게도 유용하다. 각 지역의 특징을 이해하고 자신의 목적(투자, 실거주, 단기, 장기)에 맞는 지역을 선택하는 데 큰 도움이 될 것이다.

서울을 넘어설
경기도의 경쟁력

부동산시장의 핵심은 단연 서울일 것이다. 그러나 부동산의 정답이 서울에만 있는 것은 아니다. 경기도는 서울로의 접근성은 물론 교통 인프라와 신도시 개발, 산업단지로 인한 자족 기능까지 갖추며 점점 더 큰 경쟁력을 갖추고 있다. 《경기도 부동산의 힘》은 경기도가 왜 투자자들에게 주목받아야 하는지, 그리고 왜 경기도가 미래의 중심이 될 수밖에 없는지를 보여주고자 했다.

인구 감소와 소멸의 시대, 경기도의 미래는 밝다

많은 사람이 인구 감소와 인구 소멸을 우려한다. 그러나 그러한 변화 속에서도 경기도는 계속 성장할 것이다. 경기도는 서울 접근성을 기반으로 수도권 인구가 꾸준히 이동하고 있으며, 3기 신도시 개발 같은 새로운 주거 모델로 인해 수도권의 중심으로 자리매김하고 있다. 또한 GTX 노선과 같은 교통망 확충 덕분에 서울로의 출퇴근이 더 편리해져 미래 주거지로서의 매력을 더욱 강화할 것이다.

경기도는 앞으로도 새로운 경제활동의 중심이 될 수 있으며 많은 기업과 산업이 경기도 내에 자리 잡고 있다. 서울보다 더 나은 주거 환경과 강력한 경제 인프라를 갖춘 경기도는 지속적인 발전을 이룰 것이며, 이는 부동산시장에도 큰 기회를 제공한다.

왜 경기도를 주목해야 하는가?

서울은 부동산의 핵심일 수 있지만, 이제 경기도는 서울에 버금가는 투자처로 자리 잡고 있다. 재건축·재개발과 신도시 개발로 더욱 현대적이고 미래 지향적인 주거지로 변모하고 있고, 특히 교통망 확충은 서울 대체지 이상의 가치를 부여한다.

GTX-A, B, C 노선이 경기도의 핵심 지역들을 잇고, 3기 신도시는 지속적으로 인구를 유입할 것이다. 이는 곧 경기도 부동산시장의 안정성과 미래 성장 가능성을 확고히 하는 중요한 요소다. 경기도는 서울의 경쟁력을 넘어서는 곳이 될 수 있고, 그래서 우리는 끊임없이 경기도에 주목하고 투자 기회를 찾아야 한다.

계속 성장하는 곳, 경기도

경기도는 끝없이 성장하는 지역이다. 서울보다 상대적으로 저렴한 주택 가격과 뛰어난 인프라를 갖춘 경기도는 앞으로도 많은 투자자의 관심을 끌 것이다. 이 책이 다루는 경기도 부동산의 힘은 바로 여기서 시작된다. 경기도는 단순히 서울의 대체재가 아니라, 자체적인 경쟁력을 가진 독립적인 투자처로서의 매력을 점점 더 강화하고 있다.

서울보다 더 경쟁력 있는 경기도의 지역들을 발견하고 그 지역들이 가진 미래 성장성을 분석해 투자하면 장기적인 성공을 이끌어낼 것이다. 경기도는 언제나 투자자들에게 새로운 기회를 제공하며, 그 기회를 잘 활용한다면 시세 차익과 안정적인 자산 형성이 가능하다.

좋은 정보원을 알차게 활용하라

경기도 부동산시장을 정확히 이해하고, 꾸준히 공부하는 것이 성공적인 투자자로 거듭나는 길이다. 그러기 위해서는 최신 정보와 시장의 흐름을 놓치지 말아야 한다. 스마트튜브 경제아카데미 강의, 빠숑의 세상답사기 블로그, 그리고 스마트튜브TV 유튜브 채널을 매일 확인하시기를 권장한다. 이들 매체는 경기도 부동산의 흐름을 가장 정확하게 전달하고 실시간으로 중요한 투자 정보를 제공하는 최고의 정보원이다.

하루도 놓치지 말고 이들 채널을 통해 부동산시장을 주의 깊게 관찰하고, 변화하는 시장에서 기회를 선점하는 능력을 기르시길 바란다. 정확한 정보와 지속적인 학습이야말로 부동산 투자 성공의 핵심이다.

미래의 땅 경기도로!

《경기도 부동산의 힘》을 통해 경기도 부동산시장의 성장 잠재력과 미래 가능성을 확인하셨을 것이다. 경기도는 언제나 기회가 열려 있는 땅이며, 우리는 그 기회를 제대로 이해하고 투자해야만 한다. 이 책이 경기도 부동산 투자에서 성공적인 전략을 세우는 데 도움이 되기를 바란다.

경기도는 끊임없이 발전하고 성장하는 지역이다. 앞으로도 경기도는 투자자들에게 새로운 기회를 제공할 것이며, 여러분이 그 기회를 잡아내는 투자자가 되기를 진심으로 기대한다. 경기도 부동산시장의 힘을 확신하고, 그 힘을 여러분의 투자 전략에 반영하시기 바란다. 성공적인 투자자가 될 준비가 되셨을지 궁금하다. 이제 여러분 자신이 부동산 부자가 될 차례다!

스마트튜브 부동산조사연구소

연구원 일동